18. YÜZYIL KLASİK TÜRK ŞİİRİNDE
MUSİKİ
Bestekâr, Terminoloji ve Tahlil

Doç. Dr. Ali Cançelik

18. Yüzyıl Klasik Türk Şiirinde Musiki Bestekâr, Terminoloji ve Tahlil

Doç. Dr. Ali Cançelik

Editör: Dr. Abdullah Uçar

1. Baskı

Şubat - 2022
Konya

ISBN: **978-605-71323-3-8**

Kapak Tasarım ve Mizanpaj: DİZGİ**MIZANPAJ**.COM

Entropy Academy Yayınevi
Sertifika No: 51472

Fevziçakmak Mah. 10466 Sk. No: 5/1
0332 408 04 31
0505 694 62 91
www.entropiyayinevi.com
bilgi@entropiyayinevi.com

18. YÜZYIL KLASİK TÜRK ŞİİRİNDE
MUSİKİ
Bestekâr, Terminoloji ve Tahlil

Doç. Dr. Ali Cançelik

İÇİNDEKİLER

ÖN SÖZ 9
KISALTMALAR 11
GİRİŞ 13
I. BÖLÜM 29
1. 18.YÜZYIL DİVAN ŞİİRİNE VE MUSİKİSİNE GENEL BAKIŞ 29
   1.1. 18.YÜZYIL DİVÂN ŞİİRİNE GENEL BAKIŞ 29
   1.2. 18.YÜZYIL MUSİKİSİNE GENEL BAKIŞ 32
II. BÖLÜM 37
2. BESTEKÂR ŞAİRLER 37
   2.1. ITRÎ (1630/1640-1711) 37
   2.2. RİF'AT EFENDİ (ö. 1720?) 40
   2.3. YAHYA NAZİM (1650?-1727) 41
   2.4. ENFİ HASAN AĞA (1670?-1729) 43
   2.5. NÂYÎ OSMAN DEDE (1652-1729) 44
   2.6. ŞEYHÜLİSLAM ESAD EFENDİ (1685-1753) 46
   2.7. I.MAHMUT (1696-1754) 48
   2.8. TANBURİ ÂŞIK MUSTAFA ÇAVUŞ (1689-1757) 49
   2.9. TAB'İ MUSTAFA EFENDİ (1705?-1770?) 49
   2.10. ALİ NUTKİ DEDE (1762-1804) 50
   2.11. III. SELİM (1761-1808) 51
   2.12. ABDULBAKİ NÂSIR DEDE (ö.1821) 53
III. BÖLÜM 55
3. 18.YÜZYIL DİVÂNLARINDA MUSİKİ TERİMLERİ 55
   3.1. ACEM 55
   3.2. ÂGÂZE 56
   3.3. ÂHENK/AHENG 58
   3.4. ARABÂN 59
   3.5. ARAZBÂR 60
   3.6. AŞÎRÂN 61
   3.7. BAYÂTÎ/BEYÂTÎ 62
   3.8. BERBAT 63
   3.9. BEREFŞÂN (Usul) 63
   3.10. BESTE 64
   3.11. BESTE-NİGÂR 65
   3.12. BÛSELİK/PÛSELİK 66
   3.13. BÜZÜRG 67

3.14. ÇARGÂH 68

3.15. ÇALPARA (ÇÂR-PÂRE) 69

3.16. ÇENBER (Usul) 70

3.17. ÇENG 71

3.18. DÂİRE 73

3.19. DARP/DARB 74

3.20. DEF/TEF 75

3.21. DEM 78

3.22. DEVR-İ REVÂN 78

3.23. DİLKEŞ 79

3.24. DİLKÜŞÂ/DİLGÜŞÂ 80

3.25. DÜGÂH 80

3.26. EDVÂR 81

3.27. ERGANÛN (ORG) 82

3.28. EVC/EVİÇ 84

3.29. FAHTE 85

3.30. FASIL 85

3.31. FİRENKÇÎN 86

3.32. GAZEL/GAZAL 87

3.33. GERDÂNİYYE 87

3.34. GÜFTE 89

3.35. GÜLİZÂR 90

3.36. GÜLZÂR 90

3.37. HÂNENDE 91

3.38. HAVÂ/HEVÂ 92

3.39. HİCÂZ 93

3.40. HİSÂR 95

3.41. HÛZÎ 96

3.42. HÜMÂYÛN 97

3.43. HÜSEYNÎ 98

3.44. IRÂK 99

3.45. ISFAHÂN 100

3.46. KÂNÛN 101

3.47. KÂR 102

3.48. KARÂR 103

3.49. KEMÂN 105

3.50. KERRENÂY / KÜRRENÂY 107

3.51. KÛS/KÖS 108

3.52. KÛÇEK 109

3.53. KUDÛM 110

3.54. KÜRDÎ 113

3.55. MÂHÛR 114

3.56. MAKÂM 115

3.57. MANSÛR (PERDE) 116

3.58. MANSÛR (NEY) 117

3.59. MÂYE 118

3.60. MEŞK 119

3.61. MEYÂN/MİYAN 120

3.62. MIZRÂB 120

3.63. MUGANNÎ 122

3.64. MUHÂLİF 123

3.65. MUHAYYER 124

3.66. MURABBA (BESTE) 126

3.67. MÛSIKÎ 126

3.68. MÛSˎKÂR 128

3.69. MUTRIB 129

3.70. NAĞME 134

3.71. NAKŞ 144

3.72. NAKKÂRE/NEKKÂRE 145

3.73. NEFÎR 146

3.74. NEVÂ 147

3.75. NEVRÛZ 153

3.76. NEY/NÂY 153

3.77. NEY-ZEN 160

3.78. NİHÂVEND 163

3.79. NİKRˎZ 164

3.80. NİŞÂBÛR 165

3.81. NİYÂZ 166

3.82. NÜHÜFT 167

3.83. PENÇGÂH 169

3.84. PERDE 170

3.85. PEST 172

3.86. PEŞREV/PİŞREV 173

3.87. RÂHATÜ'L-ERVÂH 174

3.88. RAST 176

3.89. REBÂB 177

3.90. REHÂVÎ 181

3.91. SABÂ 182

3.92. SADÂ 184

3.93. SANTÛR 185

3.94. SÂZ 186

3.95. SÂZENDE 188

3.96. SEGÂH 189

3.97. SELMEK 190

3.98. SEMÂÎ (Usul) 190

3.99. SER-HÂNE 191

3.100. SEYİR 191

3.101. SÛR 192

3.102. SÛZNÂK 193

3.103. SÜNBÜLE 194

3.104. ŞEHNÂZ 195

3.105. ŞARKI 197

3.106. ŞED 198

3.107. ŞEŞ-TÂR 198

3.108. TABL/DAVUL 200

3.109. TÂHİR 201

3.110. TAKSÎM 202

3.111. TANBÛR 202

3.112. TÂR (Tel) 206

3.113. TERÂNE 208

3.114. TERENNÜM 210

3.115. TÜRKÎ-DARB 212

3.116. ÛD 212

3.117. USÛL 214

3.118. UŞŞÂK 216

3.119. VELVELE 219

3.120. YEGÂH 220

3.121. ZÂVİL 222

3.122. ZEMZEME (NAĞME) 222

3.123. ZEMZEME (MAKAM) 223

3.124. ZENCÎR 224

3.125. ZÎR Ü BAM/ZÎR Ü BEM 225

3.126. ZÎREFKEND 227

3.127. ZÎRGÛLE 228

IV. BÖLÜM 229

4. SÖZLÜ MUSİKİ ESERİNİ OLUŞTURAN UNSURLAR VE BİR SÖZLÜ MUSİKİ ESERİN TAHLİLİ 229

4.1. SÖZLÜ MUSİKİ ESERİNİ OLUŞTURAN UNSURLAR 229

4.2. BİR SÖZLÜ MUSİKİ ESERİN TAHLİLİ 245

SON SÖZ 255

KAYNAKÇA 257

ÖN SÖZ

Günümüzde disiplinlerarası çalışmaların önemi artmakta ve bu çalışmalar daha çok rağbet görmektedir. Zira bir meselenin olabildiğince bütüncül ele alınması ve anlaşılması buna bağlıdır. Bizim de klasik şiirimiz üzerinde yapmaya çalıştığımız budur. Bir yandan şiirde geçen musiki terimlerini tespit edip tahlil ederken diğer yandan şiiri ve musikiyi ortaya çıkaran şair ve bestekârları da değerlendirmeye çalıştık.

Divan Şiiri musiki terimleri ve onların anlam açılımlarını inceleyen bu çalışma, 18. yüzyıl divanları üzerinden hazırlanmıştır. 2008 yılında "18. Yüzyıl Divan Şiiri Musiki İlişkisi" başlığıyla İstanbul Üniversitesi Sosyal Bilimler Enstitüsü, Türk Dili ve Edebiyatı Bölümü'nde yüksek lisans tezi olarak sunulmuştur.

Çalışma, dört bölümden oluşmaktadır. Birinci bölümde, şiir ve musiki hakkında genel değerlendirmeler yapılmıştır. Bu kısımda, 18. yüzyıl sadece ve genel hatlarıyla şiir ve musiki açısından ele alınmış, dönemin diğer hususiyetlerine girilmemiştir.

Dönemin öne çıkan bestekâr şairleri ikinci bölümde ele alınmış ve on dört şair tespit edilmiştir. Tespit edilen bu isimler, bestekârlıkları ve şairlikleriyle temayüz etmiş kişilerdir.

Divanlarla doğrudan ilgili olan kısım, musiki terimlerinin tespit edilip anlamlarının araştırıldığı üçüncü bölümdür. Bu bölüme, terimlerin farklı manalarının yer aldığı örnek beyitler alınmış ve terimler, şiirde geçen anlamıyla, gerekli teknik bilgilere de başvurularak açıklanmaya çalışılmıştır. Terimler, Yılmaz Öztuna'nın, *Türk Musikisi Kavram ve Terimleri Ansiklopedisi* adlı eserinden tespit edilmiştir.

İncelenen divanlar şunlardır: Nazim Yahya (ö.1727), Nedim (ö. 1730), İzzet Ali Paşa (ö.1734), Sami (ö.1733-34), Sakıb Dede (ö.1735), Nahifi Süleyman Efendi (ö.1738?), Feyzi (ö.1739), Şeyhülislam Esad (ö.1753), Müsellem (ö. 1757), Mehmed Emin Beliğ (ö.1760-61), İbrahim Hanif (ö. 1775-76), Şeyh Gâlib (ö. 1801), İlhami (ö.1808), Priştineli Nuri (ö. 1785 ?).

Dördüncü bölümde bir musiki eserini oluşturan unsurlar üzerinde durulmuş, prozodi hakkında bilgi verilmiş, daha sonra iyi bir eser nasıl olmalıdır, neleri içermelidir sorularına cevap aranmıştır. Burada kavramların hem teknik bilgiler hem de bunun da ötesinde, özellikle kültür-medeniyet çerçevesinde ne manaya geldikleri, bunların hangi şartlar altında nasıl bir bütün oluşturdukları ele alınmıştır. Bu bilgilerden sonra bir eserin tahlili -teknik bilgilere fazlaca girmeden- yapılmıştır.

Böyle bir çalışmaya tanıdığı imkân ve sağladığı katkılarından dolayı Prof. Dr. A. Azmi Bilgin Hocam'a; çalışma boyunca Türk Musikisi hususunda rehberlik yapan, musikinin şiir, estetik ve haz dolu kapılarını aralayan Dr. Meriç Ökten, Prof. Dr. Sadettin Ökten hocalarıma; Dr. Öğr. Üyesi Nuri Özcan Hocam ve değerli hanende Veysel Dalsaldı Ağabeyime; bu küçük mahsulün ortaya çıkmasında fedakârlıkları bulunan kıymetli eşim Medine ve sevgili çocuklarım Leyla ile Emir Sadettin'e teşekkürlerimi sunuyorum.

KISALTMALAR

age.	: Adı geçen eser
a.e.	: Aynı eser
b.	: Beyit
bkz.	: Bakınız
bs.	: Baskı
c.	: Cilt
d.g.	: Diğer gazeller
DİA	: Diyanet İslam Ansiklopedisi
dmsç.	: Der-menkabe-i Sahilhane-i Çerağan
g.	: Gazel
hay.	: Hayyatname
haz.	: Hazırlayan
hz.	: Hazreti
k.	: Kaside
kt.	: Kıt'a
lg.	: Lügaz
m.k.	: Manzum kaime
mat.	: Matlalar
MEB	: Milli Eğitim Basımevi
mer.	: Mersiye
mes.	: Mesnevi
meth	: Methiyeler
mıs.	: Mısra
mm	: Matlalar ve Müfredler
mn.	: Münacat ve Na'tlar
muh.	: Muhammes
muk.	: Mukatta'ât
mus.	: Musammat
müf.	: Müfred
mün.	: Münâcât
müs.	: Müseddes
ng.	: Noksan Gazeller

nt.	: Na't
nzm.	: Nazım
r.	: Rubai
s.	: Sayfa
SBE	: Sosyal Bilimler Enstitüsü
sk.	: Sakinameler
sy.	: Sayı
tah.	: Tahmis
tar.	: Tarih
tb.	: Terkib-i Bend
tcb.	: Terci-i Bend
TDK	: Türk Dil Kurumu
teşv.	: Teşviknameler
tm.	: Terkipler ve Mesneviler
tmuk.	: Temmetü'l-mukatta'at
TTK	: Türk Tarih Kurumu

GİRİŞ

Toplumların muhtelif tezahürlerle yaşattıkları kültürleri, yapı itibarıyla bir vücudun organları gibi sürekli etkileşim içinde birbirini beslemekte ve birlikte gelişmektedirler. Mimari, resim, edebiyat, musiki gibi sanatlar arasında mevcut bulunan bu etkileşim, iletişim ve kaynaşma, şiir ile musiki arasında diğerlerinden daha fazladır. İlhamla ortaya çıkan şiir ile musikinin tariflerine baktığımız zaman, ikisi arasındaki bu kaynaşmayı, benzerliği ve bütünlüğü görürüz. Konumuz gereği, "musiki" deyince enstrümanla icra edilen saf musikiyi değil, sözlü musiki eserlerini kast etmekteyiz.

Şiir, "Duygu ve heyecanları, güzellikleri, seslerin uyumundan ve ahenginden faydalanarak etkili bir şekilde anlatma sanatı ve bu sanat yoluyla verilen edebî eser; manzume; gönle ve hayale hitap eden, insanda güzellik duygusu ve heyecan uyandıran şey, görünüş, oluş."[1]; "Hayâlî bir kelam; vezni üzere tekrarlanan, son harfleri birbirine benzeyen, eşit uyumlu îkâlara sahip kelimelerden te'lif edilmiştir."[2] şeklinde tarif edilmektedir.

Ancak düşüncelerin sadece dil ve vezinle somutlaştırılması şiiri meydana getirmez. Mısralar *Derûnî ahenk* ile ifade edil-

---

1   İlhan Ayverdi, **Misalli Büyük Türkçe Sözlük**, İstanbul, Kubbealtı Neşriyâtı, 2006, s. 2952.

2   Ahmet Hakkı Turabi, **İbn Sînâ'nın Kitâbü'ş-şifâsı'nda Musiki**, Marmara Üniversitesi, SBE, doktora tezi, İstanbul, 2002, s. 169.

mişse şiirdir.".[3] Şiir kelimelerle nağme duyurmalıdır. Bu nağmeyi ifade etmek için dil ve vezin yalnızca bir araçtır. Şiir, bu araçları kullanarak mısralarıyla nağmeleri hissettirmelidir.

Şiir, ritim yani nazım sanatı olduğu için güfteden daha çok besteye yaklaşmaktadır. Şiirin mısralarında nağme hissedilmezse, o yalnızca bir manzumeden ibaret kalır ve sadece güfte olarak kabul edilebilir. Bundan dolayı da o, şiirden ziyade nesir sahasına yakın durur. Musikinin notası olduğu gibi şiirin de ritmi vardır. Hanende veya sazende bir eseri okurken nasıl notalardan ayrılmazsa, şiiri okuyan da kelimelerin okunuşundan, vurgularından ayrılmaz. Çünkü "Şair manzumeyi ve manzumeyi teşkil eden mısralardaki kelimeleri milletin lisanından almıştır. O kelimelerin ölçüsünü millet tayin etmiştir. Herhangi bir kelimenin ölçüsünü şair mısra içinde nasıl bozmuyorsa inşad eden, daha doğru bir tabirle okuyan da bozamaz."[4]

Musiki, İbn-i Sînâ'ya göre, "Birbiriyle uyumlu olup olmadığı yönünden sesleri ve bu sesler arasındaki zaman sürelerini araştıran riyâzî bir ilim..."; Immanuel Kant'a göre "Sesler vasıtasıyla birbirlerini takip eden güzel hisleri ifade etme sanatı..."; Abdülkâdir-i Merâgî'ye göre, "Îkâ' devirlerinden biriyle tertip edilip kulağa yumuşak gelen nağmelerin bir araya getirilmesi..." ve Kantemiroğlu'na göre, "Çıkardığımız seslerin ölçülü bir zamanda bir usulün düzenine uyarak hareket edip belirli bir yerde karar kılıp durması ve işitme gücümüze zevk vermesi..."[5] dir.

Fuzûlî'ye göre, "Şiir kabiliyeti insana Allah tarafından ezelde bağışlanmıştır. Ve onun yardımı olmaksızın da kusursuz şiir söylenemez."[6] Şiirin bu hususiyeti, musiki için de geçerlidir. Luther, "Musiki, Allah'ın bir ihsanıdır." derken, Alfred de Musset, "Musiki bende Allah'a inanışı meydana getirdi."[7] demektedir.

---

3   Yahya Kemal Beyatlı, **Edebiyata Dair**, İstanbul, İstanbul Fetih Cemiyeti, 1997, s. 48

4   Beyatlı, **a.e**, s.7-8.

5   Nuri Özcan - Yalçın Çetinkaya, "Musiki", **DİA**, c. 31, İstanbul, 2006, s. 257.

6   Muhammet Nur Doğan, **Fuzûlî'nin Poetikası**, İstanbul, Kitabevi, 1997, s. 19.

7   Rauf Yektâ, **Türk Musikisi**, İstanbul, Pan Yay., 1986, s. 45.

Musiki ve şiirin gerek doğu gerekse batı medeniyetlerinde ilahî bir menşei olduğu inanışı mevcuttur.

Osmanlı musikisi, şiire (güfte) ihtiyaç duyar; ritim ve nağmeyi kullanır; insan sesine ve güfteye ağırlık verir; nota yolundan ziyade meşk yoluyla talim edilir. Bu musiki, nesirle ifade edilmesi mümkün olmayan veya çok zor olan ancak hissedilebilen hakikatleri terennüm etmektedir. Bu özellik, Osmanlı musikisini, şiir musikisi yönünde geliştirmiştir. Kullandığı şiir İslâmî kültüre bağlı edebiyatların klasik vezni olan aruzla yazılmış şiirdir. Bu şiir hislerimize hitap eden hakikatleri dile getirmektedir. Musiki ise ahenk ve melodilerle bu hissî hakikatleri güzelleştirmektedir.

Musikinin sınırlarını genişlettiği söylenilen şiirde, nelerin mündemiç olduğunu bilmek, musikinin hangi değerler üzerinden yükseldiğini anlamak açısından mühimdir. "İnsanın dünya ve hayat görüşünün, kültür ve bilgi birikiminin, dış dünyadan, çevresinden ve iç dünyasından aldığı duyumların (ihsas) kelimeler aracılığı ile objektif âlemde estetik bir hüviyet kazanması"[8] olarak da tanımlanan "Klasik Türk Edebiyatı, temel olarak şu kaynaklardan beslenmiştir: Din ve Tasavvuf, Tarih ve Sosyal Hayat, İlim ve Felsefe, Estetik Değerler Sistemi."[9] Klasik şiirimizin böyle bir hazine üzerine bina edilmiş olması, musikimiz için şiirimizin ne derece vazgeçilmez olduğunu görmemiz açısından önemlidir. Musiki, şiirin sınırlarını, tesir sahasını genişletirken şiir de taşıdığı değerler itibarıyla musikiyi anlamlı kılmaktadır. Dolayısıyla şiirin musiki içerisindeki fonksiyonu sadece sesleriyle müzikalitesine katkıda bulunmak değil, aynı zamanda eserin anlamına katkıda bulunarak eserden duyulan hazzı genişletmektir.

Şiir ile musikinin birlikteliği Osmanlı ile başlamaz. Türklerin ilk edebî eserlerinde de dinî mahiyeti haiz musiki vardır. "Türk musikisinin en eski şeklini, *baksı-ozan*ların *kopuz*la çal-

---

8   Doğan, **Eski Şiirin Bahçesinde**, İstanbul, Ötüken Neşriyat, 2002, s. 13.
9   Doğan, **Eski Şiirin Bahçesinde**, s.16.

dikleri dinî-sihirbâzâne nağmelerde aramak icap eder."[10] İlk başlarda şiir, musiki ve raks beraber icra edilmiştir. Daha sonra raks bu iki unsurdan ayrılmış ama şiir ile musikinin beraberliği asırlarca devam etmiştir. Yani ozan ve kopuzcu sonradan ayrılmıştır. "Eski şark milletlerinde olduğu gibi, Türk şair-musikişinası, dinî yahut yarı-dinî ayinlerinde kopuzıyle mâbûdu takdîs ve tebcîl ediyor, hükümdarın menkabelerine dair kasideler okuyor yahut eski esâtirî kahramanların hikâyelerini, Oğuz Han ve Kara Han menkabelerini anlatıyordu."[11]

Osmanlı musikisi İslam dünyasında oluşan musiki geleneğinin bir devamı olarak değerlendirilmelidir. Çünkü Osmanlılar, musiki sahasındaki bilgilerini bu geleneğin sözlü ve yazılı kaynaklarından almış, onun üzerinde kendi bilgi ve tecrübelerini inşa etmişlerdir. Bazılarının öne sürdükleri gibi bu musiki Bizans musikisine dayanmamaktadır. Çünkü bunu gösteren deliller de söz konusu değildir. Bu musiki daha çok Abdülkadir-i al-Merâgî (ö.1435)'nin ve ondan önce gelen İslam musikişinaslarının geleneğine dayanır.

"Bu musiki Sâmi-İran geleneğine dayanan ve Emeviler devrinde mevcut olan musikinin Abbasiler'in başlarındaki tercüme faaliyeti sonucu Eski Yunan'dan ve İslam dairesine giren Türkler'den ve diğer milletlerin musiki bilgi ve geleneklerinden etkilenen İslam dünyasına has musikidir. … Osmanlı musikisi Osmanlı Devleti içindeki çeşitli ırkların ve dinlerin musikilerine, hatta komşu diğer ülkelerin musikilerine etki yapmıştır. Türkler yanında Osmanlı dünyasının zengin mozayiğini oluşturan Araplar, Rumlar, Ermeniler, Yahudiler arasında bu musikinin ünlü nazariyecileri ve bestekârları yetişmiştir. Türkçe besteler bu cemaatlerin muhitlerinde ve kiliselerinde söylenmiştir. Kantemiroğlu bu konuda en önemli örneklerdendir. Klasik Türk Musikisi besteleri ihtiva eden ve İstanbul Rumları tarafından hazırlanan bazı Rumca mecmualar da bu hususta en güzel

---

10   Fuad Köprülü, **Edebiyat Araştırmaları**, Ankara, Türk Tarih Kurumu, 1999, s. 111.
11   Köprülü, **a.e**, s. 111.

örneklerdir. XVII. yüzyıl sonlarından itibaren Osmanlı-Türk musikisine mühtedilerin, Rumların, Ermenilerin, Yahudilerin, Hristiyan Araplar'ın katkıları büyük olmuştur. Tanburi Küçük Artin (ö.1750), Hamparsum Limonciyan (ö. 1839) bu sınıf musikişinaslardandır."[12]

Önceki Türk-İslam devletlerinde olduğu gibi Osmanlılarda da saraylar, musiki faaliyetlerinin merkezi olmuştur. Tekkeler, özellikle mevlevihaneler ve özel şahsa ait konaklar da musikinin icra ve himaye edildiği mekânlardı. Yıldırım Bayezid zamanında (1389-1402) saray, sanatkârları, âlimleri himaye etmiş ve bir kültür-sanat merkezi hâline gelmişti. Bu sanatkârlar arasında musikişinaslar da bulunmaktaydı. II. Murad zamanında birçok musikişinas sarayda himaye edilmekteydi Özellikle mevlevihaneler klasik musikinin icra edildiği ve öğretildiği yerlerdi. Yenikapı (Mevlanakapı), Galata Mevlevihanelerinde çok sayıda musikişinas yetişmiştir. Bunların bir kısmı sarayda da çalışmıştır.

Tarihi kadar uzun zincirin bir halkası olan musiki, değişen bu biçimlerin arasında toplum için ne ifade eder? Musikinin diğer sanat dalları arasında ve toplum indinde konumu ve tesiri nedir?

Bir toplumun musiki ile olan irtibatı, onun medeniyet seviyesini gösteren çok önemli bir nirengi noktasıdır. Çünkü musiki, güzel sanatlar hiyerarşisinde en üstte yer alır. Ona yükselebilmiş olmak, bilim ve sanat sahalarında ilerlemiş olmak demektir. Nitekim "Musiki evvelen bir artistik mevzu olarak başlar. Sonradan kendisine mahsus olan şekillerini alır. Ressamlıkla heykeltıraşlık kendine mahsus malzeme, şekil ve rengi tabiatta bulup bunları taklit eder. Şiirin malzemesi, dili teşkil eden kelimelerden ibarettir. Mimarlık ise kendi şekillerini yaratmağa mecburdur. Fakat bunlar sırf artistik olmayıp kısmen tekniğe lüzum gösterir. Musiki insan sesiyle yine insan elinden çıkmış olan sonsuz bir zenginlik, fakat şekilsiz, acîn (hamur) hâlinde malzeme bulan bi-

---

12 Ekmeleddin İhsanoğlu vd, **Osmanlı Musiki Literatürü Tarihi (History of Music Literature During The Ottoman Period)**, İstanbul, IRCICA, 2003, s. III-V.

ricik sanattır. Bu malzemeye sırf artistik esaslarla şekiller veril-meli. Burada ne mimaride düşünülen faidelik ne de ressamlıktaki gibi tabîat taklidi ve ne de şiirde olduğu veçhile seslerin sembolik manaları gibi meseleler yoktur. Musiki gibi elindeki malzemeyi serbestçe kullanmaya müsait olan hiçbir sanat yoktur. Musikiyi şiirin de üzerine çıkaran özelliği, musikinin temel fizik yasaları üstünden metafizik boyuta çıkabilmesinde yatmaktadır. Çıktığı noktada, musikinin artık fizikle bir irtibatı kalmamıştır. Şiir ise dilin kelimelerini kullanır ve o kelimelerin anlam ve sesine musi-kinin fizik yasalarına bağlı oluşundan daha çok bağlıdır. Musiki, şekil ve heyecan olmak üzere iki elemandan oluşmaktadır. Şekil elemanı tamamıyla aklî ve tek bir kanun ve sisteme bağlıdır. Ton-lar, gürültüler, ritimler, zaman aralıkları, matematiksel işlemler ve hatta esler, bunların hepsi hava basıncının (tazyikinin) değişik-likleriyle kulağa nakledilen şeylerdir."[13] Bu kadar basit işlemlerin o derin heyecanları ortaya çıkarması, aklın zorlukla kavrayabile-ceği bir hadise olarak görülmektedir.

İbni Sînâ da, hava basıncının (tazyikinin) değişiklikleriyle kulağa nakledilen ses ve îkâ' unsurunun fizik, aritmetik ve ge-ometriyle doğrudan ilgili olduğunu söylemektedir.[14] Bu sebep-ledir ki, "İlk İslam filozofu olarak kabul edilen el-Kindî, musi-kiyi mantık, felsefe, hesap, hendese ve hey'et ilimleriyle birlikte değerlendirmiş, riyâzî ilimlerden mahrum olanların ömür boyu felsefe okusalar dahi bunu anlayamayacaklarını, sadece yazılan-ları tekrarlamış olacaklarını ifade etmiştir."[15] Hatta bu hususta İbni Sînâ ile ilgili bir hadise anlatılır. İbni Sînâ, henüz 17 yaşın-dayken, zamanın bütün ilimlerini bitirir ve sonra, "İşte insan, diğer ilimler nerede?" der. Ancak musikinin tatbikatıyla uğraş-maya başlayınca, kendi kabiliyetindeki eksikliği hayretler içinde fark edip, "İşte ilim, insan nerede?" demiştir.[16]

---

13   Salih Murad Uzdilek, **İlim ve Musiki**, İstanbul, Kültür Bakanlığı Yay., 1977 s.63-66.

14   Nuri Özcan-Yalçın Çetinkaya, "Musiki", **DİA**, c. 31, İstanbul, 2006, s. 259.

15   Özcan-Çetinkaya, **a.e**, s. 258.

16   Yektâ, **a.g.e**, s. 44.

Bilimin değişmez yasalarıyla yapılan musiki, ancak bilim içinde sınırlı kalmadığı için sanattır. Hatta her sanat eseri, kendine münhasır özellikleri barındırır. Aksi hâlde o sanat olmaz, endüstri metaı olur. "Endüstri metaı, bir ilk örneğin tıpkısı olmak üzere çoğaltılmış, birbirinin aynı sayısız nesneden ibarettir. Sanat ise ister bir tek kişi tarafından meydana getirilsin, isterse kolektif bir çalışmanın ürünü olsun, daima tek, biricik bir olgu olarak ortaya çıkar."[17] Bu da sanatın vazgeçilmez bir vasfıdır.

Şiir de musiki gibi, insanoğlunun tabii ihtiyaçlarındandır. Ayrıca bu ihtiyaç, toplumdan topluma farklılık gösterir ve yine toplumdan topluma değişen bir seyirde tekâmül gösterir. Çünkü şiir ve musiki de medeniyetin bir cüz'ü olması hasebiyle medeniyetin bütünü ile beraber değişime uğrar. Nitekim "Medeniyet bir değerler sistemidir ve milletin kimliği bu sistem sayesinde oluşur ve tanımlanır. Kültür ve değerlerin hayata yansıması sonucu ortaya çıkan tüm biçimleri kapsar. Bu nedenle her biçimin veya başka kelimelerle söylenirse her kültürel olgunun ardında onu yönlendiren bir değer ya da değerler manzumesi vardır. Hayat, zaman ve şartlara bağlı olarak sürekli değiştiği için biçimler de değişime tabidir. Değerler sistemi ile ilgisini güçlü bir şekilde sürdüren toplum yine bu sistemden yola çıkarak devire ve şartlara göre yeni biçimler geliştirir. Böylece değerler sistemini yani kimliğini koruduğu gibi, geliştirdiği yeni sistem sayesinde hayatı daha yaşanabilir ve zengin kılar."[18]

Devirlerin şiir ve musıki yapılarına baktığımız zaman devre ve topluma göre şiirin ve musikinin sanatkârlarında ve eserlerinde değişimi görürüz. Bu değişim, bazen sanatın daha iyiye bazen de daha kötüye gitmesi şeklinde olabilir. Bu iki sanat, -diğer sanatlar da buna dâhil edilebilir-, aynı süreci, aynı zaman diliminde yaşamayabilir de. Mesela Divan Şiiri, büyük şairlerini 16. yüzyılda yetiştirmişken musiki, büyük bestekârlarını 18. yüzyılda yetiştirmiştir.

---

17   Yalçın Tura, **Türk Musikisinin Meseleleri**, İstanbul, Pan Yay., 1998, s. 71.

18   Sadettin Ökten, **Yahya Kemal'in Rüzgârıyla Duyuşlar ve Düşünceler**, İstanbul, Ötüken Yay., 2008, s.182.

Şiir ve musiki, ait oldukları değerler sistemi içerisinde kendilerini yenileyebilir. Bunun için de şiir ve musikinin insanı ve toplumu olabildiğince gerçeğe uygun yansıtabilmeleri gerekmektedir. Bunu yapabildikleri ölçüde ait oldukları toplumların kültür-sanat hayatına kalıcı katkıda bulunmuş olurlar. Her yapıt kendi döneminin ihtiyaçlarını sadece dönemine ait yöntem ve tekniklerle karşılamış olur. "Bununla birlikte bu yapıtların hepsi aynı zamanda üzerlerinde bir tarih taşır. Bunlar taşıdıkları tüm güce karşın, daha sonraki zamanların kültür gereksinimlerini karşılamakta yetersiz kalır; çünkü yaşam yeni yeni sorunlar getirmiş, bu sorunların üstesinden gelmiş ve yeni yeni fikirler geliştirmiştir. Bu nedenledir ki, her defasında yeni yapıtların yaratılması, geçmişin kalıtından yararlanarak yeni yeni teknik ve biçim sorunlarının öne sürülmesi zorunlu hâle gelir."[19]

Şiirle musikiyi buluşturan bir özellik de her ikisinin de fikirleri doğrudan vermemeleridir. Şiirin kendisini, mazmunlarla ve edebî sanatlarla tezyin edilmiş imajlarla ortaya koyduğu gibi musiki de "Nesneleri, fikirleri ve davranışları simgesel bir anlatımla canlandırır."[20] Musiki de fikrî yardıma ihtiyaç duymaksızın, ruha doğrudan doğruya işler. Musikinin kendine mahsus olan dili, ruhun anlayabileceği, fakat tercüme edemeyeceği bir dildir. Nitekim "Heyecanların ifadesi olan musiki, kelime ve fikirlerin durdukları yerde başlar. Musiki daima heyecan ifade edecektir. Çünkü fikirler nispeten derin ve ciddî olmakla beraber daima hissiyâta kapılmağa müsaittir. Kâinatta en müsait yer, insan ruhudur. Bütün ilimler, bizi bu derûnî hakikatın eşiğine kadar götürür, kapıyı aralar ve içerisini gösterir. Bütün sanatlar kapıdan girip vestiyere kadar gider, musiki ise bizi elimizden tutup cesaretle içeri sokar ve arkamızdan kapıyı kapatır."[21]

---

19 Sidney Finkelstein, **Müzik Neyi Anlatır**, İstanbul, Kaynak Yay., 2000, s. 11.
20 Eugenia Popescu-Judetz, **Türk Musiki Kültürünün Anlamları**, Çev: Bülent Aksoy, İstanbul, Pan Yay., 1996, s. 13.
21 Uzdilek, **a.g.e**, s.65.

Şiirin insanları bir duygu atmosferine sokmasına en iyi örnek Yunus Emre şiirleriyken, musikinin ruha tesir edişine en güzel örnekler, Itrî'nin "Tekbîr" ve "Salât-ı ümmiye"leridir. Bu iki eserin tekniğini bilmemelerine ve sözlerinden anlamamalarına rağmen Müslümanlar, bunlar okununca ortak bir duygu atmosferine girerler. Şunu da belirtmek gerekir ki her şiirden veya musiki eserinden herkesin aynı şeyi anlaması gibi genelgeçer bir kural söz konusu değildir. Hatta aynı insan bile aynı eserden farklı zamanlarda farklı hisler tadabilir. "Bir musiki parçası, aynı kaldığı hâlde onu dinleyen kimse, bu musikide kendi içindeki ahengi işitir, kendi hayat akışını yaşar. Aynı musikiden, bir insanın değişik zamanlarda duyup anladığı şeyler başkadır. Bundan başka her insan, aynı musikiyi başka türlü tadar. Karmen'deki Habanera, birisi için içler yakan bir aşk şarkısı olduğu hâlde bir başkası için en mükemmel matem şarkısıdır."[22]

Musiki eserleri, diğer sanat eserleri gibi toplumun his ve heyecan yapısına tercüman olurlar. Özellikle Osmanlı Mehter Musikisi üzerine araştırma yapan müzikolog Eugenia Popescu-Judetz, Mehter Musikisinin, toplum yapısıyla kaynaştığını söyler ve şu yorumu yapar: "Geçmişe bakıldığında mehter dallanıp budaklanan yan anlamlarıyla bütün bir Osmanlı toplumunun siyasi ve toplumsal düzeni içinde birleştirici bir güç olarak ortaya çıkıyor. Hayatın her alanına yayılmış bir olgu olarak mehter, sultanlığın bütün halkına geniş kapsamlı bir kavramlar dizisi, bir değerler dizisi sunmuş her tabakadan insanın paylaşabileceği şeyler vermiştir. Mehter, ortak bir kültür birikimini paylaşan karmaşık bir toplumda oluşmuş ve yayılmış anlamların taşıyıcısı durumundaki zinde bir güçtür. Savaşta olsun, barışta olsun, mehter musikisinin çalınması Osmanlı hayatının birbirine bağlı boyutlarının bir parçasıydı. Her şeyin ötesinde, mehter, bütün toplumun ortak değerleriyle ortak ilgilerini temsil etmesi yönünden ümmet fikrini anlamlı kılan

---

22 Adolf Von Grolman, **Musiki ve İnsan Ruhu**, Çev: Selâhattin Batu, Remzi Kitabevi, İstanbul, 1965, s. 14.

benzersiz bir güçtü."[23] "Osmanlıların yükselme döneminde mehterin sesi Müslüman olmayan halklar için dehşet verici bir ses, Osmanlı halkında ise huşû duyguları uyandıran bir haykırıştı.... Kanımca Osmanlı yaşama biçiminin bir özelliği olan mehter, Arapça "ümmet" teriminin dile getirdiği, dünya İslam cemaati birliği içinde yer alan insanların kendilerini tanımladıkları kimliğin musikideki yüzyıllarca süren ifadesiydi."[24]

Bir medeniyet için musikinin bu derece önemli olmasının altında, medeniyetlerin aklın sınırlarını aşacak kadar engin ve derin olma özellikleri yatmaktadır. Bu derinlik en güzel, en kâmil şekliyle ancak musiki ile dile gelebilir. "Bu yüzden bir aşk ve gönül medeniyeti olan kadîm ve özgün medeniyetimizi ifade etmek için en münasip saha eski musikimizdir."[25] Çünkü dinsel coşkuyu aklî sınırlar içinde tutmak hem toplumu hem de toplumun bireylerini rahatsız eder.[26] Bundan dolayı da musiki ruhun temel ihtiyacıdır. Nitekim R. H. Newton'un dediği gibi musiki, doğrudan ruha işleyen bir sanattır. "Yani kullanılan meşhur bir tabirle ifade edildiği şekilde 'insanın ruhuna işler.' O hâlde musiki duygularımıza hitap etmektedir."[27]

18. yüzyıl divan şairlerine baktığımızda şiir ve musiki kendi aralarında bir bütünlük oluşturduğu gibi toplumun dini, ilmi ve örfi değerleriyle de bütünlük oluşturduğunu görmekteyiz. Bu yüzyılın şair-bestekârlarına bakınca da isimlerinin başında Şeyhülislam, Kadı, Şeyhefendi, Âlim gibi unvanların kullanıldığı görülür. Aynı anda hem ilim adamı, hem şair hem bestekâr hem şeyh unvanlarını yan yana bulmak, medeniyetimizin bütünlüğünün bir tezahürünü ortaya koymaktadır. Osmanlı Devletinde, şiirden ve musikiden sadece şair ve bestekarlar değil tüm toplum anlardı. Toplumun

---

23   Popescu-Judetz, **a.g.e**, s. 14-15.
24   Popescu-Judetz, s. 56-57.
25   Ökten, **a.g.e**, s.163.
26   Ökten, s. 171.
27   Grolman, **a.g.e**, s. 15.

bu tavını ve tavrını bulmasında, dinlediği musikinin -doğal olarak da- şiirin rolü büyüktür. Aksi hâlde, şeyhler ve şeyhülislamlar, bütün o çabalarını, -şu an insanların uğraşılarının adı olan- 'hobi' olsun diye yapmamışlardır. Yaptıkları uğraşıların, kendi medeniyet değerleri sisteminde bir yeri vardı ve onlar, yaptıkları işlerin ne manaya geldiğinin farkındaydılar. Bu anlayışta musiki ve şiirin ilahi menşeli olmasının rolü büyüktür. Nitekim nazariyat kitaplarında musiki için "ilm-i şerîf" tabiri kullanılır ki bu tabir, başka bir saha için kullanılmamıştır. İlm-i şerif ile uğraşan "bestekâr", yaptığı bestelerinin bir ilhamla vücuda geldiğini ve kendisine "bağlamak" vazifesi verildiğini kabul eder. Oysa Batıda bestekârın karşılığı olarak "kompozitör" kullanılır ki kompozisyonu oluşturan kendisidir. Bizim anlayışımızda "beste" ön plandayken batıda "kompozitör" ön plandadır.

Şiir ve musiki toplumun seviyesini de gösterir. Bize göre bir toplumun içinden çıkan deha, o toplumun seviyesinin göstergesidir. Çünkü o dehanın sanatına aksettirdiği değerleri, uyumu ya da tezadı veyahut kırılmaları ve gerilimleri, o dehaya veren toplumdur. Çünkü musiki eserleri, bestekârın duygu ve düşüncelerini notalar üzerinde somutlar. Bu duygu ve düşünceler ortaya çıktıkları ürünlerde, toplumun dini ve kültürel coşkularını ifade ederek kendilerini gösterirler. Bu ifadeyi, daha önce de belirttiğimiz gibi hakikate yaklaştırdıkları, toplumun değerlerine mal ettikleri nispette gerçektirler. Nitekim "Millî musiki, millet varlığına bağlıdır. Bilhassa melodi bakımından kendine mahsus bir yücelik gösterir."[28] Bir dehanın elinden çıkmış bile olsa bir eser, istenilen özellikleri taşıması hâlinde, bağlı olduğu toplumun eseridir. Bu bakış açısına karşı, halk türkülerini öne çıkaran ve yücelten görüşler de vardır. Onlara göre halk türküleri, sadece bir tek kişinin eseri değil, bütün halkın ortak eseridir. Dolayısıyla yapaylıktan ve yapaylığın bütün süslerinden arınmıştır. "Bu çiçekler, kendiliklerinden toprağı yararak gün ışığına çıkarlar ve

---

28 Grolman, **a.g.e**, s. 16.

en ufak bir yazarlık ya da bestecilik hakkı talep etmeden serpilip gelişirler. Bu yüzden de kültürlü bestecilerin serada yetişen çiçekleri andıran eserlerine hiç mi hiç benzemezler."[29]

Musikinin etkisinden bahsederken aslında bir yandan da şiirden bahsediyoruz demektir. Şiir, sözlü musiki eserinin bir cüz'ünü teşkil eder. Gerek toplum hafızasında gerekse birey hafızasında kalan eserlerimiz, çoğunlukla sözlü musiki eserlerimizdir. Bunun altındaki sebep şiirle musikinin birbirlerinde mezc olarak, sanki birbirlerinden ayrı yeni bir tür yaratırmışçasına bir bütün oluşturmalarıdır. Bu bütün, şiir ve notalar üzerinden bizim maceramızı bizlere anlatır.

Şimdi, incelediğimiz divanlarda musiki terimlerinin şiirlerde nasıl geçtiğini ve hangi anlamlarda kullanıldığını çalışmamızın üçüncü bölümünden aldığımız birkaç örnekle izah etmeye çalışalım.

Musiki terimler, bazen kendi asli anlamları ile beyitte yerini alırken bazen de edebî sanatlar vasıtasıyla başka anlamları yüklenmişlerdir. Bu anlamlar, bazen sosyal ve psikolojik (karakteristik) olay ve özellikleri anlatırken bazen astronomi ile ilgili olaylara ve bazen de tasavvufi hadise ve hâllere işaret etmektedir. Bazı terimler, şairlerin şahsî kanaatlerini belirtirken bazı terimler (özellikle makam adları) toplumların kabullerini ve değer yargılarını belirtmektedir. Bazen de şairler, kendi ruh hâllerini anlatmak için en müsait terimi kullanmışlardır.

Kendi aslî anlamlarıyla geçen terim örneği:

Şair, (icrası zor olan) arazbâr makamında eser bestelenirse, icra edilirse büyük bir nimete (şöhrete) kavuşulacağını belirtmiştir:

Teşebbüs eyler isen şu'be-i arazbâra

Olursun evc-i ni'amda nagam ile magrûr (Sakıb Dede Divanı, k. 3/29.)

---

29 A. A. Jdanov, **Edebiyat Müzik ve Felsefe Üzerine**, İstanbul, Kaynak Yay., 1996, s. 55.

Sosyal bir olay örneği:

Mahalle bekçileri, kudüm çalarak, Ramazan ayının gelişini haber vermektedirler:

Pâsban verdi kudûmiyle cevâb eyleyene

Ramazan geldi mi âyâ diyerek istifhâm (Nedim Divanı, k. 9/5.)

Psikolojik (karakteristik) olay ve özellik örneği:

Kürdi, kendine mahsus özellikleri olan bir makam adıyken, bu özelliğinden dolayı nazlanma usulünü bilmeyen bir Kürt güzele benzetilmiştir:

O Kürdî dilberi nâz u niyâzda hîç usûl bilmez

Muhâlifdir anın etvârı kânûna şümâr olsun (Priştineli Nuri Divanı, k. 3/14.)

Kültürel etkileşim örneği:

Beyitte bazı toplumlar arası kültür etkileşimi ve toplumun rengi olmuş değerleri görmekteyiz. Eflâtun'un, Yunan (Batı) müziğinin sembol bir şahsiyeti olduğunu; tanburun bizden önce, Yunan'da kullanılmış ve daha sonra bize mal olmuş bir saz oluşunu; Hicaz bölgesinin, tanbur sazının ve tanburun çaldığı nağmelerin bizim medeniyetimizi temsil ettiğini, beytin kurgusu içerisinde görmekteyiz:

Tavâf edip ser-i sandûka-i Felâtûnu

Hicâza vardı küleng-i terâne-i tanbûr (Şeyh Gâlib Divanı, g. 57/5.)

Astronomi örneği:

Zühre, tanburun icra ettiği duygu yüklü nağmelerinin saiki olarak yerini almıştır. Gezegenlerin nağmeler çıkarması, aslında sıradan bir tahayyül değildir. Bazılarının görüşü bu yöndedir. İhvân-ı Safâ "kâinattaki varlıklar arasındaki uyumdan ve oranlardan söz ettikten sonra aynı uyumun gezegenler arasında mevcut olduğunu ve gezegenlerin hareketleri esnasında uyumlu nağmeler çıkardığını"[30] söylemektedir. Böyle bir inanış veya düşünce ile birlikte şiire baktığımız zaman ortaya konan kurgu yerine oturmaktadır. Konfüçyanizmin "Müzik, gökle toprak arasındaki bir âhenktir."[31] anlayışını da bununla beraber zikredebiliriz:

Olmasa nâleleri gûş-hırâş-ı zühre
Târ-ı tanbûr yemezdi bu kadar mızrâbı (Esad Divanı, g. 187/2)

Musikinin astronomi (gök) ile ilgisini, ruhların yaratılış zamanına götüren inanışlar bile vardır. Bunlardan birini Rauf Yektâ şöyle dile getirmektedir: "Allah, dünya durdukça fanilerin vücutlarını harekete geçirecek bütün ruhları yarattı. İlahî azametin mahsulü olan bu ruhların teşekkülünden sonra Cenâb-ı Hak yedi seyyarenin ve diğer semavî cisimlerin harekete geçmelerini emretti; ruhlar bu âhenkli hareketi işittiler, bu semâvî konsere şahit olan ve sayısı tespit edilemeyen manevî mahlûkattan bazıları bu ahengin zevkine fazla, bazıları da az vardılar."[32]

Tasavvufî hadise ve hâllere işaretin örneği:
Kanun, hem çalgı hem de tellerinin çokluğundan dolayı, tevhidin zıttı olan kesret anlamındadır. Ah ise tevhidi ifade eder. Kesret oyun ve eğlence iken ah hüzündür. Çünkü ayrılık, gönle ah çektirmektedir. Ayrılık bu dünyaya sürülmüş olmaktır ve hüzün bu ayrılıktan kaynaklanmaktadır. Ayrıca gönül Cenâb-ı Hakk'ın mekânı olduğu için, gönülde tevhidden gayrı bir şey bulunmamaktadır:

Nevâ-pervâz-ı seyr-i âheng-i kânûn muhabbetken
Gönül bilmem nedendir âhdan gayrı havâ bilmez (İbrahim Hanif Divanı, g. 151/4.)

---

30 Özcan-Çetinkaya, **a.g.e**, s. 259.
31 Özcan-Çetinkaya, **a.g.e**, s. 257.
32 Yektâ, **a.g.e**, s. 43.

Şairin şahsi kanaatinin örneği:

Şair, türki-darb usulü ve araban makamı ile yapılan bir eserin kendince çok güzel olacağını söylemek için bu iki terimi kullanmıştır:

Türkî-darb ile makâm-ı arabân

Beste olsa urılur bu dil ü cân (Sami Divanı, mes. 3/39.)

Şairin kendi ruh hâlini ifade edişinin örneği:

Şair, içinde bulunduğu hâli anlatmak için "ney"in özelliklerini kullanmıştır:

Vücûd-ı ney gibi pür dâg iken tenim dilber

Usûliyle yine ben bî-nevâya nâz eyler (İbrahim Hanif Divanı, g. 91/2.)

Kültür ve medeniyetimizin iki temel parçası olan şiir ve musiki, hayatının her anında toplumumuzun karşısına çıkmaktadır. Camilerimizden, türbelerimizden, kabirlerimizden tutun da çeşmelerimize kadar her yanımız şiirle çevrilidir. Şiirin melodilerle müzeyyen olmuş şekliyle musiki, şiirle birlikte yürüyen, ondan ayrılmayan bir yol arkadaşı gibidir. Yazılı metin hâlindeki şiir, dile geldiğinde nağmelere bürünüp yeni bir heyecan ile canlanır.

Ruhlar âleminden gelirken musikiyle gelen (ezan ve kamet) ve yaşarken musikiyle geçen hayatımız, ruhlar âlemine göçerken de musiki ile göçer. Önce salâ ile uğurlanan ruhlarımız arkamızdan mevlitlerle yâd edilir.

I. BÖLÜM

1. 18.YÜZYIL DİVAN ŞİİRİNE VE MUSİKİSİNE GENEL BAKIŞ

1.1. 18.YÜZYIL DİVAN ŞİİRİNE GENEL BAKIŞ

Bu yüzyıla Karlofça Antlaşması (1699) ile girilmiş ve Osmanlılar'ın 1526'dan bu yana genişlettikleri sınır bölgeleri elden çıkmıştır. Orta Avrupa'dan geri çekiliş, Osmanlıların asli dayanağı olan Balkanlardaki mevkiini de etkilemiştir. Bu durum siyasi ve toplumsal karışıklıkları beraberinde getirmiş ancak Osmanlılara her şeyin savaş meydanında değil masa başında da kazanılabileceğini fark ettirmiş ve Osmanlı diplomasisinin gelişmesine ön ayak olmuştur. 1730'a kadar nisbeten müreffeh bir dönem yaşanan, daha sonra patlak veren bazı isyanlar ve açılan cephelerle toplumsal huzurun sarsıldığı bu dönemde Batı kültür ve medeniyetine ilgi de artmıştır.

Asrın padişahları, genel itibarıyla sanatı ve sanatkârı seven ve koruyan padişahlardır. Bazı padişahlar bestekâr veya şair, bazı padişahlar ise bestekâr-şairdirler. III. Ahmed (1703-1730), sanatkârları korumuş, devrin meşhur hattatı Hâfız Osman'dan hat meşk etmiş, Necib mahlasıyla yazdığı şiirleri bir divanda toplamıştır. I. Mahmud (1730-1754), Sebkatî mahlasıyla şiirler yazmış şair-bestekârdır. III. Mustafa (1757-1774) Cihangir mahlasıyla şiir yazmıştır. III. Selim (1789-1807) İlhami mahlasıyla yazdığı şiirleri divanında toplamış bestekâr-şairdir.

Padişahların yanında Damat İbrahim Paşa ve Koca Ragıp Paşa gibi sadrazamlar da bütün siyasal ve toplumsal krize rağmen şiir, musiki gibi kültür-sanat faaliyetlerini desteklemişlerdir. Nitekim Koca Ragıp Paşa, Nedim ve Şeyh Gâlib'ten sonra klasik edebiyatımızın yetiştirdiği kalburüstü şairlerimizden biridir.

Gibb'in klasik dönem sonrası olarak tanımladığı, İran tesirinin ortadan kalkıp, onun yerine millî bir kimliğin geçirildiğini[33] söylediği bu yüzyılda mahalli konular ve günlük yaşayış edebiyata daha çok girmiş, edebî ürünlerde yerlileşme görülmüştür. Böylece 18. yüzyılın en önemli özelliği, edebiyatın halk zevkine yaklaşması, kendi benliğini şiire geniş ölçüde yansıtmasıdır denilebilir.

Bunun neticesi olarak bu dönemde şairlerin divanlarındaki kelime hazinelerinde de değişiklik ortaya çıkmış; Arapça ve Farsça kelimeler terk edilmeye, atasözleri ve deyimler divanlara girmeye başlamıştır. Böylelikle Türk şiiri önceki yüzyıla göre daha farklı bir hüviyet kazanmış ve önceki yüzyıllarla kıyaslanamayacak ölçüde mahallî renkleri yansıtan bir şiir hâline gelmiştir. Bu dönemde şiirin kalıplaşmış kurallarından uzaklaşılmaya ve yeni mazmunlar kullanılmaya başlanmıştır.

Dönemin en önde gelen iki şairi Şeyh Gâlib ve Nedim'dir. "Nedîm, Bâkî, Yahya, Bahayi, Vecdi, Tıfli ile gelişen ifade güzelliğini beyan nezahetini ve hayal inceliğini, Neşati ve Nâilî ile beliren en muhayyel ve en güzel, tam bir ahenk, tam bir müzik hâlinde söyleyiş kabiliyeti ile birleştirmiş"tir.[34] Şeyh Gâlib ise, Hindistan'da gelişen ve XVII. yüzyılda Anadolu'yu tesiri altına alan Sebk-i Hindî'nin Türk şiirindeki en dirayetli sesi olmuştur. Şeyh Gâlib'in bu tavrı, şiirde yaşanan durgunluğu aşmada yara-

---

33   E. J Wilkinson GIBB, **Osmanlı Şiir Tarihi**, Çev: Ali Çavuşoğlu, Ankara, Akçağ Yay., c. III-V, 1997, s. 269.

34   Abdülbâkî Gölpınarlı, **Nedim Divanı**, İstanbul, İnkılâp Kitabevi, 2004, s. 39.

tıcı bir tavır olarak görülmektedir. Tasavvuf edebiyatı kısmında da birkaç isim dışında önemli şairlerin yetişmediği söylenebilir. Yüzyılın ikinci yarısında yaşayan ve divan şiirinin son büyük temsilcisi sayılan Şeyh Gâlib'in bir tekke şeyhi olması dikkat çekicidir. Hüsn ü Aşk adlı mesnevisinde divan şiirinin estetiği içinde tasavvufu bütün derinliğiyle işlemiştir.

Nahifi, Nazim, Salahi bu yüzyılın en çok na't yazan şairlerindendir. Sakıb Dede, Nahifi gibi şiirlerinde mevlevî sembolleri ve tasavvufî terimleri kullanan bir başka şairdir.

Bu yüzyılın divan şairlerinden bazıları musikişinas ve bestekâr olarak da karşımıza çıkmaktadır. Bazılarının sadece bestekârlık yönü beğenilirken, bazılarının hem şairlik hem de bestekârlık yönü takdir görmektedir. Bu dönemin bahsettiğimiz sınıfa giren bestekâr şairleri şunlardır:

Itrî (1630/40-1711), Rif'at Efendi (ö.1720), Yahya Nazim (1650?-1727), Enfi Hasan Ağa (1670? – 1729), Nâyî Osman Dede (ö.1729), Şeyhülislam Esad Efendi (1685-1753), I. Mahmud (1730-1754), Tanburi Âşık Mustafa Çavuş (1689-1745/1757), Tab'i Mustafa Efendi (1705-1770), Ali Nutki Dede (ö. 1804), III. Selim (1761-1808), Abdülbâkî Nâsır Dede (ö. 1821).

Ayrıca bu yüzyıldaki musikişinas şairlerin çoğu bir tarikata müntesiptir ve çoğu da Mevlevîdir. Mevlevî şairlerin musikişinas olmalarının sebebi, Mevlevilikte musiki ve şiirin çok ileri derecede, zikir ve sohbet halkalarında kullanılıyor olmasıdır. Mevlevî şeyhleri ve dedeleri genelde âyin besteleyecek kadar Türk Musikisine vakıflardı. Mevlevî tekkeleri bir yönüyle konservatuvar gibiydi.[35]

Bu dönemin bestekâr-şairleri, şiirden ziyade musikide daha ustadırlar. Sadece Yahya Nazim, her iki sanatta da ustalık payesine erişmiştir. Ruşen Ferit Kam, Nazim'in bu yönünü şöyle belirtir: "Nazim, insanlara bediî heyecan ve tahassüslerini ifade için en belîğ vâsıta olan musiki ve şiir gibi iki ince sanatın hakîkî üstatlarındandır. Diğer şair musikişanslarımızdan hiçbiri, Na-

---

35   Ahmet Şahin Ak, **Avrupa ve Türk-İslâm Medeniyetinde Müzikle Tedavi Tarihî Gelişimi ve Uygulamaları**, İstanbul, Ötüken Neşriyat, 2006, s. 137.

zim kadar bu iki sanattaki ehliyet ve kudretlerini bir hizaya geti-rememişken Nazim, her iki sahada da şöhret ve muvaffakiyetini kazanmıştır."[36]

Özetle söyleyecek olursak, bu dönemde, siyasal ve sosyal hayatta belirgin bir şekilde görülen düşüş ve bununla gelen siyasi ve toplumsal karışıklığa rağmen şiir kendi seyrini ve olgunluğunu takip etmiştir. Bu devirde divan şiiri, İran etkisinden uzaklaş-mış, mahallileşmiştir. Ayrıca divan şiiri bu asırda klasik devrin son dönemini yaşamış ve önceki asırlarda oluşan zevk anlayışla-rı doğrultusunda bir gelişme göstermiştir.

Yüzyılın belli başlı şairleri şunlardır:

Hevayi (ö.1715), Dürri (ö.1722), Kâmî (ö.1724), Osmanzâde Tâib (ö.1724), Nazim Yahya (ö.1727), İsmail Beliğ (ö.1729), Va-hid (ö.1732-33), Enis Dede (ö.1733), İzzet Ali Paşa (ö.1734),Sami (ö.1733-34),Şeyhülislam İshak (ö.1734),Raşid (ö.1735), Sakıb Dede (ö.1735), Seyyid Vehbi (ö.1736), Nahifi (ö.1738?), Feyzi (ö.1739), Atıf (ö.1742), Münif (ö.1743), Salim (ö.1743), Fenni (ö.1745), Edîb (ö.1748), Neylî (1748), Kırımlı Rahmi (ö.1752), Şeyhülislam Esad (ö.1753), Hatem (ö.1754), Çelebizâde Asım (ö.1760), Mehmed Emin Beliğ (ö.1760-61), Nevres-i Kadim (ö.1761-62), Ratip Ah-med Paşa (ö.1762), Koca Ragıp Paşa (ö.1763), Hazık (ö.1763), Haş-met (1768), Fıtnat (ö.1780), Naşid (ö.1791), Kani (ö.1792), Esrar Dede (ö.1796), Hoca Neşet (ö.1807), Vak'anüvis Pertev (ö.1807-08), İlhamî (ö.1808), Beylikçi İzzet (ö.1809), Sünbülzade Vehbi (ö.1809), Enderunlu Fazıl (ö.1810), Surûri (ö.1814).

1.2. 18.YÜZYIL MUSİKİSİNE GENEL BAKIŞ

Musiki, devletin siyâsî ve iktisadi yapısına paralel olarak inişler ve çıkışlar yaşamamıştır. XVIII. yüzyıl bunun en güzel örneğidir. Hatta XIX. yüzyıl bile buna örnek gösterilebilir. Ni-tekim her iki dönemde de siyasi ve iktisadi düşüşlere rağmen iyi eserler ve iyi bestekârlar yetişmiştir. Her dönemde olduğu gibi

---

36 Rûşen Ferit Kam, **Bestegâr-Şâir Nazim**, İstanbul Hilâl Matbaası, 1933, s. 18.

bu dönemde de musiki, gerek saray gerekse halk musikişinaslarının dinî, askerî, folklorik ve klasik türde vücuda getirdiği, toplumun her kesiminde rağbet gören bir sanat olmuştur.

Türk musikisi bu yüzyılda daha geniş himayelere mazhar olmuştur. Sarayda bulunan ya da saray tarafından ders vermekle görevlendirilen musiki üstadlarına hazineden ödemeler yapılmıştır. Özellikle III. Selim ve II. Mahmud dönemlerinde sarayda bulunan çok sayıda müzisyen, sadece hediye, ihsan, atiye ile ödüllendirmekle yetinilmeyip, doğrudan doğruya maaşa bağlanmıştı.

Bu dönemde, özellikle bestekârlık alanında bir değişim ve ilerleme görülmektedir. Yetişen bestekârlarla musiki, kemal devrini yaşamıştır. III. Ahmed, I. Mahmud, I. Abdülhamid dönemlerinde musiki diğer sanat dallarından daha çok ilgi görmüştür. Nitekim I. Mahmud'un kendisi de bir bestekârdır. Mustafa Itrî Efendi, Tosunzâde Abdullah Efendi, Kenzî Hasan Efendi, Vardakosta Ahmed Ağa gibi dönemin bestekârları, hem cami hem tekke hem de klasik tarz besteler yapmışlardır.

Dinî musikinin en büyük bestekârlarından Galata Mevlevîhanesi şeyhi Nâyî Osman Dede'nin musiki tabirlerinin doğru kullanımını gösteren, Farsça *Rabt-ı Ta'bîrât-ı Mûsikî* adlı Farsça eseri önemli bir nazariyat çalışmasıdır. Bundan başka yapılan önemli musiki nazariyat çalışması, II. Ahmed'in Enderûn'a alıp yetiştirdiği, tanburi ve saz eserleri bestekârı Kantemiroğlu tarafından yapılan *Kitâbü İlmü'l-mûsikî alâ vechi'l-hurûfât (Kantemiroğlu Edvârı)* adlı eserdir.

Bu yüzyılda, musikişinaslığıyla ön plana çıkan padişah III. Selim'dir. Ekolüyle anılan Sultan III. Selim, nota ihtiyacını duymuş ve teşviki ile Hamparsum ve Şeyh Abdülbâkî Nâsır Dede, iki ayrı sistemde iki nota yazısı icat etmişlerdir. Bu sistemle birçok eser notaya alınmıştır. Ancak bu notalardan Hamparsum notası tutmuş, Abdülbâkî Nâsır Dede'nin nota yöntemi tutmamıştır. Kösemihal, bunun sebebini şöyle açıklamaktadır: "Musiki tarihinde ezeli bir kanun vardır: İcat edilen veya tamime çalışılan bir yenilik şayet uzun ve tedrîci bir tekâmülün -yani anane ve itiyatlara küçük zümre arasında bile olsa yine de bağlı bulunan bir tekâmülün- itinalı adımı mahiyetinde değilse, yani manzarasıyla damdan düşercesine kurulup teklif olunmuşsa, ne kadar mahirane bir tertip olursa olsun, faideli olsa da revaç bulmaz; beğenenler çıkar fakat kullanacaklar yetişmez. ... III. Selim zamanında ve yine padişahın arzusuna cevap olarak Ermeni kilisesinin başmusikişinası Hamparsum da bir nota icat etti. Bunun hem Ermeni kilisesi içinde hem de halk arasında Sultan Mahmut zamanında az çok tamimine muvaffak olundu. Mehterhaneler içinde bile bilenler yetişti. Hamparsum'un muvaffak olmasının sebebi, icadının önceki Türk icatlarından daha mükemmel bir şey olması değil, sadece yeni notayı eski Ermeni nota ananesini eski Rum kilisesi ve Avrupa musikisinden alınma birkaç işaretle yenileştirmek suretiyle bir terkip hâlinde yaşatmasını bilmesi olmuştur. Tabii ilk olarak Ermenilerden çıraklar yetiştirdi. ... Daha sonra Hamparsum notası kilisece resmî (nota) yazı dili oldu."[37]

III. Selim Batı musikisine de kayıtsız kalmamış, bu musikiyi tanımaya çalışmıştır. III. Selim'in 1793'te Sadâbâd dönüşü Topkapı Sarayındaki Şevkiyye Köşkü'nde, Frenk rakkaslarını, 1797'de de opera heyetinin temsillerini izlediği bilinmektedir.

III. Selim dönemi musiki faaliyetleri, bu padişahın saltanat dönemiyle sınırlı kalmamış, ondan sonra meydana gelen değişikliklerin zeminini hazırlamıştır. Bu sanat anlayışı, Küçük Mehmed Ağa, Hammamîzâde İsmail Dede, Zeki Mehmed Ağa, Şâkir Ağa ile daha da genişlemiştir. Bu dönem de Itrî ile yerleşen klasik üslup Tab'i Mustafa Efendi, Ebubekir Ağa, Hacı Sadullah Ağa ve Küçük Mehmed Ağa ile zirveye ulaşmıştır.

Bu dönemde, Türk musikisinin tıp alanında kullanılması geleneği sürdürülmüş, Sultan I. Abdülhamid ve Sultan III. Selim hekimbaşılarından Gevrek-zâde Hasan Efendi, *Neticetü'l-Fikriyye* ve *Tedbîr-i Velâdetü'l Bikriyye* adındaki eserinde bu konulara eğilmiştir.

XVIII. yüzyıl toplumunun musiki hassasiyeti ve dikkatine bakacak olursak -bu, sadece bu döneme mahsus bir özellik değildir-,

---

37 Mahmut Ragıp Kösemihal, **Türkiye – Avrupa Musiki Münasebetleri**, İstanbul, Nümune Matbaası, c. 1, 1939, s.96.

bir hatırattan alınan şu satırlar, toplumun bu yönüne ışık tutmaktadır. Hatıratta, Kantemiroğlu, Rus Çarı ile bir olup Osmanlılara karşı savaşmış ve mağlup olup geri dönmüşlerdir. Bu olaydan bahsedilirken, Kantemiroğlu'dan melun diye bahsetmesine rağmen musikişinaslığından bahsedilirken, "İlm-i musikide zamanın yegânesi idi. Yeni tarzlarda güfteler yazarak bestesini de kendisi bağlar imiş. Hatta derler ki segâh makamında latîf bir bestesi varmış. Yeni yapmış. Moskoflu ile giderken çalgı takımına o besteyi çaldırarak kendisi ağlarmış. Ağlıyarak gitti deyü naklederler."[38]

Gerek kendi dönemini belirlemiş olması, gerekse kendinden sonraki dönemin değişikliklerine zemin hazırlaması açısından bu dönem musiki açısından, Osmanoğullarının en verimli dönemi olmuştur.

Dönemin belli başlı bestekârları şunlardır:

Itrî (1630/1640-1711), Rif'at Efendi (ö.1720?), Kara İsmail Ağa (1647?-1724), Yahya Nazim (1650?-1727), Tiz-nâm Hafız Yusuf Efendi (1670?-1728), Enfî Hasan Ağa (1670?-1729), Şeyh Osman Dede (1652?-1730?), Zaharya (ö.1740?), Tanbûrî Âşık Mustafa Çavuş (ö.1745?), Şeyhülislam Esad Efendi (1685-1753), I. Mahmud (1696-1754), Şeyh Çalak-zâde Mustafa Efendi (ö.1757), Eyyûbî Ebûbekir Ağa (1685?-1759?), Nâyî Ali Mustafa Kevserî Efendi (ö.1770?), Tab'i Mustafa Efendi (1705?-1770?), Dilhayat Kalfa (1710?-1780), Vardakosta Ahmed Ağa (1728?-1794), Hafız Şeyda (1732?-1800), Küçük Mehmed Ağa (ö.1800), Abdülhalim Ağa (1720?-1802), Şeyh Ali Nutki Dede (1762-1804), Kemânî Âmâ Corci (ö.1805?), III. Selim (1761-1808), Hacı Sadullah Ağa (ö.1812?), Denizoğlu Emin Ağa (1750?-1814), Tanbûrî İsak (1745?-1814), Sadık Ağa (1757? – 1815), Abdülbâki Nâsır Dede (1765-1821), Abdurrahîm Künhî Dede (ö. 1831).

---

38 Kösemihal, **a.g.e**, s. 54.

II. BÖLÜM

2. BESTEKÂR ŞAİRLER

Divan şairlerinden bazı simalar, şairliklerinin yanında musiki ile olan ilgileri dolayısıyla da öne çıkmışlardır. Bu, bazı şairlerde musiki bilgisine sahip olmakla sınırlı kalmışken, bunun yanında bazılarında hanende ve sazendeliğe ve bestekârlığa kadar varmıştır. Bu bölümde hem şiir yazmış hem de beste yapmış kişileri ele alacağız.

Burada ele alacağımız bestekâr şairler şunlardır:

Itrî (1630/40-1711), Rif'at Efendi (ö.1720), Yahya Nazim (1650?-1727), Enfî Hasan Ağa (1670?-1729), Nâyî Osman Dede (ö. 1729), Şeyhülislam Esad Efendi (1685-1753), I. Mahmud (1696-1754), Tanbûrî Âşık Mustafa Çavuş (1689-1745/1757), Tab'i Mustafa Efendi (1705-1770), Ali Nutki Dede (ö. 1804), III. Selim (1761-1808), Abdülbâkî Nâsır Dede (ö. 1821).

2.1. ITRÎ (1630/1640-1711)

İstanbul'da Mevlânâkapı civarındaki Yayla (eski adıyla Yaylak) semtinde doğdu. Asıl adı Mustafa olup kaynaklarda doğum tarihi hakkında bilgi yoktur. Şiirlerinde kullandığı Itri mahlası ve Buhurizâde lakabıyla tanınmıştır. Bu lakabın kendisine mi ailesine mi ait olduğu bilinmemektedir.

Klasik Türk Musikisinin dâhi bestekârı olarak kabul edilen Mustafa Itrî Efendi[39] denince genelde akla bestekârlığı gelmiş, şairliği daha geri planda kalmıştır. Orta yaş döneminde tarih düşürmek için yazdığı şiirleri vardır. Çağdaşı olan Salim'in kayıtlarına göre şiirlerini bir divanda toplamıştır. Ancak Itrî'nin divanı şu ana kadar ele geçmemiştir. Elimizde bazı şiirleri ile Hafız Post, Koca Osman ve Derviş Ömer için yazdığı vefat tarihleri bulunmaktadır.

Itrî'nin musikiyi kimden öğrendiği bilinmiyorsa da Hafız Post, Kasımpaşalı Koca Osman, Küçük İmam Mahmud Efendi gibi musiki üstadlarından istifade ettiği düşünülmektedir. Beş padişah devri yaşamış olan Itrî, Kırım Hanı I. Selim Giray'ın musiki toplantılarında büyük itibar görmüş, IV. Mehmed döneminde (1648-1687) sarayda musiki hocası ve hanende olarak görev yapmıştır. Hükümdarın huzurunda icra edilen küme fasıllarına hanende olarak katılan Itrî, bu dönemde kendi isteği üzerine esirciler kethüdâlığı ile görevlendirildi. Onun, bu görevi, esirler arasındaki kabiliyetli ve güzel sesli gençleri bulup yetiştirmek ve geldikleri ülkelerin musikisi hakkında bilgi edinmek amacıyla istediği rivayet edilmektedir.

"Sade ve açık ifadelerle yazdığı manzumelerinden Itrînin, güçlü bir şair olduğu anlaşılmaktadır. Şuarâ tezkirelerinde ve güfte mecmualarında na't gazel, muamma, tahmîs, nazîre, tarih ve kıtalarının yanı sıra hece vezniyle yazılmış türkülerine de rastlanmaktadır. Muamma hallinde de üstad olduğu belirtilen Itrî'nin şairliği üzerinde, manzumelerine tahmîs ve nazireler yazdığı çağdaşı ünlü şair Nâbî'nin tesiri olduğu kanaati yaygındır. Salim Tezkiresinde sözü edilen divanına ise bugüne kadar rastlanmamıştır. Ayrıca Itrî mahlasıyla mecmualarda görülen şiirlerin hepsinin ona ait olmadığını, bu mahlası kullanan ve 1035"te (1626) vefat eden Mehmed adlı bir başka şairin de bulunduğunu belirtmek gerekir."[40]

---

39   Nuri Özcan, "Osmanlılar, Musiki", DİA, c. 33, İstanbul, 2007, s. 576.

40   Nuri Özcan, "Itrî Efendi, Buhûrîzâde", DİA, c. 19, İstanbul, 1999, s. 220 – 221.

Itrî her türde eser bestelemiştir. Dinî ve din dışı formlarda erişilemediği söylenen şaheserler ortaya çıkarmıştır. Bunlardan en çok okunanı ve bilineni Segâh Tekbir'idir. Ayrıca segâh Salât-ı Ümmiye, Rast Na't, Nevâkâr, Itrî'nin şaheserleri arasında sayılan diğer eserleridir. Binden fazla bestelenmiş eseri olduğu öne sürülen bestekârımızın şu an kırk iki eseri elimizde bulunmaktadır.[41]

Safâyî, "Asrın şuârâ-yı şîrîn-güftârındandır. İlm-i edvârda devrin hâce-i sânisi ve fenn-i musikide şehrin Gulâm Şâdisi olmakla sadâ-yı neva-yı nâlesi ırak ile hicâzı pür-âvâz ve nezâket-âgâzı hoş-nevâsı nişâbur, acem ve ısfahanı reşk-endâz etmiştir." Sâlim ise, "O ilm-i edvârın hâce-i sânisi ve fenn-i musikinin Şeyh Nizâm-ı Hâkânîsi uşşak-ı valâ nâm meyânında Buhûrîzâdelik unvânıyla şöhret-i tâm hâsıl eyleyen zât-ı âlî-makamdır vd." şeklinde devam eden ifadeleriyle övgü dolu sözler sarf etmiştir. Hakeza başka bir tezkireci olan Vekâyî de "İlm-i edvârda mâhir ve fenn-i musikide akrânı nâdir…"[42] sözleriyle şair ve bestekâr olan Itrî'yi övmektedir.

"Itrînin bir musikişinas olarak asıl önemli yönü bestekârlığıdır. Türk musikisinin cami, tekke ve klasik musiki alanlarında peşrev, saz semaisi, kâr, beste, semai, âyin, na't, durak, tevşîh, tekbir, sala ve ilâhi olmak üzere hemen her formunda eser vermiş, nâdir sanatkârlarından olan Itrînin eserleri alışılmışın dışında bir melodi örgüsüne sahiptir. Çoğunlukla Fuzûlî, Nev'î Şehrî, Nâbî gibi şairlerin ve arkadaşı Nazim'in manzumelerini, nâdir olarak da kendi güftelerini bestelemiştir. Dinî eserleri içinde, özellikle cami musikisinin şaheserleri arasında bulunan Segâh Tekbiri ve Salât-ı ümmiyyesi, küçük bir ses alanı içerisindeki büyük ifade gücünün çarpıcı örneklerindendir. Klasik Türk Musikisi alanında ise Hâfız-ı Şîrâzî'nin, "Gülbün-i iyş mîdemed sâki-i gül'izâr kû?" mısraıyla başlayan Farsça gazeli üzerine bestelediği neva makamındaki kârı bu formun şaheserleri arasında yer alır. Kârların çoğunlukla terennümle başlamasına karşılık

---

41   Yılmaz Öztuna, **Türk Musiki Tarihi: Teknik ve Tarih**, s. 83.

42   Cemal Karabaşoğlu, **"Sâlim ve Safâyî Tezkireleriyle Vakâyiü'l-Fuzalâ'daki Musikişinaslara Dair Bilgiler"** Marmara Üniversitesi, SBE, Yüksek lisans tezi, İstanbul, 2003, s. 76-79.

burada doğrudan güfteye girilmesi de eserin bir diğer özelliğidir. Ayrıca Nefî'nin, "Tûtî-i mûcize-gûyem ne desem lâf değil" mısraıyla başlayan güftesine yaptığı Segâh Yürük Semaisi Klasik Türk Musikisinin en seçkin eserlerindendir."[43]

2.2. RİF'AT EFENDİ (ö. 1726?)

Üsküdarlı Kadı Molla Süleyman Rif'at Efendi, Lâle Devrinin tanınmış bestekâr ve hânendelerindendir. Asıl adı Süleyman olmasına rağmen şiirlerinde kullandığı Rif'at mahlası ile tanınmıştır. Rif'at Efendi, medrese tahsilinin ileri kısımlarına kadar okuduğu için de molla unvanını almıştır.

Hânendeliği çok beğenilmekteydi. Çok güzel bir sese ve sağlam bir okuyuş üslûbuna sahip olduğu söylenmektedir. Esad Efendi, Rif'at Efendi'nin yirmi kadar eseri olduğunu belirtmesine, eski güfte mecmularında bir hayli eserinin bulunduğu yazılmasına rağmen elimizde on bir eseri mevcuttur.

Safâyî Tezkiresinde, Rif'at Efendi hakkında şu bilgiler bulunmaktadır: "Fenn-i Musikide dahî asrın ileri perdede tâdât olunan üstadlarından olup kendi güftelerinden bazı beste ve şarkılar ihtirâ etmekle hüsn-i neva-yı dil-karâr terennümü-sâzı reşk-endâzı usûl-i şeh-nâzdır. Bu asrın şuarâ-yı velvele-ârâsından olmakla Vezîriâzâm İbrahîm Paşa hazretlerine verdiği "Bahâriye Kasîdesi" makbûl olmakla mazhar-ı ihsân olmuştur."[44]

Rif'at Efendi'nin musikişinaslığı ve şairliği hakkında, Esad Efendi, şu bilgileri vermektedir: "Arzû-yı ta'lîm-i ilm-i edvar ile her-bâr sa'y-ı bisyâr idüp esâtîz-i nagam-engîzden taallüme ihtimâm ve istihrâc-ı âsâr-ı selefe ikdam itmekle vâdî-i mezbûrda tahsîl-i bizâ'a etmiştir. Sadâ-yı latîfi hazîn ve lehce-i zarîfi nemekîn olup mezâyâ-yı fenn-i sürûd-ı terane-usule vusule sâ'î idi. ... tabî'at-ı şi'riyyesi olup taleb-i ilme dahî cidd ü sa'y üzre idi."[45]

---

43   Nuri Özcan, "Itrî Efendi, Buhûrîzâde", **DİA**, c. 19, İstanbul, 1999, s. 220-221.

44   Karabaşoğlu, **a.g.e**, s. 126.

45   Zeynep Sema Yüceışık, "**Şeyhülislâm Esat Efendi Atrabü'l-Âsâr fî Tezkiret-i Urefâi'l-edvar**", İstanbul Üniversitesi, SBE, Doktora tezi, İstanbul, 1990, s. 42.

2.3. YAHYA NAZİM (1650?-1727)

Yahya Nazim, Nazim Çelebi olarak da bilinir. Nitekim Esad Efendi'nin Atrabu'l-âsâr eserinde Nazim Çelebi diye geçmektedir. Esad Efendi'nin yazdığına göre, Yahya Nazim İstanbul Kumkapı-Gedikpaşa'da doğmuştur. Nazim'in mezarı bilinmemektedir. Gençliğini doğduğu yerde geçirdiği için Gedikpaşalı Nazim diye de tanınmıştır. Sesinin güzelliğinden dolayı "Hanende Nazim" diye de bilinir. Aynı zamanda, "Nazim Yahyâ Çelebî" veya "Efendi" şeklinde ismini duyurmuştur. Asıl adı Yahyâ'dır.

Nazim, gençliğinde Enderûn'a alındı. Burada eğitim ve öğrenim gördü. Gençliğinde hânendeliği, bestekârlığı, şâirliği ile öne çıkmış, padişah huzurundaki fasıllarda okumuş, takdir görmüştür. Nazim, kabiliyeti sayesinde birçok kişiden ihsan ve iltifat görmüştür.

Yahyâ Nazim'in iyi bir eğitim görmesinde, devrin önemli şairlerinin çok büyük bir rolü vardır. Şeyhlerinden lisan, şiir, musiki bakımından çok istifade etti. Çocuk denecek yaşta Edirne'ye gitti, buradaki Mevlevihane'nin şeyhi (1670-74) Neşâtî Dede'ye intisap etti. Neşâtî ile de mülâkî olan Nazim, Neşâtî'nin edebî bakımdan çok etkisinde kaldı ve ondan çok yararlandı.

Nazim, şiirlerinde önce "Halîm" sonra "Nazim" mahlasını kullanmıştır. "Nazim" mahlasını, Mevlevî şeyhlerinden Neşâtî Ahmet Dede vermiştir. Bir gazelinde geçen,

Nazim âsâ nola garralanursam tab'-ı şuhumla
Beğendirdim Neşâtî gibi bir üstâda eş'ârı

beytinden anlaşıldığına göre şiirlerini, Neşâtî gibi bir üstâda beğendirmiş ve bundan dolayı iftihar etmiştir.

Nazim, na't-ı şerîfleri ile de tanınmış bir şairdir. Divanının yaklaşık olarak üçte ikisini na'tlar teşkil etmektedir. Es'ad Efendi, *Atrabü'l-Âsâr fî Tezkiret-i Urefâi'l-edvar* adlı eserinde Nazim'in şairlik vasfı hakkında tespitlerini dile getirirken, onun en çok na't-ı şerîf yazan bir şair olduğunu da belirtmiştir: "... şâir-i belâgat-nişân u m'uciz-beyân olup dîvân şi'ri mütedâvil ü meşhûr ve na't-ı şerîf-i Hazret-i Habîb-i Rabb-ı Gafûr'da mahsûs-ı dîvân-ı fesâhât-ı maksûrı dahı be-her sene birer na't-ı şerîf inşâd ile dürer-feşân-ı bezm-gâh-ı dühûr olurdu."[46]

Esad Efendi, Yahya Nazim'in musiki hünerini şu şekilde izah etmektedir: "Mezbûrın henüz nihâl-i zât-ı heves-meâli riyâz-ı şebâbda nev-bâveresi ma'ârif iken âb-yârî-i cehd-i her-bâr ile pür-berg ü bâr-ı fenn-i edvar olmağa sa'y-i bisyâr idüp mevcût olan hakâyık-şiâr-ı sürûd-âsârdan tahsîl-i kavâid-i nagamât-ı tarab-disâr ve tekmîl-i zavâbıt-ı kavâid-i ilm-i elhân-ı safâ-medâr itmekle meyve-çîn-i hadîka-i üstadiyyet ve mesned güzîn-i kasr-ı bî-kusûr-ı ehliyet olmuşdur."[47]

Yahya Nazim, Esad Efendi'nin belirttiği gibi kusursuz bir ustadır. Ancak Nazim'in hüneri bununla kalmamış, yeni icatlarıyla da kendisine olan hayranlığı arttırmıştır: "Fi'l-hakîka vâdî-i buradarda neşr-i tohm-ı âsâr idüp selefde ser-zede-i zuhûr olmıyan ezhâr-ı reng-â-reng-i nagamâtı terbiyyet-i feyz-i tab'-ı pür-nikât ile ibât idüp nihâde-i şîşe-i îkâ icâd eyledikçe fen-şinâsânı kemâl-i istihsanlarından hayrân eylediğinden..."[48]

Bestekârlığı Lale devriyle son bulan Nazim'in, günümüze çok üstâdâne denilebilecek on dört eseri kalmıştır.[49] Nazim, bestelediği eserlerin güftelerini muhtelif şairlerden aldığı gibi birçoklarını da kendi şiirlerinden almıştır. Eldeki eserlerinden muhayyer makamında zencir usulündeki murabbaın güftesi müstesna, diğerlerinin güfteleri kendisine aittir.

"Nazim malum olan beste şekillerinden, en fazla murabba nakış ve semai gibi eserler meydana getirmiştir. Şarkıları da diğer eserlerine nazaran çok azdır. Nazim'in eserleri en çok beyati makamındadır. Muhtemeldir ki Nazim, beyati makamını ruhuna daha yakın bulmaktadır." diyen Ruşen Ferit Kam, Nazim'in şiir ve musikiden oluşan iki temel vasfına şu cümleleriyle işaret etmiştir: "Nazim, insanlara bediî heyecan ve tahassüslerini ifade için en belîğ vâsıta olan

---

46 Yüceışık, **a.g.e**, s.110.
47 Yüceışık, **a.g.e**, s.110.
48 Yüceışık, **a.g.e**, s.110.
49 Öztuna, **Türk Musikisi: Teknik ve Tarih**, s. 93.

musiki ve şiir gibi, iki ince sanatın hakîkî üstatlarındandır. Diğer şair musikişinaslarımızdan hiçbiri, Nazim kadar bu iki sanattaki ehliyet ve kudretlerini bir hizaya getirememişken Nazim, her iki sahada da şöhret ve muvaffakiyetini kazanmıştır."[50]

2.4. ENFİ HASAN AĞA (1670?-1724)

18. yüzyılın en tanınmış musikişinaslarından biri de Enfi Hasan Ağa'dır. Burnaz Hasan Ağa olarak da bilinmektedir. İstanbul'da Fındıklı semtinde doğmuştur. Musikiyi önce babasından meşk etmiş daha sonra genç yaşında girdiği Enderûn-ı Humâyun'da talimine devam etmiştir. Tanburi, hanende ve şairdir. Tatlı ve tok bir sese sahip olduğunu kendisini bizzat dinleyen Esad Efendi bildirmiştir. Hasan Ağa'nın iki yüz kadar eser bestelediği söylenmekte ise de elimizde on sekiz eseri mevcuttur. Klasik büyük formda eserler bestelediği gibi sade eserler de bestelemiştir.

Hasan Ağa "Hulûs" ve "Hasan" mahlaslarıyla şiirler de yazmıştır. "Aruz ve hece vezinlerinin her ikisini de kullanan bu değerli musikişinas, kudretli bir şair olarak gösterilemez. Fakat bu şiirler, bazen divan şairlerini, bazen de mutasavvıfları ve âşıkları taklid eden Hasan Ağa'nın Türk edebiyatının her sahasıyla meşgul olan ve tasavvufu bilen bir şahsiyet olduğunu göstermektedir."[51]

Hasan Ağa en parlak devrini III. Ahmed zamanında yaşamış, devrin en çok eser veren bestekârları arasına girmiştir. III. Ahmed'in "başhanende" vazifesinde bulunmuştur. Bu görevini büyük bestekâr Ebubekir Ağa'nın fasıl heyetinde uzun süre sürdürmüştür.

"Seyyid Vehbî Surnâme'sinde, III. Ahmed'in şehzadelerinin 1720 yılında Okmeydanı'nda yapılan sünnet düğününü anlatırken serhânende Burnaz Hasan Çelebi'nin idaresinde seksen yüz hanende ve sazendeden oluşan büyük bir heyetin fasıl icrasından söz eder. Aynı zamanda iyi bir tanburi olan Hasan Ağa, dinî ve din dışı eserleriyle bestekârlık sahasındaki kudretini ortaya koymuş, devrinde

---

50   Kam, **a.g.e**, s. 18.
51   Sadettin Nüzhet Ergun, **Türk Musikisi Antolojisi**, c. 1, İstanbul, Rıza Koşkun Matbaası, 1942, s.150.

bestelerinin çokluğuyla diğer sanatkârlar arasında seçkin bir yer elde etmiştir. Ebu İshakzâde Esad Efendi onun iki yüzün üzerinde eser bestelediğini söyler. El yazması güfte mecmualarında yapılacak bir araştırma ile bu sayının 300'ün üzerine çıkması muhtemeldir. Hasan Ağa daha çok hece vezniyle yazılmış manzumeleri, özellikle Nedim ve Mahtûmî'nin şiirleriyle Hasan Sezâî, Seyyid Seyfullah ve Yûnus Emre'nin ilâhilerini bestelemiştir. Yılmaz Öztuna onun durak, ilâhi, beste, semai, şarkı formlarında toplam on sekiz eserinin zamanımıza ulaştığını kaydeder. Bunlar arasında, 'Küşâde sînesi bilmem ki sehâsı mı var?' mısraıyla başlayan nişaburek bestesiyle, 'Câme-i sürh ile sanma la'l-gûn olmuş gelir' mısraıyla başlayan aynı makamdaki semaisi en tanınmış eserlerindendir."[52]

Esad Efendi'nin eserinde, Enfi Hasan Ağa'nın musiki ilminden nasıl haberdar olduğunu, sesinin tatlılığını, şuh ve şen olan güzel lehçesi ve diğer meziyetleri ile ilgili olarak şu ifadelere rastlamaktayız: "Evvelen peder-i büzürgvârından taallüm-i ilm-i edvâra der-kâr ve mezâyâ-yı fenn-i mezbûrdan haber-dâr olup evâil-i saltanat-ı âlî-hazret-i şehriyâr-ı gerdûn-haşmetde Enderûn-ı hümayun hânelerinden kîlare idhâl ile ney-şeker-i zebân-ı şehd-i sürûd efşânı dimâg-ı irfânına izâkâ-bahş-ı çâşnî-i kand-ı elhân olmagla mevcûd olan esâtîz-i ilm-i musikiden ahz-ı malumât ile hâiz-i kasâbü's-sabak-ı kemâlât olup bin yüz yigirmi yedi senesinde bîrûne ihrâc ve kadr-ı kifâye-i vazâif ile sezâ-vâr-ı avâtıf kılındı. Fi'lhakîkâ sadâ-yı halâvet-peymâ-yı letâfet-nümâsı sîr-i âheng ve lehce-i bülend ü zîbâsı şûh u şeng olup makâm-ı itkânına îsâr-ı nükhet-i müşg-i sürûd, vâkıf-ı irfânına gubâr-ı tarab-şiar-ı esrâr-ı edvar su'ûd idüp atse-rîz-i âsâr oldukça taraf taraf fenn-şinâsân mukâbele-i Bâreka'llah ile zebân-güzerân olurlardır."[53]

2.5. NÂYÎ OSMAN DEDE (1652-1729)

Süleymaniye Darüşşifası hademebaşı Hacı İbrahim Efendi'nin oğludur. 1652 yılında, İstanbul'un Vefâ semtinde dünyaya

---

52   Nuri Özcan, "Hasan Ağa, Enfi", **DİA**, c. 16, İstanbul, 1997, s.285.
53   Yücerışık, **a.g.e**, .s 39-40.

gelen Osman Dede, çocukluğundan itibaren hat, tasavvuf, edebiyat, musikiye ilgi duymuş, genç yaşlarında Galata Mevlevihanesi şeyhi Mesnevihan Gavsi Ahmed Dede'ye intisap etmiştir. Edebiyat ve musiki derslerinin yanı sıra ilk ney derslerini de ondan aldı. Neyzenlikte ilerledikten sonra dergâhın neyzenbaşılığına getirildi. Neyzenbaşılığı döneminde, bestekârlık ve musiki nazariyatı konusunda ve özellikle ta'lîk hatta kendini çok ilerletti. Lâle Devri'ne rastlayan zamanlarda dergâhın şeyhliğini yapmaktaydı. III. Ahmed ve Damat İbrahim Paşa'nın himâyesini gördü.

Osman Dede, neydeki ileri derece kabiliyetinden dolayı "Kutbu'n-nâyî" namıyla tanınır. Osman Dede, aynı zamanda önemli bir bestekâr ve musiki nazariyatçısıdır. "Sakıb Dede, onun yeni duyduğu bir nağmeyi, kendine has işaretlerle, kolayca notaya aldığını ve hemen icra ettiğini söyler."[54]

Mehmed Nasûhî Efendi'nin ricası üzerine güftesini yazıp bestelediği Mi'râciyyeyi ilk defa Üsküdar Doğancılar'daki Nasûhî Dergâhı'nda icra etmiş, daha sonra eserin miraç kandillerinde okunması bir gelenek hâlini almıştır.

Eserleri şunlardır: Musiki tabirlerinin doğru kullanımını gösteren Farsça, *Rabt-ı Ta'bîrât-ı Musiki*; kendi bulduğu nota sistemiyle yazdığı altmış peşrevle birkaç semâînin notalarını içeren yüz yapraklık bir defter olan *Nota-i Türkî* ya da *Kitâb-ı Edvâr*; son eseri Nâyî mahlasıyla Türkçe kaleme aldığı 1170 beyitten oluşan peygamberlerin mucizelerinin anlatıldığı *Ravzatü'l-i'câz fî-mu'cizâti'l-mümtâz*'dır.

Şair olarak da tanınan Osman Dede'nin Segâh Mi'râciyyesi, "Bugün Türk Musikisinde elimizde bulunan eserlerin en büyüğü ve en uzunudur. 'Bahr' denen beş büyük kısma bölünmüştür. Otuz makamın kullanıldığı binlerce geçkiyi muhtevidir. Eserin bugün elimizde bulunan kısımlarının güftesi 122 beyittir. Bütün eserlerinde olduğu gibi sonsuz bir zühd ve dinî heyecan ile bestelenmiştir."[55]

---

54 Aksüt, **a.g.e**, s. 156.
55 Öztuna, **Türk Musikisi: Teknik ve Tarih**, s.89.

Safâyî Tezkiresinde, Osman Dede'nin musiki ve diğer sanat yönleriyle ilgili olarak şu bilgiler yer almaktadır: "İlm-i edvârda te'life kudreti ve fenn-i musikide tasnîfe liyakatı olup ale'l-husûs envâ-ı hutûtun dakîkadânı olmakla hatt-ı ta'lîkde hâme-i âhenîn-i nây-ı nevâsaz-ı imâd-ı beytü'l-işrâk-ı cihândır."[56]

Sâlim Tezkiresinde, özellikle musiki yönünü metheden şu bilgiler yer almaktadır: "Hassaten ilm-i musikide irfâ-ı vâlâsı ve hem-zebân-ı esrârı bî-pâyân olan neyde dahî yed-i tûlâsı olup bir kere gûşzedi olan kâr-ı sa'bu'l-menal ve nakş-ı san'at-ı mâ-lâ-mâl ve nağmeyi hayâl mersûm-ı sahîfe-i bâl eyleyip murûr-ı zamân ile nisyân eylemek adîmu'l-ihtimâl idi. Cümle ma'ârifinden mâ'ada fenn-i musikide muhayyer-i ukûl bir ma'rifet-i vâlâya dest-res-i vusul olmuştu kim bir kâr ya bir nakş bir kere istimâ'la kendi için bir zimmete çıkarmak mümkün idi. Binâenaleyh kelimât ve hurûf-ı kitâbet eder gibi nağme ve savt-ı kitâbet ederdi. Zîr u bâm ve tîz ü pes şîve-i harekâtı idâre-i mahsûs üzere yazıp bir vecihle zabt ederdi kim rakam-keşîdesi olan kâğıdı önüne koyup ol kârı ol besteyi bi-nâğmâtihâ min gayri ziyâde ve lâ-noksan okurdu."[57]

"Osman Dede'nin bugün elimizde üçü tamam biri noksan olmak üzere dört âyini ile bir Mi'râciyye bestesi mevcuttur. Mîrâciyye'nin de bir bahri unutulmuştur, sadece güfte hâlinde mevcuttur. Bu muazzam eserler, Türk musikisinin en musanna mahsulleri arasında gösterilebilecek kıymettedir."[58]

2.6. ŞEYHÜLİSLAM ESAD EFENDİ (1685-1753)

Ebû İshakzâde Mehmed Esad Efendi, Türkiye tarihinin en ünlü ilmiye ailelerinden birine mensuptur. Babası, ağabeyi, kayınpederi, oğlu, torunu şeyhülislamdır. Esad Efendi, şaire Fıtnat Hanımın da babasıdır. Alâiye asıllı bir aileden, İstanbul'da doğmuştur.

---

56   Karabaşoğlu, **a.g.e**, s.93-96.
57   Karabaşoğlu, **a.g.e**, s.93-96.
58   Aksüt, **a.g.e**, s. 154.

Esad Efendi, devrinin en değerli âlimlerinden biridir. Üç dilde şiir söylemiş, dil, musiki ve tefsir sahasında eserler ortaya koymuştur. En çok takdir edilen eseri *Atrabü'l-asâr fî tezkiret-i urefâi'l-edvar* adlı eseridir. Ancak şairliğinin taklidi aşmadığı söylenmektedir. "Taklit ve tekit seviyesinde kalmakla birlikte, yer yer mana ve hayali güzel tazmin ve iktibas edebilen; nazire şairleri içinde, bazı şiirleri ve çeşitli özellikleriyle dikkati çekmeyi başarmış şairler"[59] arasında Esad Efendi de bulunmaktadır.

Bir musikişinâs olarak günümüze dini ve din dışı formlarda, değişik makam ve usullerde beste, ağır semâî, yürük semâî ve ilahi gibi birçok eser bestelemiştir. Bu eserlerde klasik musikimizin anlayış ve geleneklerine bağlı kalmıştır. Kesin olarak bilinmemekle birlikte ney ve tanbur çaldığı söylenmektedir.

Esad Efendi'nin kaleme almış olduğu sekiz eserinden üçü *Lehcetü'l-lugât, Atrabü'l-asâr fî tezkiret-i urefâi'l-edvar, Divan,* diğer eserlerinden edebiyat ve musiki cihetiyle daha önemli ve meşhurdur. "Türkçe'den Arapça ve Farsça'ya bir sözlük olan *Lehcetü'l-lugât* adlı eseri, *Dîvânü Lugâti't-Türk* ve *Terceman* gibi ilk devirlerde yazılmış lügatlardan sonra Türkçe kelimeleri esas alan ilk Türkçe sözlük"[60] olması yönüyle önemli bir yere sahiptir. *Atrabü'l-asâr* olarak kısa şekliyle tanınmış olan *Atrabü'l-asâr fî tezkiret-i urefâi'l-edvar* ise 1603-1730 yılları arasındaki yüz kadar bestekârın hal tercemesini ihtiva etmektedir.

İlâhi, nakış, semai, kâr ve şarkı gibi birçok formda eserlerinin olduğu bilinen Esad Efendi'nin günümüze on üç eseri ulaşmıştır.

Safâyî, Esad Efendi'nin sanat yönünden sitâyişle bahsetmektedir: "Hakkâ ki ulûm-ı Arabiyye'nin merd-i meydânı ve arsa-i nazm u inşânın fâris-i devrânı ve bu asrın şâir-i bedî'i'l-beyânı olmakla bu nazm u şeker-bâr ol şâir-i nâmdar ve ol tûtî-i hoş-güftârın netâyic-i tâb-ı pür iktidârı olan güftâr-ı âbdârındandır."[61]

---

59   Mustafa İsen, v.d., **a.g.e**, s.144.
60   Doğan, "Esad Efendi Ebuishakzade", s. 339.
61   Yüceışık, **a.g.e**, s. 47.

Sâlim ise tezkiresinde, musikiden ziyade şiir yönünü ele alarak, şu tespitleri yapmaktadır: "… bir şâir-i mâhir sihr-i âsâr-ı pür letâfettir ki çîn sütûr-ı eşâr-ı pür-âb ve tab'-ı gûyiyâ bir bahr-ı fesahât mec-â-mevc hurûf-ı güftâr-ı melâhet-şiarı bir kulzûm-ı belâgattir. Şi'ri bî-nazîr inşâsı dil-pezîr… Eşârında halâvet güftârında begâyet letâfet vardır."[62]

2.7. I. MAHMUD (1696-1754)

I.Mahmut yirmi dördüncü Osmanlı padişahıdır. 1696'da Edirne Sarayı'nda dünyaya geldi. II. Mustafa ve Sâliha Sultan'ın büyük oğludur. Yirmi yedi yıl süren kafes hayatı boyunca genellikle kuyumculukla uğraşmış, 1730 Patrona Halil İsyanı neticesinde, Sultan III. Ahmed'in yerine tahta çıkmıştır. Sultan I. Mahmud Hân, musiki sevgisi ve musikişinasları himayesi ile tanınan bestekâr padişahlardandır. İstanbul-Edirne arasındaki mîrîye ait bütün kasırları tamir ettirmiş özellikle de İstanbul'un imarı için çalışmış ve çağdaş tarihçiler tarafından "Muammir-i bilâd" olarak nitelendirilmiştir. Devrinin vakanüvislerince zeki, anlayışlı, hamiyetli, lütufkâr ve merhametli bir zat olarak tanıtılan I. Mahmud, hadiseleri sonuna kadar takip eder, devlet işlerinde istişarede bulunur, acele etmez ve telaş göstermezdi. Yeniliği sever ve memleketi bu yoldan yükseltmeye gayret ederdi. İlim, sanat, edebiyat meclislerindeki sohbetlere katılır ve Sebkatî mahlası ile şiirler yazardı. Devrinde ilim, kültür ve sanat sahalarında kıymetli eserler yazıldı. Beşiktaş'ta Arap İskelesi Camii, Rumeli Hisarı'nda İskele Camii ve Yıldıztepe mescitleri yaptırdığı bazı eserlerdir.

Sultan Mahmud'un bestekârlığının yanında tanburi ve sazende de olduğu söylenmektedir. Çalışmaları, musiki açısından çokça ön planda görünmese de, izlemiş olduğu siyaset ve sağladığı asayiş sayesinde, kendisinden sonra gelenlere sükûnetli, huzurlu bir atmosfer bırakmış olması yönüyle, yaptıkları mühimdir.

Sultan Mahmud'un günümüze otuzdan fazla saz eseri gelmiştir. Günümüze kadar gelen saz eserlerinden bazıları şun-

---

62   Yüceışık, **a.g.e**, s. 48.

lardır: "Hisar-ı Vech-i Şehnâz, Çenber Peşrev ve Saz Semâîsi, Muhayyer Peşrevi "Tabdar" ve Saz semâisi; Şehnâz Devr-i Kebîr "Şehsuvâr", Uşşâk Darbeyn, Sultânî Irak, Feth-i Bağdad ve Meclis-efrûz Peşrevleri"dir.[63]

2.8. TANBURİ ÂŞIK MUSTAFA ÇAVUŞ (1689-1757)

Kadızâde Tanburi Âşık Mustafa Enderun'da çavuş olduğundan Tanburi Mustafa Çavuş olarak da bilinmektedir. Türk musikisi tarihi ile ilgili belgelerde adı Tanbûrî Mustafa Çavuş, Mustafa Çavuş, Tanbûrî, Âşık, Âşık Tanbûrî gibi isimlerle de anılmaktadır.

Halk şiiri tarzında kendi yazdığı güftelerle bestelediği biraz içli, biraz nüktedan şarkılarıyla şöhret kazanmıştır. Elimizde bir Sakil Rehâvî Bestesi ile altmış üç şarkı bulunmaktadır. "Musikişinas olarak şark edebiyatımızda yapmış olduğu orijinalite kadar, şiirde de kendine mahsus bir çığır açmıştır. Kullandığı ölçülerin ritmik inkişafındaki şekillenmede güzel anlayış ve buluşları vardır. Makamlarımızın estetik yapılarını ve karakterlerini pek güzel anlamış, kavramış ve ifadelendirmiştir. Güfteleri, halk edebiyatımızın biraz şehir dili karışmış özel örnekleridir; hepsi kendisinindir. Şarkılarında söz ve ses olarak şen ve şuh bir lirizm vardır. Nihayet Mustafa Çavuş, halk ve sanat zevk seviyesini şehir sanat ve zevk seviyesine ustalıkla tatbik etmeyi bilmiş, başarmış en büyük şarkı bestekârlarımızdandır."[64]

Halk edebiyatı tarzında yazdığı şiirlerinde "Tanburi" mahlasını kullanmıştır. Güfteleri çoğu kendisine ait büyük formda eserler de bestelemesine rağmen şarkılarıyla tanınmıştır.

2.9. TAB'İ MUSTAFA EFENDİ (1705?-1770?)

Üsküdar'da doğmuştur. Babası ulemadandır. Doğum tarihi kesin olarak bilinmemektedir. Ölüm tarihinin ise 1770-1774 yıl-

---

63   Öztuna, **Türk Musikisi: Teknik ve Tarih**, s. 92.
64   Özalp, **a.g.e**, s. 182.

ları arasına düştüğü sanılmaktadır. Hattat, şair, hanende, sazende ve III. Osman'ın ser-müezzin-i şehriyâridir.

Sultan III. Osman döneminde (1754-1757) müezzin-i şehryâri olan Tab'î Mustafa Efendi, 1758 yılında Kapıcılar Kâtibi olmuştur. Tab'î Mustafa Efendi, III. Ahmet devrinde (1703-1730) ve Lâle Devri'nde (1718-1730) bestekâr olarak kendisini göstermiş, bu şöhreti saray müzisyeni olarak I. Mahmud devrinde (1730-1754) doruğa çıkmıştır. Tab'î Mustafa Efendi sülüs ve nesih hattatı olarak da şöhret kazanmıştır. Şairlik yönü de bulunmaktadır. Şiirlerinde "Tab'î" mahlasını kullandığı için musiki erbabınca da bu adla anılmıştır.

"Musiki sanatında deha sahibi ustalar arasına katılan büyük bir bestekâr ve güçlü bir hanendeydi. Enderun'da musiki hocalığı yapan Tab'i, yalnız bu dönemin değil Türk Sanat Musikisinin en dikkate değer simalarındandır. Elimizde bulunan eserlerinin üslubunda bir incelik, zarafet ve tatlılık vardır. Hepsinde yüksek bir zevk ve sanat anlayışının, istidatlı ve kültürlü bir kişiliğin izleri vardır. Usul-makam, makam-güfte ilişkisi kusursuz bir prozodi ile işlenmiş; makam geçkileri, terennümler üstün bir zevk tezgâhında dokunmuş renk renk, desen desen nadide kumaşlara benzer."[65] Bestekârlığı hakkında övgü ile bahsedilir. Gerek edası gerekse tavrı, asil ve ustaca ayrıca nağmelerin işlenişi son derece sanatkârane bulunmaktadır. Kendi zamanında lirik üslubuyla ön plana çıkmıştır. Çok etkileyici ve son derece parlak bir üslubu vardır. Elimizde otuz eseri mevcuttur.

2.10. ALİ NUTKİ DEDE (1762-1804)

27 Temmuz 1762'de İstanbul'da Yenikapı Mevlevîhanesi civarında bir evde doğdu. Babası, adı geçen mevlevihanenin şeyhlerinden Kütahyalı Seyyid Ebubekir Dede, annesi ise Galata Mevlevîhanesi şeyhlerinden Kutbünnâyî Osman Dede'nin kızı Saîde Hanım'dır. Doğumundan bir müddet sonra, amcası Ömer

---

65 Özalp, **a.g.e**, s. 184.

Dede'nin oğlu semazenbaşı Sahih Ahmed Dede'nin himayesine verildi.

Babası 30 Ağustos 1775'de vefat ettikten sonra Yenikapı Mevlevihanesi'ne şeyh tayin edilerek kendisine Çelebi Ebubekir Efendi tarafından destar sarıldı. Otuz sene şeyhlik makamında bulundu. 1804'te vefat etti ve aynı dergâhın haziresine defnedildi.

Ali Nutki Dede ayrıca edebiyat ve musiki ile de meşgul olmuştur. Memiş mahlası ile Nutki mahlasını kullanarak yazdığı manzumeleri bulunmaktadır.

Şeyhliği sırasında *Defter-i Dervîşân* adıyla bilinen bir esere başlamıştı ancak vefatı üzerine yarım kalan bu eser, kardeşi Şeyh Abdülbâki Nasır Dede tarafından tamamlanmıştır. Bu eserde dergâha intisap eden, mukabeleye giren ve çilelerini dolduran dervişler ile Yenikapı Mevlevihanesi hakkında çeşitli bilgiler yer almaktadır.

Ali Nutki Dede'nin edebiyat ve musiki alanında birçok kişinin yetişmesinde büyük emeği geçmiştir. Şeyh Gâlib ve Hammamizâde İsmail Dede bunlardan iki önemli isimdir. Ali Nutki Dede'den zamanımıza ulaşan tek eser 'Şevkutarab Mevlevi Ayini'dir.[66]

2.11. III. SELİM (1761-1808)

III. Selim yirmi sekizinci Osmanlı padişahıdır. Babası Sultan III. Mustafa, annesi Mihr-i Şâh Vâlide Sultan'dır. 24.12.1761 tarihinde İstanbul'da doğmuştur. 1789'da amcası I. Abdülhamid'in ölümüyle tahta çıkmıştır. Kabakçı Mustafa'nın elebaşılığında ayaklanan yeniçeriler tarafından, 29 Mayıs 1807 tarihinde III. Selim tahttan indirilmiş, 28 Temmuz 1808 tarihinde de öldürülmüştür.

Çok dağdağalı bir devrin hükümdarı olmasına rağmen III. Selim'in dönemi, Türk kültür ve medeniyet tarihi açısından bir dönüm noktası kabul edilmiştir. III. Selim'in, babasının ölümünden (1774) sonra padişah oluncaya kadar geçen on altı se-

---

66   Nuri Özcan, "Ali Nutkî Dede", **DİA**, c. 2, İstanbul, 1989, s. 423-424.

nelik kafes hayatındaki meşguliyetlerinin başında musiki ve şiir gelmiştir. En güzel bestelerini, bu dönemde yapmıştır. Amcası I. Abdülhamid'in müezzinbaşı olan Kırımlı Hafız Ahmed Efendi ve Ortaköylü Tanburi İsak III. Selim'in musiki hocalarıdır. Aynı zamanda neyzen, tanburi ve hanende olan III. Selim, Mevlevi tarikatına intisap etmiş, tasavvuf edebiyatı ve tasavvuf musikisi ile ilgilenmiş, sık sık gittiği Mevlevîhânelerde şeyh ve dedelerden musiki ve şiir meşk etmiştir.

III. Selim'in ibda ettiği on beş civarındaki makamdan biri olan "sûz-ı dilârâ" makamı, hem mevlevî şeyhi hem de musiki üstadı olan Abdulbâki Dede tarafından son derece beğenilmiş, büyük bir iltifatla karşılanmıştır. Dinî ve dindışı, saz ve söz eserleri besteleyerek bilhassa şehzadeliğinin son beş yılında çok verimli bir bestekâr olmuştur. Günümüze yüz parçası ulaşabilmiştir.

Bu dönemde musikiye olan rağbet ile nota yazısına duyulan ihtiyaç aşırı derecede hissedilmeye başlanmış ve III. Selim'in teşvikiyle Abdülbâki Nâsır Dede ile Hamparsum Limoncıyan'ın icat ettiği nota yazıları Türk Musikisi adına büyük kazanç olmuştur. Ayrıca Abdulbaki Nâsır Dede'nin ebced notası ve bu nota sistemini açıklayan *"Tahrîriye"* ve önemli bir nazariyat kitabı olan *"Tedkîk ü Tahkîk"* isimli eseri Türk Musikisine kazandırılmıştır.

III. Selim döneminde çok büyük şair ve bestekârlar yetişmiştir. Dönemin kendine ait bir ekolünden dahi bahsedilmektedir. Abdülhalim Ağa, Hâfız Şeydâ, Vardakosta Seyyid Ahmed Ağa, Mehmed Ağa, Dede Efendi, Şakir Ağa, Numan Ağa, Abdullah Ağa, Zeki Mehmed Ağa, Kömürcüzâde Hafız Efendi bu dönemin ve Klasik Türk Musikisinin önemli isimleridir.

III. Selim döneminde musikide görülen gelişmeleri üç ana bölümde sıralayabiliriz: 1.Yeni makam ve usul terkipleri. 2. Eskiden kullanılan nota sistemlerinin daha kullanılır hale getirilmesi. 3. Yeni formların kullanılmaya başlanması.

Rauf Yektâ, III. Selim'in musikişinaslığını şu cümlelerle ifade eder: "Selim-i Sâlis'in 'musikişinas' sıfatıyla millî musiki tarihimizde haiz olduğu mevkii tayin etmek lazım gelse fikr-i âcizanemce müşarunileyhi Itrî ve Dede Efendi gibi en büyük bestekârlarımız derecesine çıkarmak doğru olmamakla beraber herhalde Tab'i, Sadullah Ağa, Dellâlzâde derecesinde esatize-i meşhura ile hem-iktidâr addedilmek lâzıme-i kıymet şinasıdır."[67]

2.12. ABDULBAKİ NÂSIR DEDE (ö.1821)

Mevlevi şeyhi, musikişinas ve şair olan Nâsır Dede, 1765 yılında Yenikapı Mevlevihanesi yakınlarında bir evde doğmuştur Babası, Yenikapı Mevlevihanesi şeyhlerinden Ebubekir Dede; annesi, Galata Mevlevihanesi şeyhlerinden Kutbu'n-nâyî Osman Dede'nin kızı Saîde Hanım'dır.

Musiki bilgisini, dergâhtaki musikişinaslardan edinerek kendisini yetiştirdi. Ağabeyi Ali Nutki Dede'nin şeyhliği sırasında mevlevihanenin neyzenbaşılığı görevinde bulundu. Ölümüne kadar bu vazifelerini sürdürdü.

"Abdülbaki Nâsır Dede'nin Mevleviyye tarikatı şeyhleri arasında önemli bir yeri vardır. Bilhassa III. Selim ve II. Mahmud devirlerinde şöhret buldu ve her iki padişahtan da yakın ilgi gördü. Yetiştirdiği talebeler, telif ettiği ve bestelediği eserler, onun tasavvuf, edebiyat ve musiki alanlarında büyük bir otorite olduğunu göstermektedir. Hammâmîzâde İsmail Dede'nin ney hocalığını yapmış olması, onun bu alandaki bilgisini ortaya koymaktadır. Ayrıca, II. Mahmud zamanında padişahın huzurunda icra olunan küme fasıllarında bulundu. Acembuselik ve ısfahan makamlarında iki Mevlevi ayini bestelemiş, ancak bunlardan ikincisi zamanla unutulduğundan günümüze ulaşamamıştır. Ayrıca bir nota sistemi ile dilâviz, dildar, gülruh, hisar-kürdî ve rûhefzâ adlarında beş makam ve "şîrîn" isminde yirmi iki vuruşlu bir usul icat etmiştir. Fatin, tezkiresinde eviç, hicaz, ısfahan ve nihavent makamlarının da onun tarafından icat edildiğini kaydediyorsa da bu bilgi yanlıştır."[68]

---

67 Emine Aslan, "**II. Meşrutiyet Dönemi Dergilerinde Musiki (1908-1923)**", Marmara Üniversitesi, TAE, Yüksek lisans tezi, İstanbul 1999, s. 270.

68 Nuri Özcan, "Abdulbâki Nâsır Dede", DİA, c. 1, İstanbul, 1988, s. 199.

Eserleri: 1. *Divan*: Şiirlerinde "Nâsır" mahlasını kullanmıştır. 2. *Şerh-i Ta'rîb-i Şâhidî*: *Tuhfe-i Şâhidî* adlı manzum Farsça-Türkçe lügati, Yenikapı Mevlevihanesi şeyhlerinden Safiyyullah Musa Dede Arapça'ya tercüme etmiş, Nâsır Dede de buna 1799 tarihinde şerh yazmıştır. 3. *Tedkîk u Tahkik*: Musiki nazariyatı kitabıdır. 136 makam ve yirmi bir usul açıklanmıştır. 4. *Tahrîriyye*: Kendisinin icat ettiği nota sistemini açıklamış ve bu nota ile dört beste yazmıştır. III. Selim'e sunulmuştur ki içinde, III. Selim'in de bir bestesi bulunmaktadır.

III. BÖLÜM

3. 18.YÜZYIL DİVÂNLARINDA MUSİKİ TERİMLERİ

3.1. ACEM

(Ar.) Türk Musikisinde bir mürekkep makamdır. Musikimizin en eski makamlarından biridir.

Mutribların her rûz u şeb kılsınlar âheng-i tarab
Ammâ usûli feth ü darb olsun makâmı hem 'acem
(Nedim Divanı, k.35/5.)

"Sazendelerin ve hanendelerin, gece ve gündüz çalıp söylesinler ama çaldıkları eserlerin usulü feth ü darb, makamı ise acem (makamı) olsun."

Acem makamı ve feth ü darp usulüyle basit şarkılar, besteler yapılmaz. Dolayısıyla şair, söylenecek nağmelerin basit eserler olmamasını istemektedir.

'**Acem** hattıyla gûyâ kaşları tuğrâ-yı ra'nâdır
Nihâvendin gelip gitdi hicâza nâ-civâr olsun   (Priştineli Nuri Divanı, k. 3/8.)

"Sevgilinin kaşları, acem hattıyla çekilmiş latif bir tuğra gibidir; o nihavent ile gelip gitti, bari hicaza komşu olmasın."

Acemden nihavende geçmek kolay, ancak nihaventten hicaza geçmek zordur. Bundan dolayı sevgili, acemde söylüyor, nihavende geçiyor ama hicaza geçmiyor. Çünkü bu iki makam da hicaza komşu değildir.

Gâh göster hevâ-yı evce çıkup
Nicedür nağme-i 'ırak u **'acem**   -   (Yahya Nazim Divanı, tb. 32/1, 8.)
"Bazen ırak ve acem makamlarında evc perdesine geçki yap ve bu nağmelerin nasıl olduğunu göster."
Irak ve acem makamlarında, evc perdesine kolaylıkla çıkılmaz, bunun için büyük bir ustalık gerekir. Böyle bir ustalık talep eden şair, acem makamını, istediği geçkinin yapılması suretiyle bir ustalık işareti olarak belirlemiştir.
(Ayrıca bkz. SD, mes. 3/17, 3/18; YND, tb. 32-1/8.)

3.2. ÂGÂZE

(Far.) Hanendenin teganniye başlaması ve makamın seyrinin başladığı perde manasındadır.
Tâ seher ben na'ra-i mestâne çekdüm ışk ile
Bezmde **âgâze**-senc-i nakş u kâr oldukça sen   -   (İzzet Ali Paşa Divanı, g. 103/7)
"Sen mecliste nakş ve kâr eserlerini icraya başladıkça ben seher vaktine kadar aşk ile sarhoşçasına naralar attım."
Mutrib mecliste nakş ve kâr eserlerini icra etmeye başlayınca, onu duyan seher vaktine kadar, terennümün etkisinden aşk ile sarhoşçasına naralar atmıştır.

İki meh-pâre birden eyleyip şarkıya **âgâze**
Hele meşrebce zevk ettim bugün ben bâr-ı dünyâda (İlhami/ III.Selim Divanı, ş. 81/2)
"İki ay yüzlü güzel, birlikte şarkıya başladılar. Ben ise (onları dinlemekle) şu cefa dünyasında gönlümce eğlendim."

İki ay yüzlü güzel (hanende), birlikte şarkı söylemeye başlamış, hanendelerin söylediği şarkıları dinleyen kişi ise, gönlünce eğlenmiştir.

Kemânın nağmesi hoş geldi ol mehpâre nev-resden
Birisi iki kat **âgâze** etti birisi pesden - (İlhami/III. Selim Divanı, ş. 81/4)
"O ay yüzlü yeni yetişmekte olan sevgiliden, kemanın nağmesi ne kadar hoş geldi. Birisi (nağmesine) iki oktav yukarıdan, diğeri ise pesten başladı."
Keman çalan ay yüzlü, genç güzellerden biri iki oktav yukarıdan biride pest (aşağı) perdelerden çalmaya başlamış, kemanın nağmeleri ise dinleyenlere çok hoş gelmiştir.

Bülbül gibi terennüm eden gelinin elindeki def, "ten nen tenen" ile semai usulünde bir esere başlamaktadır:
Semâîye edip **âgâze** der ten nen tenen şimdi
Dili bülbül gibi söyler arusun elinde deff - (İlhami/III. Selim Divanı, ş. 53/3)
"Semai usulünde bir esere "ten nen tenen" ile başlayan gelinin elindeki def bülbül gibi söyler."

Âgâzesi gerçi kim nihâvend
Ammâ ki kararı ısfahândır - (Nedim Divanı, tard. 5/X.)
"Başlangıç makamı, nihaventtir ama varış makamı, ısfahandır."
Bir eserin başlangıç nağmelerinin nihavent, bitiş nağmelerinin ise ısfahan olduğunu bildirmektedir.

Sûznâk olsa n'ola bülbülün âvâzeleri
İtdigi nağmede uşşâkdur **âgâze**leri - (Nahifi Süleyman Efendi Divanı, g. 507/1.)
"Bülbülün icra ettiği nağmelerde suznak makamı olmasında şaşılacak bir durum yok, onun (icra ettiği nağmelerin) temelinde uşşak makamı vardır."

Sûznâk makamının başlangıcında, uşşak makamı vardır. Yani suznak, temel olarak uşşak makamı notalarını kullanır. Bu teknik bilgi ışığında şair, bülbülün nağmelerinin yakıcılığının altında âşıklık olduğuna işaret etmiştir.

(Ayrıca bkz. İD, ş. 77/4, muk. 5/2; İHD, g. 254/5.)

3.3. ÂHENK/AHENG

(Far.)1. Uygun, uyum, düzen, armoni. 2. Sesler arasında uygunluk, düzen, makam. 3. Çalgılı eğlence-saz takımınca icra edilen beste.

Safâdan her dırahtun berg ile şâhı gelüp cûşa

Seher bâd-ı nesîm esdükçe **âheng**-i sabâ eyler - (İzzet Ali Paşa Divanı, g. 23/6.)

"Safadan dolayı her ağacın dal ve yaprağı cuşa gelir, seher vaktinde nesim rüzgârı estikçe saba ahengini icra eder."

Ahenk, saba makamının melodisi ve sabah yelinin esmesi ile ortaya çıkan hafif esinti sesi ve saba makamının nağmesi anlamındadır. Saba ile sabah arasında kelime benzerliğinden yararlanılmıştır.

Zühre-i çarh idemez anlara **âheng**-i sâz

Nağme-i yek-târdur zîr ü bem-i evliyâ - (Sakıb Dede Divanı, k. 9/3.)

"Feleğin güzelleri bir araya gelse onların saz ahenkleri ile başka şey söyletmek isteseler de evliyaların en ince (telinden) en kalın (teline) kadar hepsinin nağmesi, aynı telden çıkar."

Ahenk, Zühre çalgıcısının sazının nağmesidir. Ayrıca, zühre çalgısının, evliyaların nağmelerinin ahengini (istikamet üzere olmalarını) bozmak için icra ettiği oyunlar olarak da anlaşılabilir. Zührenin sazlarının ahengine rağmen evliyaların nağmeleri aynı telden çıkmaktadır.

Pîr-i çengî-i muhâlif-nagamât-i gerdûn

Sâz-kârında komaz kimsenün **âheng**-i nizâm - (Sami Divanı, tar. 11/11.)

"O (Müezzin Çelebi), feleğin insanın işine gelmeyen işlerinin usta çalgıcısıdır ki kimsenin nizam ahengini kendi düzeninde bırakmaz, altüst eder."

Ahenk, nağmelerin uyumu, nizamı manasındadır. Ustalığı anlatılan Müezzin Çelebi, muhalif makamını icra ederken feleğe ait nağmeleri duyuran, hissettiren bir saz üstadıdır. Felek nasıl işleri tersine çevirirse, Müezzin Çelebi de öyle bir pirdir ki kimsenin ahengini, nizamında bırakmaz, alt üst eder.

Egerçi mâye-i nüzhet-fezâdur **âheng**i

Velî düşer ana nisbet hisâr-ı nişâbûr - (Sakıb Dede Divanı, k. 3/28.)

"Eğer ahengi gönül açan mayedir; işte hisar perdesinde yapılan nişabur makamı, ona benzer."

Maye makamının ahengi gönül açmaktadır.

(Ayrıca bkz. FD, k. 4/14; İAPD, mus. 1-2/10, g. 60/5, ş. 1/1; İHD, g. 151/4, 168/1, 269/2; SDD, g. 28/7)

3.4. ARABÂN

(Far.) Türk Musikisinde bir şed makamdır.

Kûyın terâne-i 'arabân ile it tavaf

Ya'nî katâr-ı nağmeyi semt-i hicâza çek - (İzzet Ali Paşa Divanı, g. 87/3.)

"(Onun) mahallini, yakınını araban terânesi ile tavaf et, yani nağme katarını hicaz semtine çek."

Araban makamının perdeleri (sesleri) içerisinde hicaz makamının perdelerinin (seslerinin) oluşuna işaret edilmiştir. Araban makamının karar sesleri, hicaz makamının perdeleriyle aynıdır. Dolayısıyla arabân makamının bitişi, hicaz sesleri ile yapılmaktadır. Araban makamının perdeleri nağme katarına benzetilmiştir. Nağme katarının hicaz semtine çekilmesi demek, makamın seyrinin hicazın perdelerinde son bulmasıdır.

Türkî-darb ile makâm-ı 'arabân
Beste olsa urılur bu dil ü cân - (Sami Divanı, mes. 3/39.)
"Türkî-darb usulü ve araban makamı ile bir eser bestelense bu gönül ve can, o besteye hayran olur."

Türkî-darb usulü ve araban makamı ile yapılan bir beste, can alıcı güzellikte bir eser olur. Zikredilen usul ve makam ile yapılan bestenin güzelliği vurgulanmıştır.

Arabâna gehî hicâz eyle
Teşne şehnâzına senün 'âlem - (Yahya Nazim Divanı, tb. 32-1/7.)
"Âlem senin araban makamında şehnaz (makamının perdelerini) kullanmana istekli ama sen bazen de hicaz (makamının perdelerini, seslerini) kullan."

Âlem, senin arabân makamında şehnaz perdelerini kullanmana alışık ama bazen de hicaz perdelerini kullan demektedir. Araban makamında, şehnaz seslerinin yanında hicaz sesleri de vardır. Senin araban makamını icra ederken şehnazı kullanmana herkes alışık, sen bazen hicazı da kullan denmektedir.

3.5. ARAZBÂR

(Far) Türk Musikisinde kullanılan en eski mürekkep makamlardan biridir.

Düyek darbeyn-i hicrân hey meded kaddim kemân itdi
Enîn-i âh-ı fürkat gâh 'arazbârda hezâr olsun - (Priştineli Nuri Divanı, k. 3/26.)
"Ayrılığın iki darbesi, benim boyumu keman gibi iki büklüm etti; ayrılık ahlarım ve inlemelerim, bazen arazbar makamında şakıyan bülbül olsun."

Arazbar makamı, tiz seslere sahip, icrası zor bir makamdır. Şair, iki darbe (darbeyn) ile düyek usulüne atıfta bulunuyor. Âşığın aldığı bu darbe öyle ağırdır ki şayet bülbül o acıyı hissetse idi, bu acısını, arazbar makamında seslendirirdi.

Segâh feryâdına rahm eyleyip beste-nigâr olmaz
'Arazbâr perdesinden herkese keşf itme esrârı - (Priştineli Nuri Divanı, k. 2/10.)

"Sevgili, segâh makamında yapılan feryada acıyarak merhamet edip gönül bağlamaz; onun için sen sırrını arazbar perdesinden ona açma."

Arazbar perdesinin tiz seslerine, vurgu yapılmıştır. Bir şeyin arazbar perdesinde söylenmesi, yüksek sesle söylenmesi demek olduğundan, sırların yüksek sesle söylenmesi söz konusudur. Söylenmemesine dair uyarı vardır.

Teşebbüs eyler isen şu'be-i 'arazbâra
Olursun evc-i ni'amda nagam ile magrûr - (Sakıb Dede Divanı, k. 3/29.)

"Arazbar makamında şarkı söyleyebilirsen, nimetlerin en üstünde nağmelerle mağrur olursun."

Arazbar makamı, icrası zor bir makam olarak karşımızdadır. İcrası zor bir makamda eser icra etmekle büyük bir nimete kavuşulacağı belirtilmektedir. Nimet elde edilen şöhret ve hünerdir.

3.6. AŞÎRÂN

(Ar.) Türk Musikisinde bir perde ve makam adıdır.

'Aşîrân sanma yârin bûselikdür gül gibi rûyu
Güzellik tahtına ömrüm Süleymân-ı zamansın sen. - (İlhami/III. Selim Divanı, ş. 77/3.)

"Sevgilinin gül gibi yüzünü aşiran zannetme, o buseliktir. Sen, ömrümün güzellik tahtına (oturmuş) zamanın Süleymanısın."

Aşiran, hüseyni-aşiran perdesinin kısaltılmış şeklidir. Çok kullanıldığı şekli buselik-aşirandır. Onu, tek başına aşiran sanma ki o, aşiran-buseliktir denilmektedir. Ortaya çıkan makam, sevgilinin gül gibi yüzüne benzetilmiştir.

Hem 'acem hûb ü '**aşîrân**ı da hûb
Besteler anda ser-â-pâ mergûb - (Sami Divanı, mes. 3/18.)
"(Onun) hem acem hem de aşiran makamını kullanması, çok güzeldir. Onun yaptığı besteler, çok rağbet edilen bestelerdir."
Şair, açık bir şekilde, acem ve aşiran makamlarıyla (sevgilisinin) yaptığı bestelerin çok rağbet edilen besteler olduğundan bahsetmektedir.

Gûş olundukça '**aşîrân** neva
Şevkolur dilde nev-â-nev peydâ - (Sami Divanı, mes. 3/20.)
"Aşiran ve neva makamları dinlendikçe gönülde yeni yeni ilhamlar ortaya çıkar."
Aşiran makamı, gönülde yeni yeni ilhamlar, hisler ortaya çıkaran bir makamdır.
(Ayrıca bkz. SD, mes.3/37.)

3.7. BAYÂTÎ/BEYÂTÎ

Türk musikisinde çok eski, çok kullanılmış, basit bir makamdır.
Dilâ bu bir degildir bana fürkat pençgâh oldu
Beyâtî perdesinde berefşân eşkim nisâr olsun - (Priştineli Nuri Divanı, k. 3/25.)
"Ey sevgili, bu benim çektiğim ayrılık bir değil beş oldu; berefşan (dağılan) gözyaşlarım beyati perdesinden saçılsın."
Ayrılık acısıyla hüzünlenen âşık, berefşan usulünde bir eser dinlemektedir. Kendi hâline yakın bulduğu eser, beyati perdesine geldiğinde kendini tutamayıp gözyaşı dökmeye başlamıştır.

3.8. BERBAT

(Far.) Kopuza benzeyen bir tür sazdır.

Çaldum taşa ben şîşe-i nâmûs ile nengi

Mutrib kerem it sen dahi çal **berbat**[69] ü çengi - (Sami Divanı, mus. 9/VIII-8.)

"Ben ar, namus şişesini taşa çaldım, mutrip sen de lütfet ve berbat ile çengi çal."

Şair, ar namus şişesini taşa çalıp insanların kınamasını hiçe saymakta, sazendeden çeng ve berbat çalgılarını çalarak kendisine lütufta bulunmasını istemektedir.

3.9. BEREFŞÂN (Usul)

(Ar.) Otuz iki zamanlı bir usuldür.

Dilâ bu bir degildir bana fürkat pençgâh oldu

Bayâtî perdesinde **ber-efşân** eşkim nisâr olsun - (Priştineli Nuri Divanı, k. 3/25.)

"Ey sevgili, bu benim çektiğim ayrılık bir değil beş oldu; berefşan (dağılan) gözyaşlarım beyati perdesinden saçılsın."

Hüzünlü duygulara tercüman olan bir usuldür. Ayrılık acısıyla hüzünlenen âşık, berefşan usulünde bir eser dinlemektedir. Hüzünlü duygularına yakın bulduğu usulde dinlediği eser, beyati perdesine geldiğinde kendini tutamayıp gözyaşı dökmeye başlamıştır.

---

69 Divanda "barbet" şeklinde yazılmıştır. Kelimenin aslı "berbat"tır. Burhân-ı Katı'nın Mürsel Öztürk ve Derya Örs tarafından hazırlanan TDK, 2000 baskısında "berbet" şeklinde geçmektedir. Kelime, "tı" harfi ile bittiği için "berbat" şekliyle kalın okunur. Nitekim Fuat Köprülü Edebiyat Araştırmaları (Ank, TTK, 1999) adlı eserininin 209. sayfasında Burhan-ı Katı'dan alıntı yaptığı kısımda "berbat" şeklini kullanmıştır. Köprülü, berbat hakkında şu bilgilere vermektedir: 'Berbat kelimesinden bahsederken kopuz hakkında biraz bilgi veriyor. "Berbat feth-i bâ ile kopuz dedikleri saza denir. Rumîde lavta tabir olunan sazdır. Ber ile bat'tan mürekkeptir. Kaz göğüslü demektir. Saz-ı mezbûrun kâsesi kaz göğsüne şebih olmakla bu isimle tesmiye eylediler. Ve bazılar indinde tambur şeklinde bir sazdır. Kâsesi büyük ve sapı kısa olur. Bu iki kavlin meali birdir.' Lehçetü'l-Lügat müellifi Esat Efendi de bu ifadeyi kuvvetlendirerek kopuzu ud ve berbat müteradifi olarak kaydediyor."

3.10. BESTE

(Far.) Türk Musikisinin din dışı bölümünün sözlü (güfteli) eserler kısmına ait büyük formlardan biridir.

Oldu bu şarkı hele şarkıların ber-cestesi
Dil-güşâdır çün sabâ her nağme-i âhestesi
Söz Nedîmindir 'aceb tarz-ı hasendir **bestesi**
Güftesi ammâ ki bilmem **beste**den a'lâ mıdır - (Nedim Divanı, muh. 19/IV.)

"Bu şarkı şarkıların en güzeli oldu. Çünkü saba makamının her ağır nağmesi gönül açıcıdır. Sözleri Nedim'indir (ki zaten güzeldir), acaba bestesi güzel midir? Hatta bilmem ki güftesi bestesinden daha mı iyidir?"

Bir şarkı güftesinin bestelenmiş formu olarak kullanılmıştır. Bestenin güzelliği belirtilmiş ancak bu güzelliğin, güftenin güzelliğinden ileri geldiği vurgulanmıştır.

Türkî-darb ile makam-ı 'arabân
Beste olsa urılur bu dil ü cân - (Sami Divanı, mes. 3/39.)

"Türkî-darb usulü ve araban makamı ile bir eser bestelense bu gönül ve can o besteye vurulur."

Türkî-darb usulü ve araban makamı kullanılarak yapılan bestenin güzelliği vurgulanmıştır. O kadar güzeldir ki gönül ona hayran olmaktadır.

Evc-i istignâdan etmez vermez 'uşşâka karâr
Sünbüle bir **beste**dir ammâ muhayyer perçemin - (Şeyh Gâlib Divanı, g. 178/4.)

"Yüksek istiğnadan (dolayı) uşşak (makamında) karar etmez. Müstağni olsa da sünbüle (makamı) bir tutamdır ama muhayyer (o tutamı da kapsayan) perçem (gibi)dir."

Beste, bir müzik formu ve saçın bağlı oluşu olarak iki anlamıyla karşımıza çıkmaktadır. Bu bestede, sünbüle makamında muhayyer geçkisi yapılmıştır. Şair, bu durumu, muhayyer makamını sünbüle makamı içerisinde perçeme benzetmeyle süslemiştir.

(Ayrıca bkz.; İAPD, g. 124/4; PND, k. 3/6; SD, mes. 3/18, kıt. 1/2; SDD, k. 23/14; ŞGD, tar. 4/9, ş. 1/5, g. 196/10, kıta 32.)

3.11. BESTE-NİGÂR

(Far.) Türk Musikisinde bir mürekkep makamdır.

Segâh feryâdına rahm eyleyip **beste-nigâr** olmaz
'Arazbâr perdesinden herkese keşf itme esrârı - (Priştineli Nuri Divanı, k. 2/10.)

"Sevgili, segâh makamında yapılan feryada acıyarak merhamet edip gönül bağlamaz; onun için sen sırrını arazbar perdesinden ona açma."

Teknik olarak bestenigâr makamının hususiyetinden bahsedilmektedir. Sadece segâh perdesine basmakla bestenigâr makamının oluşmayacağı, ırak, şehnaz, hicaz gibi başka seslere de ihtiyaç duyulduğu belirtilmiştir. Ayrıca bestenigâr kelimesinin sözcük anlamından istifade ile sevgilinin segâh makamında yapılan feryada (bestenigâr olmayacağı) gönül bağlamayacağı belirtilmektedir. Çünkü segâh makamı, şecaati ve ağırbaşlı olmasıyla ön plana çıkmaktadır. Oysa âşık, şecaati ve asaleti bir yana koyup sevgili için feryat figan etmektedir.

O şeh nâz ile bir gün bûselikden hissemend eyler
Karâr it Nûrî gerdâniyyede **beste-nigâr** olsun - (Priştineli Nuri Divanı, k. 3/31.)

"O sevgili, bir gün bizi de buselik makamından bir eserle nasiplendirir. Ey Nuri sen de bestenigâr makamında gerdaniye perdesinde karar et."

Şair, bir hayal kurmaktadır. Buna göre sevgili, bir gün buselik makamından bir eser söylerse, kendisinin de ondan aldığı ilham ile buselikten bestenigâra çekerek gerdaniye ile karar etmesini söylemektedir.

3.12. BÛSELİK/PÛSELİK

(Far.) Türk Musikisindeki on üç basit makamın ikincisidir.

Muhayyer olsa dem-i vasl-ı yârda 'uşşak
Niyâz-ı **bûselik** ile nevâya mâ'ildir - (Esad Divanı, g. 40/3.)
"Âşıklar, sevgiliye kavuşma zamanını seçmekte serbest olsalar, buselik niyazı ile nağmeye meyillidirler."
Buseliğin neva ve muhayyere meylinin olması her ikisiyle de makam oluşturmasından dolayıdır. Muhayyer, uşşak, buselik ve neva basit makamlardır. Hepsinin seyirlerinde bitiş sesleri aynıdır, "La" ile biter. Neva ile buselik makamının birleşmesinden (nevaya buselik beşlisi ilave edince) neva-buselik makamı ortaya çıkar. Ayrıca "buselik" kelimesi ile "buse" (öpme) kelimelerinin ses benzerliğinden istifade edilerek, buselik, âşıkların sevgiliye kavuşma zamanı tercihi olarak kullanılmıştır.

Dehânın nağme-perdâz eyledükde itdüm istifsâr
Sorarsan bu makâmı **bûselik**dür didi ol dildâr - (Sami Divanı, mat. 73).
"Ağzı nağme okumaya başlayınca (makamın ne olduğunu) sordum. Kalbi hükmü altında tutan o sevgili, eğer bu makamı sorarsan, buseliktir dedi."
Sevgilinin okuduğu makam sorulmuş ve buselik makamı cevabı alınmıştır.

Bilürken gül-'izârum **bûselik**den hazz ider 'uşşâk
O şeh-nâz ile dir ey hâce gerdâniyyeden alçak - (Sami Divanı, mat. 100.)
"O gül yüzlüm, âşıkların buselikten hazzettiğini bilirken (bilmesine rağmen) o şehnaz ile ey hoca, gerdaniyeden alçak der."

Uşşak ile buselik makamları birbirine yakın makamlardır. Aynı geçkileri yapar, aynı arızaları alırlar. Uşşak makamının buselik makamından haz etmesi bundan dolayıdır. Alçak, musikide ara seslerde daha alt perdede olmak manasına gelmektedir.

(Ayrıca bkz. BMED, rub. 21/1; ED, nzm. 17; İAPD, ş. 2/2; İD, ş. 77/3; PND, k. 2/3, 3/31, g. 25/5; SD, mes. 3/36, 3/37, 3/47, SDD, k. 3/35.)

3.13. BÜZÜRG

(Far.) Türk Musikisinde en eski mürekkep makamlardan biridir.

Büzrüg ü kûçegi dil-beste-i âvâzı idüp
Dillere olmış idi mâye-dih-i şevk ü garâm - (Sami Divanı, tar. 11/4.)
"Aşk ve şevk mayası veren (maye makamı) büzürg ve kuçek makamlarını, gönülleri bağlayan sesler hâline getirmiş, (bu sayede bu iki makam) dillere destan olmuştur."
Büzürg makamı gönülleri bağlayan bir makamdır. Bu sayede dillere destan olmuştur. Bu şekilde bir makam oluşunu ise kendisine aşk ve şevk mayası veren mâye makamına borçludur. Teknik olarak, büzürg makamı mâye makamı ile birleşerek mürekkep makam hâline geliyor.

Besler **büzürg** ü kûçegin etfâl-i nağmenin
Güyâ ki çeng pîr-i gürûh-ı terânedir - (Şeyh Gâlib Divanı, g. 53/2.)
"Bütün teranelerin üstadı gibi olan çeng, büzürg ve kuçek makamlarının çocuk nağmelerini besler."
Etfâl-i nağme, büzürg ve kuçek makamlarının başlangıç nağmeleridir. Şair, eski bir saz olduğu için çeng çalgısını, sesini eskilerden almış bir pir saz olarak görüyor. Bir pir olarak çeng, büzürg ve kuçek makamlarının çocuk (etfal) nağmelerini besliyor.

Eyle hûnîn terâneler şeb u rûz

Dil-figârun **büzürg** u kûçek hem - (Yahya Nazim Divanı, tb. 32/1;12.)

"Gece gündüz, gönül yaralayan, ağlatıcı teraneler söyle. Gönlü yaralayan (makamların) büzürg ve kûçektir."

Büzürg makamında hüseyni, kuçek makamında ise saba sesleri hâkimdir. Hüseyni ve saba sesleri ise hüzün ve gözyaşı hissi veren seslerdir. Bu bilgiler ışığında, büzürg makamının hüzünlü, ağır, gözyaşı döktüren bir makam oluşuna işaret ettiğini söyleyebiliriz.

3.14. ÇARGÂH

(Far.) Türk Musikisinin basit makamıdır.

Hisar-ı gamda murabba'-nişîn olan 'uşşâk

O **çargâh**-ı safâda nevâ bulunmaz mı - (Feyzi Divanı, g. 123/3.)

"Ey keder kalesinin dört yanına (dörtlüsünde) oturan uşşak, o safanın dört yanında (çargâh) neva (ses) bulunmaz mı?"

Çargâh makamının karakteristik özelliğinde neva perdesinin bulunmadığını ifade etmektedir. Uşşak makamının (dörtlüsü) güçlüsü, neva perdesiyken; çargâhın güçlüsü, rasttır.

Çârgâh oldı hoş-âyende makâm

Her murabba' olur anunla be-nâm - (Sami Divanı, mes. 3/28.)

"Çârgâh kendisiyle her dörtlünün (murabba') meşhur olacağı, kulağa hoş gelen bir makamdır."

Çargâh makamının dizisi, arıza ses almadığı için kulak, bu makamların seslerini çok rahat seçer. Murabbaların onunla meşhur olması bu yönüyle olabilir. Ayrıca bestekârlar arasında çargâh makamının dini bir meziyet taşıdığı ve ayrıca hürmet gördüğü bilinmektedir. Bu da, onunla bestelenen eserlerin şöhret bulmasında etkin rol oynamaktadır.

Humâyûn tab' ile yâr **çârgâh**a rağbet eyler mi
Müdâm ister segâh faslında 'âşık girye-zâr olsun - (Prişti-
neli Nuri Divanı, k. 3/10.)

"Sevgili, o padişahlara yakışır yaradılışıyla hiç çargâh makamına tenezzül eder mi? O, âşığın hep segâh makamında ağlamasını ister."

Çargâh makamı, kendi dizisinde arıza almayan süssüz bir makamdır. Bu sebeple sevgili, çargâh makamına tenezzül etmez. (Ayrıca bkz.SD, tar. 11/7.)

3.15. ÇALPARA (ÇÂR-PÂRE)

(Far.) Dört parça, dört kısım anlamlarına gelen, Türk Musikisinde bir usul vurma aleti olan çarpare, dört parça sert tahtadan yapılmıştır ve ikişer parçası avuç içine alınarak çalınır. Çalpara, oyun havalarında kullanılır.

Raks ile meydâna çık **çâr-pâre** çal çıkır çıkır
Oynadıkça bile oynar kalbimiz tıkır tıkır
Nâz etme nev-civânsın şevkile dolsun cihân
Mutribâ tanbûruna mızrabı ur şıkır şıkır - (İlhami/III. Selim Divanı, muk. 20/1)

"Oynayarak meydana çık, çıkır çıkır sesleriyle çarpare çal; sen oynadıkça bizim de kalbimiz tıkır tıkır olur. Naz etme sen, gençsin, dünya şevk ile dolsun. Ey mutrip, tanbûruna mızrabını şıkır şıkır vur."

Çarpare, rakkasenin elinde, çıkır çıkır ses çıkaran bir çalgıdır.

Sînemi deldi bu gün bir âfet-i **çâr-pâre**li
Gül yanaklı gülgülî kerrâkeli mor hâreli - (Nedim Divanı, ms. 42/1.)

"Bugün gül yanaklı, pembe cübbeli, mor hareli bir çalparalı (parmağı zilli) afet göğsümü deldi."

Âşık, gördüğü bir güzel karşısında kendinden geçmiştir. Âşığı kalbinden vuran sevgilinin o an parmaklarında, çâr-pâre adında zilli bir çalgı bulunmaktadır.

Bir perî eylemedi çâre dil-i nâ-çâre
Mutribın çâk çâk-ı **çâr-pâre**sine çarpılalı - (Nedim Divanı, g. 162/4.)

"Çaresiz gönle, çalgıcının "çak çak" (şeklindeki) çalpara sesine çarpılalıdan beri, hiçbir güzel çare bulamadı."

Şair, gönlünün aşktan dolayı yaralı oluşunun sebebini, çalgı çalıp şarkı söyleyen mutribin ellerindeki zil seslerine bağlamıştır. Çârpârenin çıkardığı çak çak sesleri, sanki aşığın yüreğini parça parça etmektedir.

(Ayrıca bkz. BMED, g. 211/1; İAPD, mes. 1/7; İD, g. 3/4, ND, g. 147/4, ş. 27/1.)

3.16. ÇENBER (Usul)

(Far.) Türk Musikisinde yirmi dört zamanlı ve on altı vuruşlu bir usuldür.

İkitelli gibi gel bağlama zencîr misâl **çenber**
Duyulsun nağme-i sentûr râzı âşikâr olsun - (Priştineli Nuri Divanı, k. 3/16.)

"İkitelli ve çenber gibi zencir bağlama da sır santurunun nağmesi ortaya çıksın."

Çenber usulü, zencir usulünü teşkil eden usullerden biridir. Bağlama bir halk müziği sazı, ikitelli ise halk müziğinden olan çift telli bağlamadır. Bunlarda zencir, çenber gibi usuller kullanılmaz. Çenber, santûrun sır nağmelerinin çıkmasını engelleyen bir halde gösterilmiştir.

3.17. ÇENG

(Far.) Çeng, kanuna benzeyen ve dik tutularak çalınan bir çeşit telli çalgıdır. Harpın küçüğü denebilir. Ekseriya büyük çarpara demek olan çegane ile beraber çalınır.

Elhân-ı **çeng**-zâ ile âgâz idüp sürûd
Olmış felekde şevk ile Zühre gazel-serâ - (Beliğ Mehmed Emin Divanı, k. 2/7)
"Zühre çengin nağmeleriyle terennümüne başlayıp felekde istekli gazel okuyucusu oldu."
Çeng, Zühre'nin çaldığı bir çalgıdır.

Mahalldür kec olur kec-menişle ülfet eden
Kadın dü-tâ ider âheng idince **çeng**-nevâz - (İzzet Ali Paşa Divanı, g. 60/5)
"Eğri tabiatlı ile ülfet eden eğri olur bir atasözüdür. Okşayıcı çeng, terennüm edince boyu iki büklüm eder."
Çeng ahengiyle, dinleyeni iki büklüm eden bir çalgıdır. Dinleyeni iki büklüm etmesi, çengin şekli sebebiyledir.

Açıl ey fasl-ı dey sen gül-sitânlardan açılsın gül
Terennüm eyle bülbül mutribım **çeng**im rebâbımsın - (Nedim Divanı, k. 15/4)
"Ey kış faslı, sen açıl, gül de gülbahçelerinde açılsın. Terennüm eyle bülbül, sen mutribim, çengim ve rebabımsın."
Bülbül çenge benzetilmiştir.

Sâkiyâ huşum alan zemzeme-i **çeng** midir
Yoksa destindeki peymâne-i gül-reng midir - (Nedim Divanı, g. 30/1.)
"Ey saki, aklımı alan çengin nağmesi mi; yoksa elindeki gül renkli kadeh midir?"
Çengin nağmeleri, aklı baştan alacak güzelliktedir.

Tali‘üm gör kim beni bin hüzn ile giryân ider
Halkı pür-şevk eyleyen âvâze-i **çeng** ü rebâb (Nahifi Süleyman Efendi Divanı, g. 50/6)
"Talihime bak ki halkı şevkle dolduran çeng ve rebabın avazesi, beni bin hüzünle ağlatır."

Çeng, nağmesiyle halkı şevkle dolduran bir çalgı iken şairi binlerce hüzünle ağlatır.

Çaldum taşa ben şîşe-i nâmûs ile nengi
Mutrib kerem it sen dahi çal berbat[70] ü **çeng**i - (Sami Divanı, mus. 9/VIII-8.)
"Ben ar, namus şişesini taşa çaldım, mutrip sen de lütfet ve berbat ile çengi çal."

Şair, ar namus şişesini taşa çalıp insanların kınamasını hiçe saymakta, sazendeden çeng ve berbat çalgılarını çalarak kendisine lütufta bulunmasını istemektedir.

Perde-i **çeng** ü rebâb u erganûnî ref‘ ile
'Ûd u şeş-târun çıkarmış ipligin bâzâra def - (Sakıb Dede Divanı, k. 26/6.)
"Çeng, rebab, erganun, ud, şeştar (çalgıları) perdelerini ne kadar yükseltirlerse yükseltsinler def onları bastırır."

Çengin deften daha sakin sesli oluşuna işaret edilmiştir. Defin çeng ve diğer çalgıların sesini bastırması, defin çeng ve diğer çalgıların ipliklerini pazara çıkarması olarak yorumlanmıştır.

Gehî hilâl ü gehî bedr olup huzûrunda
Terâne-sencî-i kânûn u **çeng** ider mehtâb - (Şeyh Gâlib Divanı, k. 11/18.)
"Kanun ve çeng, ölçülü teraneleriyle (Sultan III. Selim Han) huzurunda, bazen hilal bazen de dolunay olup (meclisi) aydınlatır."

---

70 Divanda "barbet" şeklinde yazılmıştır. Kelimenin aslı "berbat"tır. Burhân-ı Katı'nın Mürsel Öztürk ve Derya Örs tarafından hazırlanan baskısında (TDK, 2000) "berbet" şeklinde geçmektedir. Kelime, "tı" harfi ile bittiği için "berbat" şekliyle kalın okunur.

Çeng, hilal şeklinde, ortası boş bir çalgıdır.

Çeng ü nefîr her biri mazharıdır bir 'ârifin
Hazret-i Mevlevîyedir aşkda intimâ-yı ney - (Şeyh Gâlib Divanı, g. 305/13.)
"Çeng veya nefir (çalgılarını icra etmeleri) bir arifin üstünlüğüdür; ancak Mevlevilikte aşk, neye intisap etmektir."
Seyr ü sülükte bir kişinin çeng ve nefir çalması, onun üstünlüğüdür ama Mevlevilikte bu çalgıların yerini ney alır.
(Ayrıca bkz. ND, g. 145/5, 147/4, ş. 2/4, 28/4; NSED, g. 479/2; SD, k. 3/11, 7/8, 12/13, tar. 11/11, mes. 3/42, g. 135/1, 187/3; SDD, k. 25/15, g. 94/7, 88/13; ŞGD, g. 37/4.)

3.18. DÂİRE

(Ar.) 30-40 cm çapında, enli ahşap bir kasnağın tek tarafına deri gerilerek yapılan vurmalı bir çalgıdır.

Gönül o bezm-i kadeh-nûşidür ki mutribinün
Definde **dâ'ire**-i mihr ü mâh celcel olur - (İzzet Ali Paşa Divanı, g. 45/3.)
"Gönül, o meclis kadehinin içicisidir ki çalgıcısının definde güneş ve ay daireleri seslenirler."
Gönül, kadeh meclisinin içicisi olan âşığa, güneş ve ay ise daireye (def) benzetilmiştir. Gönül, mecliste içerken çalgıcı, defini çalar. Mecliste sadece dairenin sesi işitilir.

Ele al **dâiren** ey âfet-i hânende biraz
Bir güzel fasl edip egle dil ü cânum diyerek - (İlhami/ III. Selim Divanı, g. 158/4.)
"Ey güzel hanende, daireni biraz eline al ve canım, gönlüm diyerek bir güzel eğlendir."
Daire, görenin aklını başından alan bir güzel hanendenin çaldığı bir çalgı olarak görülmektedir. Daire ile gönül eğlendirici eserlerin çalınması istenmektedir.

Âsmânda bırakup zühre elinden çengi
Def gibi kızdı yüzü **dâire**den çekdi eli - (Nedim Divanı, g. 145/5.)

"Zühre yıldızı, gökyüzünde yüzü def gibi kızararak elini daireden çekti."

Daire, Zühre tarafından çalınan bir çalgı olarak görülmektedir. Dairenin yüzü çalınmaktan dolayı def gibi kızarmıştır.

3.19. DARP/DARB

(Ar.) Türk Musikisinde "vuruş" demektir. Aynı zamanda bir usul formudur.

Mutriblerin her rûz u şeb kılsınlar âheng-i tarab
Ammâ usûli feth ü **darb** olsun makâmı hem 'acem - (Nedim Divanı, k. 12/5.)

"Çalgıcıların, hanendelerin gece gündüz şenlik düzenlesinler, ama çaldıkları eserlerin usulü feth ü darb, makamı ise acem (makamı) olsun."

Darb, bir usul formu olarak kullanılmıştır. Ancak bu usul, acem makamı ile icra edilirse düzenlenen şenlik için daha uygun olacaktır.

Def' eyle meded çûbek-i santûr ile dilden
Darb idüp usûliyle ser-i şahs-i melâli - (Sami Divanı, mus. 9/VIII-3.)

"Santurun çubuğu ile usulüyle vurarak (santuru çalarak) gönülden kederi def et."

Darb, hem musikide bir usul olması açısından hem de vurma anlamı itibarıyla şair tarafından tevriyeli kullanılmıştır. Darp usulüyle, bir eseri, santur ile çal ki gönüldeki gam, keder gitsin derken; hem vurarak çalmayı hem darp usulünü kullanmayı kast etmiştir. Ayrıca darp usulünün nağmeleri gam ve kederi dağıtıcı olması yönüyle de ortaya konulmaktadır.

Darb u nutkıyle karâr idüp medâr-ı şevkde
Vâdi-i sît ü sadâda olmadı âvâre def - (Sakıb Dede Divanı,
k. 26/4)
*"Def, vuruş ve sesiyle aşk, heyecan dairesinde karar eder; ün
ve sada vadisinde başıboş olmaz."*
Darb, defin icra edilme yöntemidir. Def, usul çalgısı olması
sebebiyle, çalanın kafasına göre vurulmaz, belli bir usulle vuru-
lur. Def, ne kadar heyecanlanırsa heyecanlansın usule ve forma
uymak zorundadır. Aşağıda bu duruma işaret edilmektedir.
(Ayrıca bkz. BMED, g. 145/1; İHD, rub. 19; SDD, k. 26/23.)

3.20. DEF/TEF

(Far.) Türk Musikisinde bir usul vurma aletidir.

Def gibi gûş-ı cân açaram kavl-i mutriba
Olsam ne denlü sille-hor dest-i müdde'â - (Beliğ Mehmed
Emin Divanı, k. 2/50)
*"Ne kadar sille yesem de def gibi hanendenin sözüne can ku-
lağını açarım."*
Def, usul vururken hanendenin okuyuşuna kulak verir ve
usulünü ona göre ayarlar.

Cünbiş-i kâmet ile tabl kıyâmet koparur
Def döger sînesini celcele başlar zâra - (Beliğ Mehmed Emin
Divanı, g. 211/5)
*"Sevgilinin raksıyla davul, kıyamet koparır(casına çalınır); def
göğsünü döver ve çan da inlemeye başlar."*
Def, sevgilisinin rakslı işvesinden dolayı bir insan gibi göğ-
sünü dövmektedir.

Sezâdur sînemi müşt ile ursam nâle eylerken
Müretteb meclis-i dil-dâre Feyzî **deff** ü neydür bu - (Feyzi
Divanı, g. 105/5)

"Ey Feyzî! Sevgilinin meclisinde def ve ney çalınmaktadır. Ben de inlerken, göğsüme muşta ile vursam yaraşır."

Defin vurularak çalınmasından hareketle âşığın göğsü defe benzetilmiştir. Âşık, vecd hâlinde inlerken göğsünü def gibi dövmek istemektedir. Bu manada def de âşık gibi vecd hâlinden dolayı dövünmektedir.

Gönül o bezm-i kadeh-nûşidür ki mutribinün
Definde dâ'ire-i mihr ü mâh celcel olur - (İzzet Ali Paşa Divanı, g. 45/3)

"Gönül o meclis kadehinin içicisidir ki çalgıcısının definde güneş ve ay daireleri celcel olurlar (seslenirler)."

Gönül, kadeh meclisinin içicisi olan âşığa, güneş ve ay ise daireye (def) benzetilmiştir. Mecliste, gönül kadehinden içerken; def çalınmaktadır.

Semâîye edip âgâze der ten nen tenen şimdi
Dili bülbül gibi söyler arusun elinde **deff** - (İlhami/ III. Selim Divanı, ş. 53/3)

"Semai usulünde bir esere "ten nen tenen" ile başlayan gelinin elindeki def bülbül gibi söyler."

Semai usulünde bir esere "ten nen tenen" ile başlayan gelinin elindeki def, şimdi bülbül gibi terennüm etmektedir.

Ney ü santûr ü rebâb ü **def** ü tanbûr ile çeng
Nağme-i bülbül ü kumrîya olup hem-âheng - (Nedim Divanı, ş. 28/4)

"Ney, santur, rebâb, def, tanbur ile çeng, bülbül ve kumru nağmeleriyle birlikte şarkı söylerler. (Bülbül ve kumru nağmeleriyle aynı ahenkte ses çıkarırlar.)"

Def, ney, santur, rebab ve tanbur gibi bülbül ve kumru nağmelerine münasip nağmelere sahiptirler.

Dâhil-i dâire olmış geçüp **def** yani çenberden
Usûliyle çekilmiş rûy-ı nakş-ı kâra perde rakk - (Sakıb Dede Divanı, k. 13/27)

"Def, dairenin içine girmiş yani çenberden geçmiş, usulüyle yüzüne deri perde çekilmiştir."

Def, çenberden geçerek dairenin içine yerleştirilerek ve yüzüne usulüyle deri gerilerek yapılmıştır.

Perde-i çeng ü rebâb u erganûnî ref' ile
'Ûd u şeş-târum çıkarmış ipligin bâzâra **def** - (Sakıb Dede Divanı, k. 26/6.)

"Çeng, rebab, erganun, ud, şeştar (çalgıları) perdelerini ne kadar yükseltirlerse yükseltsinler def onları bastırır."

Def erganun, çeng, rebâb ve ud gibi çalgılardan daha yüksek ses çıkarmakta ve onların seslerini bastırmaktadır. Bu şekilde onların ipliğini pazara çıkarmaktadır.

Ser-endâz eylemiş ehl-i semâî hâl-i Mevlânâ
Ney ü **def** erganûna çeng mûsikâra yasdanmış - (Sakıb Dede Divanı, g. 88/13.)

"Mevlana'nın hâli sema ehlini korkusuz kılmıştır. Ney ve def erganuna, çeng ise musikara dayanmakta onlardan destek ve cesaret almaktadır."

Def, erganunun meşruiyetinden kendisine meşruiyet payı çıkarmaktadır.

Kanda olursa bulur dest-res-i hoş-makâm
Mahrem-i râz-ı semâ oldu usûliyle **def** - (Sakıb Dede Divanı, g.103/6)

"Nerede olursa olsun, o hoş makamı ele geçirir. (Yani makam geçkilerini çok güzel yapar.) Defin usulüyle gizli olan sırlar, duyuldu."

Def, bir usul çalgısıdır. Defin çaldığı usulle bütün gizli sırlar açığa çıkar, duyulur.

Def gibi uyma hazer usûlüne devrin
Kadrüni rakkâs-ı çarh ider senün alçak - (Yahya Nazim Divanı, k. 22/13.)
"Sakın zamanın usulüne (gidişatına) def gibi uyma, dönen felek, senin kıymetini düşürür."
Def, icra edilen eserlerin usulüne uymak zorundadır. Defin her usule uyması gidişata ve zamanın şartlarına uyması, dalkavukluk etmesi olarak yorumlanmıştır.
(Ayrıca bkz. ED, g. 187/5; İAPD, g. 133/6; İD, ş. 53/1, 2, 3, 4; MED, g. 128/2, 128/3; ND, g. 141/2, 145/5, 148/3; PND, k. 3/30, g. 245/6; SD, mus. 9/VIII-1, mes. 3/7, kıt. 4/2; SDD, k. 26, 19/52, m. 5/17-1; ŞGD, müs. 4/6, g. 53/8, 196/10, mer. 18; YND, k. 21/9.)

3.21. DEM

(Far.) Dem tutmak makamın genelde karar perdesini sürekli ve hafif sesle icra etmektir. Ayrıca, neyde rast ile yegâh arasındaki perdeler, dem sesleri sayılır. Bu sesler, neyde çıkartılması en zor seslerdir.

Demlenüp feyz-i baba tâhirden
Nâyı itdi nefes oglı ney-zen - (Sami Divanı, mes. 3/24.)
"Ney üfleyerek baba tahir makamının feyzinden demlendi (baba tahir makamının seslerini çıkardı.)"
Hem baba tahir makamının seslerini çıkarmak hem de baba tahirin feyzinden yararlanmak olarak mana kazanmıştır. Onların evlatları da (yol evladı) aynı feyizden istifade etmişlerdir. "Oglı ney-zen" ifadesi, baba tahir isminden mülhem kullanılmış olmalıdır.

3.22. DEVR-İ REVÂN

(Far.) On dört zamanlı bir usuldür.

Yürüt peymâneyi canlar bagışla sen de ey sâkî
Ki mutrib râhatü'l-ervâh ile **devr-i revân** tutmuş - (Nedim Divanı, g. 53/3.)

"Ey saki sen de kadehleri yürüt ve canlar bağışla ki mutrip (bu esnada), râhatü'l-ervah makamında devr-i revan usulünde nağmeler terennüm etmektedir."

İşret meclisinde, râhatü'l-ervah makamında devr-i revan usulü ile icra edilen bir eser vardır. Bu eser dinleyenleri tamamen kendi atmosferine almıştır. Öyle ki herkes kendisinden geçmiştir.

3.23. DİLKEŞ

(Far.) Türk Musikisinde bir mürekkep makamdır.

Çemende başladı **dilkeş** nevâya bülbüller
Olup medîha-serâ-yı hidîv-i ferrûh-fâl - (İzzet Ali Paşa Divanı, k. 3/17.)
"Bülbüller, bahçede dilkeş (makamında) nağmeler söylemeye başladılar. Kutlu vezirin methini söyler oldular."
Bülbüller, bahçede, dilkeş makamında veziri öven nağmeler terennüm etmektedirler.

Dilkeş eyler çeşm-i gûyâsın kemân-ı ebrüvân
Şûh-terdir nağme-i mutrib muvâfık sâz ile - (Nedim Divanı, g. 141/5.)
"Nasıl keman kaşlar konuşan gözlerle gönül çelerse, mutribin nağmesi de uygun sazla daha şuh (daha cazibeli) olur."
Dilkeş, gönül çelen bir makam olarak karşımıza çıkmaktadır. Hanende, sazende ve sazların birbirleri ile uygun olması hâlinde, ortaya cazibeli eserler çıkar. Sadece birinin iyi olması ile güzel bir icra yapılamaz.

Kâr u nakş âvâzesi eyler nukûşundan zuhûr
Böyle **dilkeş** öyle hâlet-bahş o rütbe cân-fezâ - (Şeyh Gâlib Divanı, tar. 69/17.)
"Böylesine gönül çeken hal ve tavırlar, cana can katan nakış ve kâr sesleri, Beyhan Sultanın yaptırdığı sarayının nakışlarından zuhur etmiştir."

Bütün formlarımız dört haneli iken Nakış iki hanelidir. Nakışlarda aynı zamanda beste adı da anılır. Nakış aynı zamanda nota örgüsü demektir. Kâr ve nakış formları, o nota, anlam örgüsünden ortaya çıkar. Beyitte, Beyhan Sultanın yaptırdığı sarayın nakışlarından mülhemle nakş ve kâr âvâzeleri peyda olmuştur, denilmektedir.

3.24. DİLKÜŞÂ/DİLGÜŞÂ

(Far.) Türk Musikisinde mürekkep bir makamdır.

Bu rûh-efzâ makâm-ı **dilküşâ**yı eylesin seyrân
Seyâhat ister ise nev-niyâzân kişver-i câna - (Şeyh Gâlib Divanı, tar. 14/14.)
"Can ülkesini seyahat etmek isteyen yeni müntesipler, ruha tazelik veren dil-küşa makamında gezinti yapsın."[71]
Dilküşa makamının özelliklerini belirten nağmeleri icra etmek tavsiye edilmektedir. Bu seyir, icra edenin ruhuna tazelik verecektir.

3.25. DÜGÂH

(Far.) Türk Musikisinde bir mürekkep makamdır.

Semâ-ı 'aşka gir hânendelik reftârını terk it
Dügâhda dem-be-dem dil neyzen-âsâ nâledâr olsun (Priştineli Nuri Divanı, k. 3/17.)
"(Ey hanende!)Aşk semaına gir, hanendelik gidişatını terk et. Gönlün, dügâh makamında neyzen gibi sürekli inlesin."
Hanendeler, sema meydanının dışında bir mevkide konumlanarak eserlerini icra ederler. Şair, hanendenin sema dışında kalma tavrını bırakmasını ve semaın aşk meydanına girmesini söylemektedir. Ayrıca hanendenin, sema edenlerin dışında bir yerde durmasından hareketle, hanendeyi aşk meydanına girmeyen ama konuşup duran bir karaktere benzetmiştir.

---

71 Makamda gezinti, o makamın özelliklerini belirten nağmelerin icrasıdır.

İtse tahrîr **dügâh** ile negâm

İki telliye döner şakk-ı kalem - (Sami Divanı, mes. 3/25.)

"Dügâh ile nağmeler yazsa, kalemin iki tarafı iki telliye döner."

Dügâhın nağmeleri, hüzün duygusu taşımaktadır. Dügâh isminden ilham ile dügâhın nağmelerini duyan/yazan kalemin ikiye kırılıp iki telliye döneceği ifade edilmiştir.

3.26. EDVÂR

(Ar.) Türkçe, Farsça ve Arapça musiki nazariyat kitaplarına bu ad verilmiştir. Makamlar, perdeler bilhassa usuller, daire şeklinde şemalar hâlinde gösterildiği için bu şekilde isimlendirilmiştir. İlm-i edvar olarak kullanılmaktadır.

Muhâlif itme karâr-ı siyâk-ı **edvâr**e

Ki nâgeh olmayasın zâr-ı sekte-i mahtûr - (Sakıb Dede Divanı, k. 3/24.)

"Musikideki kararlara (seyrin bitiş perdelerine) muhalif olma ki ansızın unutulmaya düçar olmayasın."

Edvarın (musikinin) belirli kuralları vardır. Bunlardan biri de karar perdelerinin dışına çıkmamaktır.

İlm-i **edvâr**da müsellemsin

N'ola gün gibi nâmun olsa 'alem - (Yahya Nazim Divanı, tb. 32-1/5.)

"Musiki ilminde herkes tarafından kabul görmüşsün. Sen, öyle 'alemsin ki senin de güneş gibi namın olsa."

Edvar, musiki ilmi anlamında kullanılmıştır. Yahya Nazim, musiki nazariyatında kendisinin iyi olduğunu ve erbabınca da bu vasfının kendisine hakkıyla teslim edildiğini belirtiyor ancak çok bilinmediğinden yakınıyor.

Edvâr-ı nevâ-yı gam pervânede kalmışdır

Mansûr o peşrevden ser-hânede kalmışdır[72] - (Şeyh Gâlib
Divanı, g. 59/1.)

*"Gam sedasının dönüşleri, pervanede kalmıştır. Mansur, o
peşrevin ilk hanesinde kalmıştır."*

Makamlar, perdeler ve usullerin, daire şeklinde gösterilmesin-
den dolayı musikiye bu ad verildiğini hatırlayacak olursak edvarın
musiki (melodi, nağme) olarak kullanıldığı görülecektir.

Sît-i devri ilm-i **edvâr**-ı cihâd eyler sürûd

Farzdır bu nağme mânend-i namâz-ı pençgâh - (Şeyh Gâlib
Divanı, tar. 23/7.)

*"Gürültülü devirde, cihad musikisi terennüm eyler. Bu nağ-
me, beş vakit namaz gibi farzdır."*

Edvar, cihad musikisi terkibi içinde, musiki anlamında kul-
lanılmıştır.

(Ayrıca bkz. SD, k. 8/71;ŞGD, g. 304/14.)

3.27. ERGANÛN (ORG)

Org çalgısının diğer adıdır.

İdüp şâh-i nihâl-i verdi berg-i gonçeye ilkâ

Çemende bülbül-i sâzende fasl-ı **erganûn** eyler (Nahifi Sü-
leyman Efendi Divanı, g. 180/4)

*"Gül fidanının şahı gonca yaprağını bırakıp, bahçede sazende
bülbül erganun çaldı."*

Erganun, bülbül tarafından behçede çalınan bir çalgıdır.

Felek hîç **erganûn** saz ile zevk-i yegâh virmez

Anın kasdı hemân ehl-i diledir hâksâr olsun - (Priştineli
Nuri Divanı, k. 3/28.)

---

72 Beyit, tasavvûfî olarak şu anlamı haizdir. Peşrevin dört hanesi şeriat, tarikat,
hakikat, marifete işarettir. Mansur birincide kalmıştır. Pervane marifete er-
miştir. Bülbül aşkını ilan eder, bu yüzden de hakiki aşka erememiştir. Pervane
ise döne döne menzile erer. Mansur inleyip faş ettiği için ilk hanede kalmıştır.

"Felek erganun sazı ile yegâh makamının zevkini hiç vermez, onun kastı hep gönül sahiplerinedir; o, hep onların hâlinin perişan olmasını ister."

Feleğin çaldığı erganundan gönül sahipleri zevk almazlar. Çünkü erganun batı müziğinde dinî bir çalgıdır ve teslis inancını tebliğ eder. Dolayısıyla ondan yegâh (tevhit)in sadası ve tadı çıkmaz. Bu da, gönül sahibi tevhit ehlini rahatsız eder.

Nağme-i mutrib sadâ-yı **erganûn** itmez eser
Bir gönülde müştemil olsa ma'azallâh keder   - (Priştineli Nuri Divanı, b. 8.)

"Allah korusun, bir gönülde, keder yayılmış olursa mutribin nağmesi ve erganunun sesi (o gönle) tesir etmez."

Erganun nağmeleri keder bulunan gönle tesir edemez.

Perde-i çeng ü rebâb u **erganûn**î ref' ile
Ûd u şeş-târun çıkarmış ipligin bâzâra def - (Sakıb Dede Divanı, k. 26/6.)

"Çeng, rebab, erganun, ud, şeştar (çalgıları) perdelerini ne kadar yükseltirlerse yükseltsinler def onları bastırır."

Erganunun deften daha sakin sesli oluşuna işaret edilmiştir. Defin erganun ve diğer çalgıların sesini bastırması, defin erganun ve diğer çalgıların ipliklerini pazara çıkarması olarak yorumlanmıştır.

Ser-endâz eylemiş ehl-i semâî hâl-i Mevlânâ
Ney ü def **erganûn**a çeng mûsikâra yasdanmış - (Sakıb Dede Divanı, g. 88/13.)

"Mevlana'nın hâli sema ehlini korkusuz kılmıştır. Ney ve def erganuna, çeng ise musikara dayanmakta onlardan destek ve cesaret almaktadır."

Erganun, batı müziğinde dini bir çalgıdır. Sabittir ve taşınması söz konusu değildir. Erganun, kilisede yasak olmasının aksine bir ibadet aracıdır. Ney ve def de Mevlevi zikrinde, kulla-

nılan bir araçtır. Ney ve defin erganunun meşruiyetinden kendilerine meşruiyet payı çıkarmaları benzerlik göstermektedir.
(Ayrıca bkz. BMED, k. 2/50, tb. 1/6.)

3.28. EVC/EVİÇ

(Far.) Türk Musikisinde bir mürekkep makamdır.

Hüseynîye degil **evc**e çıkar her dem nevâ-yı âh
Hemân bu nağme-i dil-sûz ile dil perdedâr olsun - (Prişti-neli Nuri Divanı, k. 3/13.)
"Ahımın sesi, hüseyniye değil evc makamına kadar çıktı. Bu yürek yakan nağmeyle gönül de perdedar olsun."
Evc perdesinin hüseyniden daha yukarıda bir yerde olduğuna işaret edilmiştir. Gönlün ıstırabı, yanması ne kadar fazla olursa insanın ahı da o kadar yükseklere çıkar. Evc makamının tiz oluşuna ve yürek yakıcılığına işaret edilmiştir.

Teşebbüs eyler isen şu'be-i arazbâra
Olursun **evc**-i ni'amda nagâm ile magrûr - (Sakıb Dede Divanı, k. 3/29.)
"Arazbar makamında şarkı söyleyebilirsen nimetlerin en üstünde nağmelerle mağrur olursun."
Tiz seslerde dolaşması (icrası zor bir makam olması) dolayısıyla evc makamı, nimetlerin en üstünü olarak yorumlanmıştır.

Gâh göster hevâ-yı **evc**e çıkup
Nicedür nağme-i 'ırak u 'acem - (Yahya Nazim Divanı, tb. 32/1, 8.)
"Bazen evc makamının havasına çıkıp ırak ve acem makamlarının nasıl olduğunu göster."
Şair, bestekârdan evc perdelerine çıkıp ırak ve acem makamlarının nasıl olduğunu göstererek hünerini sergilemesini istemiştir.
(Ayrıca bkz. ED, nzm. 8, nzm.15; İAPD, g. 25/4; PND, k. 2/3; SD, k. 11/14, tar. 11/18; ŞGD, tar. 18/9, g. 146/3, 178/4.)

3.29. FAHTE

(Far.) Türk Musikisinde bir büyük usuldür. Beste, ilahi, bilhassa peşrev formlarında kullanılmıştır.

Servden tâka konup **fâhte** itdükde makâm
Râstdan eyledi bir şu'be ile asma karâr - (Sami Divanı, k. 16/18.)

"Güvercin, selvi ağacından (uçup) kubbeye konarak makam tutturunca, rast makamından bir şube ile asma karar eyledi."

Klasik usulde asma karar, ana makamın rengiyle yapılması gerekir. Bu makam da rast makamıdır. Fahte ile küçük besteler yapılmaz. Ayrıca fahte güvercin manasına gelir. Güvercin bülbül gibi şakımayıp hu der. Hu daha ağır bir tavırdır. Aynı zamanda zikr-i ilahîdir. Buradan hareketle fahte makamının ağırlığına da vurgu söz konusudur.

3.30. FASIL

(Ar.) Aynı makamda, çeşitli formdaki eserlerin sıralanmasıyla yapılan konser demektir.

Çok da tatvîl itme gerdâniyyede eyle karâr
Buselik **fasl**ın tamâm it kim saba eyyâmıdır - (İzzet Ali Paşa Divanı, ş. 2/2.)

"Çok da uzatma, gerdaniyede karar eyle. Buselik faslını tamamla ki saba zamanıdır."

Doğrudan saba ile buselik makamının bir yakınlığı söz konusu değildir. Ancak saba-buselik makamı vardır. Buselik makamında gerdaniyye sesi, mühim ses değilken saba-buselikte gerdaniye güçlü ses görevindedir. Gerdaniye sesi, geçici bir ses yerine kalıcı bir ses yapılmak istenirse saba-buselik yapılmak zorundadır. Bu sebeple, çok uzatma, gerdâniyede karar eyle demektedir.

Nihâvend ü ırak âhengi oldu bâ'is-i şâdî
Bu günden sonra nevbet geldi **fasl**-ı sıfâhâna - (Nedim Divanı, k. 17/32.)

"Irak ve nihavent makamlarının ahengi, sevincimin sebebi oldu. Bundan sonra, sıra ısfahan makamına geldi."

Irak makamı, nihavent ve ısfahan makamları gibi neşeli ve şen bir makam olarak karşımıza çıkmaktadır.

Humâyûn tab' ile yâr çârgâha rağbet eyler mi
Müdâm ister segâh **fasl**ında 'âşık giryezâr olsun - (Priştineli Nuri Divanı, k. 3/10.)

"Sevgili, o padişahlara yakışır yaradılışıyla hiç çargâh makamına tenezzül eder mi? (O) segâh faslında devam etmek ister. Âşık (da) ağlasın (dursun)."

Sevgili, segâh makamı faslında devam etmek istemektedir. Çünkü çargâh makamı düz ve süssüzdür. Bu sebeple sevgili çargâha tenezzül etmez. Segâh ise şecaati ve asalet hissiyle ön plana çıkmaktadır. Sevgilinin segâh faslında devam etmek istemesi bu yüzdendir.

(Ayrıca bkz. İHD, g. 230/2; NSED, g. 180/4.)

3.31. FİRENKÇÎN

(Far.) On iki zamanlı bir usul olup genelde Mevlevi ayinlerinde kullanılır.

Nişâbûrdan mı geldi yohsa ağyâr **frenkçîn**den mi
Beni yârdan cüdâ itdi revâ mı kâmkâr olsun - (Priştineli Nuri Divanı, k. 3/24.)

"Rakip, Nişabur'dan mı geldi, yoksa Frengistan'dan mı, Çin'den mi? Beni sevgiliden ayırmışken onun mutlu olması reva mıdır?"

Frenkçin, neşeli ve hareketli bir usul, nişabur da hareketli, neşeli bir makamdır. Bir arada kullanılmaları bu sebepledir.

Ağyar nişaburdan gelip sevgilinin mutluluğunu bozmuştur. Bir manada, nişabur ağyar olarak karşımıza çıkmaktadır. Âşığı sevgilisinden ayırmış, mutlu iken mutsuz bırakmıştır.

Karârgâhı makâm-ı rehâvîdür şimdi
Firenkçîn usûline bestedür devlet (Sami Divanı, kıt. 1/2.)
"Saadet (devlet), rehavi makamında frenkçîn usulünde yapılmış bir eserdir/bestedir."
Makam, rehavi; usul, firenkçin olursa işte saadet (devlet), budur.

3.32. GAZEL/GAZAL

(Ar.) Türk Musikisinde bir şekildir.

Makâm-ı i'tibârda nâz ile tavr-ı hayf ister
Rehâvî istimâ' itmez **ğazâl**da nağmekâr olsun - (Priştineli Nuri Divanı, k. 3/11.)
"Sevgili, itibar makamında nazlanarak zulmetmek ister, gazeldeki nağmeleri, rehavi makamında duymak istemez."
Sevgiliye, rehavi makamında bestelenmiş bir gazelle yakarış var ancak sevgili, naz makamında olduğu için, bu yakarıştan müstağni durmaktadır. Çünkü rehavi makamı, rast gibi ağırbaşlı, zarif bir makamdır. Oysa sevgili, feryat figan koparacak bir yakarış istemektedir. Dolayısıyla feryat ve figan sesleri, rehavi makamı gibi ağırbaşlı makam ile söylenmez; onun yerine tiz sesli makamların kullanılması gerekir. Bu yüzden de sevgili yaptığı zulmün karşılığında rehavi makamının nağmelerini uygun bulmaz. Çünkü zulmün karşılığında feryat figan çıkmalıdır. Onun da ifadesi tiz sesli şehnaz gibi makamlardır.

3.33. GERDÂNİYYE

(Far.) Türk Musikisinde bir mürekkep makamdır.

Çok da tatvîl itme **gerdâniyye**de eyle karâr
Buselik faslın tamâm it kim saba eyyâmıdır - (İzzet Ali Paşa Divanı, ş. 2/2.)

"Çok da uzatma gerdaniyede karar eyle. Buselik faslını tamamla ki saba zamanıdır."

Doğrudan saba ile buselik makamının bir yakınlığı söz konusu değildir. Ancak saba-buselik makamı vardır. Gerdaniye sesi saba-buselik makamında güçlü konumdadır. Buselik makamında gerdaniyye sesi mühim ses değildir. Ama saba-bûselikte gerdaniye güçlü ses görevindedir. Gerdaniye sesi, geçici bir ses yerine kalıcı bir ses yapılmak istenirse saba-buselik yapılmak zorundadır. Bundan dolayı buselik faslını tamamla denmektedir.

O şeh nâz ile bir gün bûselikden hissemend eyler
Karâr it Nûrî **gerdâniyye** de beste-nigâr olsun - (Priştineli Nuri Divanı, k. 3/31.)

"O sevgili, bir gün bizi de buselik makamından bir eserle nasiplendirir. Ey Nuri, sen de bestenigâr makamında gerdaniye perdesinde karar et."

Şair, bir hayal kurmaktadır. Buna göre sevgili, bir gün buselik makamından bir eser söylerse, kendisinin de ondan aldığı ilham ile bûselikten bestenigâra geçerek gerdaniye ile karar etmesini söylemektedir. Teknik olarak gerdaniyede kalmak hüseyni ile dügâh perdesinde kalmak demektir.

Bilürken gül-'izârum bûselikden hazz ider 'uşşâk
O şeh-nâz ile dir ey hâce **gerdâniyye**den alçak - (Sami Divanı, mat. 100.)

"O gül yüzlüm, âşıkların buselikten hazzettiğini bilirken (bilmesine rağmen); o şehnaz ile ey hoca, gerdaniyeden alçak der."

Gerdaniyyeden alçak perdeleri istemesi buseliğin daha alt perdelerde olması dolayısıyladır. Alçak terimi, musikide ara seslerde daha alt perdede olmak manasına gelmektedir. Gerdaniyeden bûseliğe, ancak inerek gelinebilir. Uşşak ile buselik makamları birbirine yakın makamlardır. Aynı geçkileri yapar, aynı arızaları alırlar. Uşşak makamının, buselik makamından haz etmesi bundan dolayıdır.

3.34. GÜFTE

(Far.) Türk Musikisinde, sözlü bir eserin bestelenmiş manzum sözleri, bestelenmiş şiirin aldığı addır.

Oldu bu şarkı hele şarkıların ber-cestesi
Dil-güşâdır çün saba her nağme-i âhestesi
Söz Nedîm'indir 'aceb tarz-ı hasendir bestesi
Güftesi ammâ ki bilmem besteden a'lâ mıdır - (Nedim Divanı, muh. 19/IV.)
"Bu şarkı, şarkıların en güzeli oldu. Çünkü saba makamının her ağır nağmesi, gönül açıcıdır. Sözleri Nedimindir (ki zaten güzeldir), acaba bestesi güzel midir? Hatta bilmem ki güftesi, bestesinden daha mı iyidir?"
Doğrudan bestelenmiş şiirin aldığı ad olarak kullanılmıştır. Nedim'e göre güfte, besteden daha güzeldir.

Gâlibin şimdilik bu **güfte**-i hâm
Bir iki berg-i bergüzârıdır - (Şeyh Gâlib Divanı, tar. 15/14.)
"Şimdilik Gâlib'in bu ham güfteleri, hatırlanmak için bir iki hediye yaprağıdır."
Güfte hamdır ama şairden sonra gelenlere birer hatıra yaprağıdır.

Açıl ey gonca-leb nûr eylesin bezmi tekellümler
Safâdan hande deryâsında mevc ursun tebessümler
İzârın gül gül etsin tâb-ı sahbâ-yı neşât olsun
Bu âteş **güfte** rengîn besteler hûnîn terennümler - (Şeyh Gâlib Divanı, kt. 32.)
"Açıl ey gonca dudaklı (sevgili), konuşmalar meclisi aydınlansın. Herkes o kadar zevklensin ki hande deryasında tebessümler

dalgalansın. Bu ateş gibi güfte, renkli besteler, kanlı (insanı duygularından gözyaşı döktüren) terennümler ki neşe kadehinin parlaklığını, yanağını gül gibi (al) etsin."

Güfte, içerdiği sözleri itibarıyla yakıcı manalar taşımaktadır:

3.35. GÜLİZÂR

(Far.) Türk Musikisinde elli yedinci sırada olan bir mürekkep makamdır.

Açılsın gül gibi gülşende dilber 'işvekâr olsun

Bahâr eyyâmıdır serv-i revânım **gül-'izâr** olsun - (Priştineli Nuri Divanı, k. 3/1.)

"Sevgili, gül bahçesinde gül gibi açılıp işveler yapsın; bahar mevsimi geldi, benim salınan serviye benzeyen sevgilimin yanakları gül gibi olsun."

Gülizar, hem gül yanaklı (sevgili) hem de makamdır. Bahar eyyamında bahçede sevgilinin söylediği nağmelerin gülizar makamında olması istenmektedir.

3.36. GÜLZÂR

(Far.) Türk Musikisinde bir mürekkep makamdır.

Gülzâr olup âteş-neva kıldı ser-âgâz-ı safâ

Etdikçe mızrâb-ı saba tahrîk-i târ-ı zîr ü bem - (Şeyh Gâlib Divanı, k. 19/8.)

"Sabanın mızrabı sazların en tiz en pes tellerini yakınca (yakıcı nağmeler icra edince) gülzar, yakıcı nağmeler (ateş-neva) söyleyerek eğlenceyi başlattı."

Gülzar, hem makam hem de bahçe manasında kullanılmıştır. Gülzar (gül bahçesi), güllerle donanınca al renge boyanır. Yakıcı olması bu yönüyle ele alınabilir. Ayrıca yakıcı nağmeler icra etmesi bakımından da ateş-nevadır.

3.37. HÂNENDE

(Far.) Türk Musikisinde kadın veya erkek okuyucudur.

Ele al dâiren ey âfet-i **hânende** biraz
Bir güzel fasl idip egle dil ü canum diyerek - (İlhami/ III. Selim Divanı, g. 158/4)
"Ey baştan çıkarıcı hanende daireni eline al, bir güzel fasıl et ve gönlüm canım diyerek eğlendir."
Hanende baştan çıkarıcı güzelliktedir.

Dinle sahbâ kul-kulün sâgar tanînin gör Nedîm
Gûş kılma meclisin **hânende** vü sâzendesin - (Nedim Divanı, g. 100/4.)
"Bana şarabın kul kul sesini, kadehin iniltisini getirin, (aksi halde) ben meclisin saz çalanlarını ve şarkı okuyanlarını dinlemem."
Hanende, okuyucu manasındadır. Ancak şair Nedim, meclisin şarabını ve şarabın kadehe dökülürken çıkardığı "kul kul" sesini meclisin hanendesine tercih etmektedir.

Böyle âteş lehçe lâzımdır sühan tâ kim Nedîm
Germ-saz-ı nağme-i tahsîn ola **hânendeye** - (Nedim Divanı, g. 125/5.)
"Ey Nedim! Sözlerin insanı heyecanlandıran duygulara sahip olması lazımdır ki hanende de yakıcı nağmeler söyleyebilsin."
Hanende, ateş lehçe (yakıcı sözleri olan eserler okumak) vasfıyla öne çıkmaktadır. Nedim, güzel okuyan hanendeye, yakıcı sözleri olan şarkılar tahsin eylemiştir. Çünkü hanende, ancak kendisine ateş gibi yakıcı sözler verilirse yakıcı nağmeler okuyabilir.

Semâ-ı 'aşka gir **hânende**lik reftârını terk it
Dügâhda dem-be-dem dil neyzen-âsâ nâledâr olsun (Priştineli Nuri Divanı, k. 3/17.)
"(Ey hanende!) Aşk semaına gir, hanendelik gidişatını terk et. Gönlün, dügâh makamında sürekli inlesin."

Hanendeler, sema meydanının dışında bir mevkide konumlanarak eserlerini icra ederler. Şair, hanendenin sema dışında kalma tavrını bırakmasını ve semaın aşk meydanına girmesini söylemektedir. Ayrıca hanende, sema edenlerin dışında bir yerde durmakta, aşk meydanının dışında konuşup durmaktadır.

Güm-geşte kıldı nağmeler ol denli bezmi kim
Birbirlerine ney-zen ü **hânende** seslenir - (Şeyh Gâlib Divanı, g. 100/3.)
"Nağmeler, meclisi(mecliste oturanları) o kadar kendilerinden geçirmiş ki mecliste olan herkes ve her şey, yok gibi oldu ve mecliste sadece neyzen ve hanende birbirlerine seslenir (onların sesi duyulur) oldu."
Hanende ve neyzen bir mecliste okuyup çalmaktadırlar. Meclistekiler öyle mest olmuşlardır ki herkes ve her şey sanki yok olmuştur. Öyle ki mecliste bulunanlar, hanendenin ve neyzenin icra ettiği eserle kendilerinden geçmişlerdir.
(Ayrıca bkz. BMED, k. 2/50, rub. 21/1; İD, tmuk. 25.)

3.38. HAVÂ/HEVÂ

(Far.) Melodi. Saz veya söz müziğine ait olup hususi bir isimle belirtilmeyen parçadır.

Nevâ-pervâz-ı seyr-i âheng-i kânûn muhabbetken
Gönül bilmem nedendir âhdan gayrı **havâ** bilmez - (İbrahim Hanif Divanı, g. 151/4.)
"Kanun ahenginin seyir kanatlarının nağmesi (neva-pervazı) muhabbet, neşeli iken gönül bilmem ki nedendir ahtan gayrı terennüm bilmez."
Kanun, neşeli eserler icra ederken, gönül ah havasındandır, yani kederlidir. Burada hava gönlün içinde bulunduğu atmosferi ifade için kullanılmıştır.

Kanun, hem çalgı hem de tellerinin çokluğundan dolayı, tevhidin zıttı olan kesret anlamındadır. Ah ise tevhidi ifade eder. Kesret oyun ve eğlence iken ah hüzündür. Çünkü ayrılık, gönle ah çektirmektedir. Ayrılık bu dünyaya sürülmüş olmaktır ve hüzün bu ayrılıktan kaynaklanmaktadır. Ayrıca gönül Cenâb-ı Hakk'ın mekânı olduğu için, gönülde tevhidden gayrı bir şey bulunmamaktadır.

Hicâz semtini tut hoş-makâm ise maksad
Hevâsı râhatü'l-ervâh olur idince mürûr - (Sakıb Dede Divanı, k. 3/27.)

"Amaç hoş bir makam ise (güzel bir eser yapmak ise) hicaz semtinin yolunu tut. (Oradan) geçince havası gönle rahatlık verir."

Hicaz makamı ile yapılan bir eserin nağmeleri, havası dinleyenin gönlüne rahatlık verir.

Gâh göster **hevâ**-yı evce çıkup
Nicedür nağme-i 'ırak u 'acem - (Yahya Nazim Divanı, tb. 32-1/8.)

"Bazen evc makamının havasına çıkıp ırak ve acem makamlarının nasıl olduğunu göster."

Şair, bestekârdan evc perdelerine çıkıp ırak ve acem makamlarının nasıl olduğunu göstererek hünerini sergilemesini istemiştir. Heva, bu makamların icrasıyla peyda olacak nağmelerdir.

3.39. HİCÂZ

(Ar.) Türk Musikisinin basit makamıdır.

Ne dem o şûh-ı siyeh-çerdeye niyâz ideriz
Sadâ-yı minneti hem-nağme-i **hicâz** ideriz - (Esad Divanı, g. 93/1.)

"Ne zaman o esmer işveli (güzele) niyaz etsek, minnet sadasını hicaz nağmesi ile icra ederiz."

Hicaz, hüzünlü olması, acındırmayı ve yalvarmayı çağrış-
tırması yönüyle görülmektedir. Bir şey istemenin usulü biraz
yalvarmak, biraz acındırmaktır. Bu merhameti, acındırmayı bu
makamın üzerinden yapmak daha münasiptir.

Kûyın terâne-i 'arabân ile it tavaf
Ya'nî katâr-ı nağmeyi semt-i **hicâza** çek   -   (İzzet Ali Paşa
Divanı, g. 87/3.)
*"(Onun) mahallini, yakınını araban terânesi ile tavaf et, yani
nağme katarını hicaz semtine çek."*
Araban makamının perdeleri (sesleri) içerisinde hicaz ma-
kamının perdelerinin (seslerinin) oluşuna işaret edilmiştir. Ara-
ban makamının karar sesleri, hicaz makamının perdeleriyle
aynıdır. Dolayısıyla arabân makamının bitişi, hicaz sesleri ile
yapılmaktadır. Araban makamının perdeleri nağme katarına
benzetilmiştir. Nağme katarının hicaz semtine çekilmesi demek,
makamın seyrinin hicazın perdelerinde son bulmasıdır.

Sakın cismim yakarsın nağmeyi cânâ **hicâz** etme
Usûlüyle hakîkat semtine meyl et mecâz etme   (İlhami
III. Selim Divanı, ş. 53/3.)
*"Ey can! Hicaz nağmesini söylemekten sakın ki (yoksa) cismi-
mi yakarsın. Usulüyle hakikat semtine meylet, mecaz etme."*
Hicazın nağmeleri, yakıcıdır. Hicazın yakıcı nağmelerini te-
rennüm eden kişi ise sevgilidir. Hakikati usulüne göre aramaya
çalış, mecaza meyletme. Hakikat semti olan hicaz, aynı zaman-
da Hz. Peygamberin toprağıdır. Onu arayıp bulmaya çalış de-
mektedir.

'Acem hattıyla gûyâ kaşları tuğrâ-yı ra'nâdır
Nihâvendin gelip gitdi **hicâza** nâ-civâr olsun - (Priştineli
Nuri Divanı, k. 3/8.)
*"Sevgilinin kaşları, acem hattıyla çekilmiş latif bir tuğra gibi-
dir; o nihavent ile gelip gitti, bari hicaza komşu olmasın."*

Acem ve nihavent makamlarından sonra hicaz makamına geçki yapması mümkün değildir. Bu iki makam da hicaza komşu değildir.

Hicâz semtini tut hoş-makâm ise maksad
Hevâsı râhatü'l-ervâh olur idince mürur - (Sakıb Dede Divanı, k. 3/29.)

"Amaç, hoş bir makam ise (güzel bir eser yapmak ise) hicaz semtinin yolunu tut. (Oradan) geçince havası gönle rahatlık verir."

Hicaz makamı, ruha rahatlık vermektedir. Şair, bunu yaparken hicaz ailesinden olan râhatü'l-ervâh makamının manasından yararlanıyor. Her zaman aynı makamda kalmak sıkarken, hicaz makamının ailesinden olan râhatü'l-ervâhı kullanmak, icra edeni makamın adından da anlaşılacağı üzere rahatlatır, demektedir.

Tavâf edip ser-i sandûka-i Felâtûnu
Hicâza vardı küleng-i terâne-i tanbur - (Şeyh Gâlib Divanı, g. 57/5.)

"Tanbur terânelerinin turna kuşu, Eflatun'un türbesinin başını tavaf edip Hicaz'a vardı."

Felatun nasıl Batı medeniyetinin sembolü ise Hicaz da İslam medeniyetinin bir sembolüdür.

(Ayrıca bkz. BMED, g. 93/5; İHD, g. 340/5; PND, k. 2/9; ŞGD, mes. 3/42; YND, tb. 32-1/7.)

3.40. HİSÂR

(Far.) Türk Musikisinin en eski mürekkep makamlarından biridir.

O şeh nâz iderek yüz gösterir 'uşşâkına bir gün
Hisâr semtinde gülzâr-ı melâhat berg ü bâr olsun - (Prişti-neli Nuri Divanı, k. 3/4.)

*"O sevgili, bir gün elbette âşıklarına naz ederek yüzünü göste-
rir; o güzelliğin gül bahçesi, hisar semtinde yaprak ve meyvelensin."*

Burada hisar, bir semt olarak düşünülmüştür. Hisar semtin-
de yaprak ve meyvenin olması, nağmelerin daha güzel olması,
daha güzel icra edilmesidir. Uşşak makamı içerisinde şehnaz
makamı ile geçki yapmak, uşşak makamını güzelleştiren bir du-
rumdur. Yüz göstermek, bundan dolayıdır. Hem uşşakta şehnaz
etmesi hem de hisar perdesinde gülzarı kullanması, ona daha da
bir güzellik katmaktadır.

Negâmât ile idüp 'azm-i **hisâr**
Oldı dil sûr-i neşâta dizdâr - (Sami Divanı, mes. 3/41.)
*"Nağmelerle hisar (makamın)a yöneldik. Gönül, sevinç kale-
mizin muhafızı oldu."*

Hisar makamı, şen ve eğlendirici bir makamdır. Şenliklerin,
eğlence topluluklarının makamlarındandır.

Egerçi mâye-i nüzhet-fezâdur âhengi
Velî düşer ana nisbet **hisâr**-ı nişâbûr - (Sakıb Dede Divanı,
k. 3/28.)
*"Eğer ahengi gönül açan mayedir; işte hisar perdesinde yapı-
lan nişabur makamı, ona benzer."*

Hisar, bir perde adıdır. Mayenin bıraktığı duygu ve atmosfer
hisar perdesinde yapılan nişabur makamına benzer, demektedir.

3.41. HÛZÎ

(Far.) Türk Musikisinde bir mürekkep makamdır.

Pür-safâ itdi makâm-ı **hûzî**
Havza-i kalb-i gumûm-endûzı - (Sami Divanı, mes. 3/13.)
*"Huzi makamı, kederleri toplayan kalbimin, her tarafını (ke-
narlarını) şenlendirdi."*

Huzi makamı, şen makamlardandır. Dinlenildiğinde insana
neşe, safa verir.

3.42. HÜMÂYÛN

(Far.) Türk Musikisinin basit bir makamıdır.

Hümâyûn hâtırı olsun küşâde vakt-i nev-rûzda
Rehâvî nağmesiyle eyle tatyîb tab'-ı dildârı - (Priştineli Nuri Divanı, k. 2/11.)
"Sevgilinin huyunu rehavi makamı ile güzelleştir(diği gibi), nevruz törenlerinin açılışını hümayun (makamında) yapın, onun hatırı olsun(memnun olsun)."

Nevruz törenini hümayun ile başlatmak töreni daha da güzelleştirecektir. Hümayun makamının töreni güzelleştirmesi, rehavi makamının sevgiliyi güzelleştirmesi gibidir. "Onun hatırı olsun" demekle makam, duygu sahibi bir varlık gibi düşünülmüştür.

Nagâmât itse **hümâyûn**da karâr
Görinür bâl-i hümâ mûsîkâr - (Sami Divanı, mes. 3/15.)
"Nağmeler, hümayun makamında karar etseler (hümayun makamında bir eser söyleseler), hüma kuşunun kanatları musikar olarak görünür."

Hümayunda karar etmekle, yani hümayun makamında bir eser icra etmekle insanı alıp bir yerlere götürdüğü kast edilmektedir. Bunun için de hüma kuşunun ses benzerliğinden yararlanılmıştır.

Şerâr-ı nâleyi fevvâre-i neyden saçup 'uşşâk
Fişeng-i âh ile sûr-ı **hümâyûn** eylemişlerdir - (Şeyh Gâlib Divanı, g. 45/5.)
"Âşıklar, neyin taşkınlıklarından inleme kıvılcımlarını saçıp ah fişengi ile ederek hümayun makamını icra etmişlerdir."

Hümayun makamı, dinleyeni kendinden geçiren ve ah çektiren bir makamdır. Hümayun makamının melodileri ile neyden taşan inleme kıvılcımları ve ah fişekleri yan yana kullanılmıştır. Bu üçü arasında aynı duyguları hissettirme benzerliği kurulmuştur.

3.43. HÜSEYNÎ

(Ar.) Türk Musikisinin basit bir makamıdır.

Mutrib figân u nâle ile **hüseynî**ye çıkmasun
Lutf it getürme yâda o zevk u safâları   (Nahifi Süleyman Efendi Divanı, g. 503/3.)
"Mutrip, feryat figan ederek hüseyni perdesine çıkmasın, (sen de) lutfet, zevk ve sefaları, hatıra getirme."
Hüseyni, bir kez daha feryat figan ile yan yana gelmiştir. Şair, sevgilisiyle yaşadığı eğlenceleri hatırlatan mutriplerin eserlerinden dolayı inleyip ah etmektedir. Bu inleyişleri, hüseyni makamına kadar çıkmaktadır.

Hüseynîye irişdi nâle-i dil-sûz yine Nûrî
Cihânı rûşen itdi ol perînin tâb-ı ruhsârı - (Priştineli Nuri Divanı, k. 2/13.)
"O perinin yanağının parlaklığı (güzelliği), bütün dünyayı aydınlattığı için, Nûrî'nin yürek yakan inlemeleri, hüseyni perdesine erişti."
Hüseyni makamı, yürek yakıcı efkârın ve hüznün ifadesidir. Âşık, kendi kederini bu perdeyle ifade ediyor. Hüseyni perdesi, dil-suz makamının seslerinden biridir. Hem teknik bakımdan hem de dil-suzun yürek yakan anlamından istifade etmek bakımından birlikte kullanılmışlardır.

Dem-be-dem seyr idüp makâmâtı
Yine çeksün **hüseynî**ye görsem - (Yahya Nazim Divanı, tb. 32/1-10.)
"Ara sıra makamları seyredip yine nağmeyi hüseyniye çeksin, göreyim."
Hüseyni makamı, şairin şahsi tercihini, ona olan özel ilgisini yansıtmaktadır. Zaman zaman bütün makamları söylese bile sonuçta hüseyni makamına dönülmesini istiyor.
(Ayrıca bkz. BMED, hay. 6/2; İAPD, b. 7; İD, mus. 5/4; PND, k. 3/13.)

3.44. IRÂK

(Ar.) Türk Musikisinde bir mürekkep makamdır.

Nihâvend ü **ırâk** âhengi oldu bâ'is-i şâdî
Bu günden sonra nevbet geldi fasl-ı sıfâhâna - (Nedim Divanı, k. 17/32.)
"Irak ve nihavent makamlarının ahengi, sevincimin sebebi oldu. Bundan sonra, sıra sıfahan makamına geldi."
Irak makamı, nihavent ve ısfahan makamları gibi neşeli ve şen bir makamdır. Şair, kendi neşeli hâline münasip olarak bu makamları uygun bulmuştur.

Biz hem-reh-i sabâyuz 'uşşâk-ı bî-nevâyuz
'Azm idüp ısfahâna geşt idelüm **ırâk**ı - (Nahifi Süleyman Efendi Divanı, g. 500/5.)
"Biz saba yoldaşıyız çaresiz âşıklarız; ıraktan geçip ısfahana doğru yönelelim."
Iraktan geçip ısfahana doğru yönelelim demekle, ırak makamının ısfahan makamından önce gelişini kast etmiştir. Isfahan makamına geçebilmek için önce ırak makamında gezinelim demektedir. Çünkü ırak makamından sonra ısfahan makamına geçilebilmektedir.

Sebük-rûhân bilüp sûrâh-ı nâyı revzen-i vahdet
Irâk u ısfahânı seyr ederler râh-ı dîgerden - (Şeyh Gâlib Divanı, g. 258/5.)
"Hafif ruhlu (neşeli, şen) insanlar neyin iniltilerini, vahdet penceresi olarak bilirler. Bir başka taraftan da ırak ve ısfahan makamlarını seyrederler(icra ederler)."
Neyin iniltili oluşuna karşın ırak makamı, şen ve neşeli bir makamdır. Neyin iniltilerine karşın, ırak ve ısfahan makamlarının diğer yoldan seyretmeleri onların şen ve neşeli makam oluşlarını göstermektedir.

(Ayrıca bkz. İHD, g. 230/2, PND, k. 2/3; SDD, k. 3/26; YND, tb. 32-1/8.)

3.45. ISFAHÂN

(Far.) Türk Musikisinde bir mürekkep makamdır.

Okısun bu beyti bir nev nağme-i dil-sûz ile
Eyleyüp nâhîd âheng-i makâm-ı **ısfahân** - (İzzet Ali Paşa Divanı, mus. II/10)
"Çolpan yıldızı (Venüs), bu beyti gönlü yakan (gönle tesir eden) yeni bir nağme ile ısfahan makamında okusun."
Isfahan makamı, gönle tesir eden, gönlü yakan bir makamdır. Nev nağme ifadesinin ısfahan makamını tavsif etmesinin sebebi, ısfahan makamı ile birçok mürekkep makamın yapılmış, yani yeni nağmelerin oluşturabilmiş olmasından dolayıdır.

Gubâr-ı pâyı geldi dîde-i fikr-i Hanîfâ'ya
Be mutrib nağmeni yâ **ısfahân** et yâ hicâz eyle - (İbrahim Hanif Divanı, 340/5)
"Hanif'in fikir gözüne ayağının tozu geldi. Be mutrip sen de nağmeni ya ısfahan ya da hicaz makamında çal."
Isfahan sürmesi meşhur olduğu için burada sürmeye de telmih yapılmıştır. Fikrin gözüne toprak gelmesi, göze sürme çekilmesi anlamındadır. Gönül ısfahan makamında eser icra edilmesini istemektedir.

Isfahân olsa murabba'-beste
Çâr-bâg içre olur gül-deste - (Sami Divanı, mes. 3/11.)
"Beste (murabba-bestesi) ısfahan makamında olursa, birçok bağdan (dört bağ) gül demeti toplanmış gibi olur."
Isfahan makamında yapılan bestenin güzelliğini ifade etmek için, murabba, bağlardan toplanmış bir nadide gül demetine benzetilmiştir.

(Ayrıca bkz., NSED, g. 500/5; ŞGD, g. 258/5.)

3.46. KÂNÛN

(Ar.) Türk Musikisinde bir telli, mızraplı çalgıdır.

Virse **kânûn** safâ üzre rebâba tâbı
Cân bulup mutribe reşk eyler idi Fârâbî - (Esad Divanı, g. 190/1)
"Kanun eğlence üzre rebaba parıltı/kuvvet verse Farabi canla-
narak mutribi kıskanırdı."
Farabi'nin kanun sazını icat ettiğine işaret edilmiştir. Ka-
nunun eğlenceli nağmeleri eşliğinde hanendenin ve sazendenin
neşeli hâlini Farabi kıskanmaktadır.

Nevâ-pervâz-ı seyr-i âheng-i **kânûn** muhabbetken
Gönül bilmem nedendir âhdan gayrı havâ bilmez - (İbra-
him Hanif Divanı, g. 151/4)
"Kanun ahenginin seyrinin neva-pervazı (şarkıcısı), neşeli
iken gönül bilmem ki nedendir ahtan gayrı terennüm bilmez."
Kanun, bu beyitte iki mana ile karşımıza çıkmaktadır. Birin-
cisi enstrüman anlamında, ikincisi ise tevhidin zıttı olan kesret
anlamındadır. Kanun, tellerinin çokluğundan dolayı kesreti, ah
ise tevhidi ifade eder. Kesret oyun ve eğlence iken ah, hüzündür.
Çünkü ayrılık, gönle ah çektirmektedir. Ayrıca gönül Cenâb-ı
Hakk'ın tecelligâhı olduğu için, gönülde tevhidden gayrı bir şey
bulunmamaktadır.

Perdesi var sâzveş bir turfe şey
Lîk ne tanbûr u ne **kânûn** ne ney - (Sami Divanı, mes. 6/5)
"Saz gibi perdesi var, ne tuhaf şey, ama ne tanbur ne kanun ne de ney"
Kanun, tanbur ve ney sazları üzerinden bir sazın tarifi yapıl-
makta, çok tuhaf hâli olduğu belirtilmektedir. Ancak saz hiçbi-
rine benzememektedir.

Gehî hilâl ü gehî bedr olup huzûrunda
Terâne-sencî-i **kânûn** u çeng ider mehtâb - (Şeyh Gâlib Di-
vanı, k. 11/18)

"Kanun ve çeng, ölçülü teraneleriyle (Sultan III. Selim Han) huzurunda, bazen hilal bazen de dolunay olup (meclisi) aydınlatır."

Kanun burada meclisi aydınlatması, yani meclise zevk ve sefa vermesi ile ön plana çıkmıştır. Çeng, hilal şeklinde, ortası boş bir çalgıdır. Kanun ise dolunay gibidir, yani ortası doludur. Bu suretle kanun, dolunaya benzetilmiştir.

Nesîc-i kâkülünden eyleyenler nağme-perdâzî
Şu'â'-ı âfitâbı târ-ı **kânûn** eylemişlerdir - (Şeyh Gâlib Divanı, g. 45/11)

"Taranmış kâkülünden nağme düzenleyenler, güneşin hüzmelerinden de kanuna tel yapmışlardır."

Kanun tellerinin, hem güneş hüzmelerinden hem de sevgilinin kâkülünden yapıldığı belirtilmek suretiyle kanun telleri, güneş hüzmelerine ve sevgilinin saçına benzetilmiştir.

3.47. KÂR

(Far.) Lâdînî musikide, hem usul açısından hem makam açısından çok geçkileri olan büyük bir formdur.

Ger görürse mest-i sâgar dîde-i mestânesin
Sâz-ı nâlem bast ederdi **kâr**ının son hânesin - (İbrahim Hanif Divanı, g. 26/2)

"Eğer sarhoş kadeh, kendi sarhoş gözünü görürse, inleyen sazım, kârının son hanesini daha uzun icra ederdi."

Kâr formu, dört haneden oluşur. Hanelerin zaman açısından belli süreleri vardır. Şair, burada son hanesinin uzun icra edilmesini ifade etmiştir. Bu icra, gerek okunarak, gerekse çalınarak yapılabilir.

Hep havâss-ı bâtın ile zâhiri dem-saz idüp
Penç-gâh[73] üzre **nevâkâr**am eyâ hayrü'l-beşer   (Müsellem Ebu'l-vefa Divanı, g. 36/2)

---

73 Burada penc-gâh, neva perdesinin eski adı olması dolayısıyla neva olarak alınmaktadır.

"Ey insanların hayırlısı! Batın ve zahir ehli olan zatları, tamamen birbirine dost ettim, penç-gâh üzere nevâkarım."

Kârlar, din dışı bir form olmakla birlikte Itrî'nin nevakârı din dışı bir form olarak görülmemektedir. Nitekim Itrî'nin nevakârı birçok tekkede okunmaktadır. Itrî, nasıl din dışı form ile dinî muhtevayı birleştirdiyse, Müsellem de kendisini bu duruma benzeterek batın ile zahir ehli çekişmesini bir yana bırakıp iki tarafı kendisinde dost ediyor. Her iki tarafa da aynı gözle bakıyor. Ayrıca kârların özelliği tiz seslerden başlamasıdır. Nevakâr da önce re, sonra la'dan alır. Tiz sesler, sürekli yalvarış, yakarış sesleri olarak karşımıza çıkmaktadır. Müsellem, kendisini bu yakarış üzere görmektedir.

Tâ seher ben na'ra-i mestâne çekdüm 'ışk ile
Bezmde âgâze-senc-i **nakş** u **kâr** oldukça sen - (İzzet Ali Paşa Divanı, g. 103/7)

"Sen mecliste nakş ve kâr eserlerini icraya başladıkça ben seher vaktine kadar aşk ile sarhoşçasına naralar attım."

Mutrib mecliste nakş ve kâr eserlerini icra etmeye başlayınca, onu duyan seher vaktine kadar, terennümün etkisinden aşk ile sarhoşçasına naralar atmıştır.

3.48. KARÂR

(Ar.) Türk Musikisinde bir makamın seyrinin bitişidir. Seyrin bittiği son ses karargâhtır.

Âheng-i nâle evc-i felekde ider **karâr**
Zirâ ki perde perde makâm-ı nevâ çıkar - (İzzet Ali Paşa Divanı, g. 25/4.)

"İnleme ahengi, feleğin üstünde karar eder, zira neva makamı, perde perde çıkar."

İnleme nağmeleri, o kadar yüksek ve şiddetlidir ki evc perdesinde karar etmiştir. Çünkü evc perdesi, tiz bir perdedir. İnlemenin şiddetini ifade edebilecek perdelerdendir. Musiki tekniği açısından ise bir hüner gösterme söz konusudur. Şöyle ki, neva makamında evc perdesi kullanılır. Neva tiz re'ye evc ise daha üstteki mi perdesine karşılıktır. Neva, kendinden daha tiz olan evçte biten çıkıcı bir makamdır. Neva makamı, her zaman karar perdesiyle başlamaz. Bunu yapmak büyük ustalık ve dolayısıyla klasik formun dışına çıkabilmek hüneri gerektirmektedir.

Muhâlif itme **karâr**-ı siyâk-ı edvâre
Ki nâgeh olmayasın zâr-ı sekte-i mahtûr - (Sakıb Dede Divanı, k. 3/24)
"Musikideki kararlara (seyrin bitiş perdelerine) muhalif olma ki ansızın unutulmaya düçar olmayasın."
Bu beyitteki "karar", doğrudan "seyrin bitiş perdesi" anlamında bir musiki terimi olarak kullanılmıştır. Musikideki klasik seyrin (karar perdelerinin) dışına çıkmamalısın, aksi halde unutulmakla inlersin uyarısı yapılmakta, ayrıca klasik seyrin dışına çıkmanın usta işi olduğu ima edilmektedir.

Bulup **karâr**ını mutlak neva-yı tevhîdin
Yegâha vardı sürâg-ı yegâne-i tanbûr - (Şeyh Gâlib Divanı, g. 57/2)
"Neva makamı (tevhidin sedası), mutlak bir şekilde karar (gâh)ını bulunca tanburun benzersiz, yegâne eseri, yegâh makamına ulaştı."
Türk Musikisinde perdeli tevhitler vardır ki bazen pestten tize, bazen de tizden peste gider. Burada, perdeli tevhitten bahsedilmektedir. Perdeli tevhitler, pestte bitmez, tizde biter. Tiz sesler ise heyecanın dorukta olduğu anları, duyguları ifade eder. Önce pest sesle başlanır, tize çıkılır sonra yine pest sesle bitirilir. Beyitte geçtiği şekliyle, tanbur, neva perdesinde karar ettikten sonra bir oktav aşağıya, yani yegâh perdesine inmektedir. "La" hem agaze hem de karar sesidir.

(Ayrıca bkz. ED, nzm. 8; İAPD, g. 117/4, ş. 2/2; İHD, 178/5; PND, k. 3/31, g. 152/1; SD, k. 16/18, mes. 3/15, mes. 3/19, mes. 3/63, g. 20/8; SDD, k. 26/4; ŞGD, g. 178/4.)

3.49. KEMÂN

(Far.) Yaylı sazların en yaygınıdır. Eskiden beri Türk Musikisinde sine kemanı şeklinde mevcuttur. Keman, dört telli ve çenenin altına dayayarak çalınan yaylı bir çalgıdır.

Mecliste nağme-i bem-i mâlîden-i **kemân**
Sâyîde itdi tab'umı mânend-i çûb-sâ - (Beliğ Mehmed Emin Divanı, k. 2/19)
"Mecliste kemanın sürülen bam telinin nağmesi tabiatımı çubuk gibi eskimiş eyledi."
Kemanın çubuğun teller üzerinde sürülmesi şeklinde icra edildiği ve bundan dolayı da çubuğun eskidiği belirtilmiştir. Kendi tabiatı da kemanın nağmelerini dinleye dinleye çubuk gibi eskimiştir.

Mutrib itdükçe ser-âgâz-ı makâm-ı 'uşşâk
Rişte-i cânumı pîçîde-**kemân**ında bulur - (İzzet Ali Paşa Divanı, g. 51/7)
"Mutrib uşşak makamını yeniden ve baştan okumaya başladıkça can ipliğimi kıvrılmış kemanında bulur."
Kemanın kıvrılmış hâline işaret edilmiş ve kemanın telleri can ipliğine benzetilmiştir.

Kemânın nağmesi hoş geldi ol mehpâre nev-resden
Birisi iki kat âgâze etti birisi pesden - (İlhami/III. Selim Divanı, ş. 81/4)
"O ay yüzlü yeni yetişmekte olan sevgiliden, kemanın nağmesi ne kadar hoş geldi. Birisi (nağmesine) iki oktav yukarıdan, diğeri ise pesten başladı."

Ay yüzlü, genç bir güzel, keman çalmakta, kemanın nağmeleri ise dinleyene çok hoş gelmektedir.

Bu ol demdir ki esbân-ı neberdin perçemin mutrib
Koparup bend ede destindeki çûb-ı **kemân** üzre - (Nedim Divanı, k. 5/5)
"Bu öyle bir zaman ki mutrip, savaş atlarının yelesini koparıp elindeki keman çubuğu (kemane) üzerine bend eder."
Keman yayının telleri, savaş atı yelesinden yapılmıştır. (Bu beyit İbrahim Paşa'ya yazılmış bir kasideye aittir. Benzetmelerdeki unsurlar İbrahim Paşa'nın kahramanlığına dair olmasından dolayıdır).

Nagmene tîr-i nigeh pîş-rev olmakda meger
Mutrib ebru da **kemân**ınla hem-âheng midir - (Nedim Divanı, g. 27/2)
"Meğer bakış okların nağmene peşrev olmaktadır. Ey mutrip, kaşın da kemanınla denk midir? (kaşların da kemanın yayına benzer midir?)"
Keman, sevgilinin bakışından ilham alan mutribin çaldığı bir çalgıdır. Sevgilinin bakış okları, peşrev yapmakta; kaşı da keman yayı ile aynı ahenkte söz söylemektedir. Dolayısıyla keman, bakış oklarının nağmeye verdiği ilhamdan esinlenerek ses vermektedir.

Düyek darbeyn-i hicrân hey meded kaddim **kemân** itdi
Enîn-i âh-ı fürkat gâh 'arazbârda hezâr olsun - (Priştineli Nuri Divanı, k. 3/26)
"Ayrılığın iki darbesi, benim boyumu keman gibi iki büklüm etti; ayrılık ahlarım ve inlemelerim, bazen arazbar makamında şakıyan bülbül olsun."
Aşığın aldığı ağır darbelerden dolayı iki büklüm olan boyu kemana benzetilmiştir.

Kemân-ı sînede gül devri pîşrev mi yâhûd

Bu nağme yâd-ı izârınla âh u zâr mıdır - (Şeyh Gâlib Divanı, 76/2)

"Sinekemanda gül devri öncü müdür veyahut bu nağme yanağın yâd edilmesiyle yapılan ah ve inleme midir?"

Keman, sinekeman olarak alınmıştır. İtalyanca'da "aşk kemanı" anlamına gelen viola d'amore, göğse (yani sineye) dayanarak çalındığı için Türkler bu çalgıya sinekemanı adını vermişlerdir. Sinekemanın çaldığı nağmeler ah ve inleme sesleridir.

(Ayrıca bkz.; İD, ş. 81/2, 102/4; ND, tm. 1/10, g. 29/1, 30/2, 90/3; ŞGD, tar. 6/6, g. 37/4.)

3.50. KERRENÂY / KÜRRENÂY

(Far.) Türk Musikisinde eski bir nefesli sazdır. Nefirin ucu kıvrık şeklidir.

Cihânı kapladı âvâz-ı **kerrenây**-ı rahîl

Çekildi gitti sa'âdetle devlet erkânı - (İzzet Ali Paşa Divanı, k. 18/7)

"İrtihal borusunun sedası, bütün dünyayı kapladı. Devlet erkânı, saadetle çekilip gittiler."

Kerrenay, nefesli sazların en büyüğüdür. İlan edebilecek kuvvette bir ses gücüne sahiptir. Bu çalgı, farklı ilanlar için kullanılmaktadır. Burada bir irtihali ilan etmektedir. Çok gür sesiyle cihanı kaplamaktadır.

Gerdûna erdi debdebe-i kûs-ı şevketi

Avâz-ı **kürre-nây**-ı mülûk-ı keyân gibi - (Şeyh Gâlib Divanı, k. 13/19)

"Onun şevketli kösünün debdebesi, hükümdarların memleketlerinin kürrenaylarının sesleri gibi semaya erdi."

Hükümdarların mülklerindeki varlıkları, kerrenay ile kendini göstermektedir. Kerrenay, hükümdarların hükümdarlıklarının bir işareti olarak görünmektedir.

3.51. KÛS/KÖS

(Far.) Türk Musikisinde bir vurma aletidir. Askeri musikide kullanılmıştır.

Kahramân-übbehe kim sît-i tanîn-i **kûsı**
Gûş-i a'dâya virir velvele ser-had ser-had - (Esad Divanı, tar. 21/3)
"Ulu kahramanın (III. Ahmet) kösünün sesinin yankısı, düşman kulağına sınırlardan sınırlara şaşkınlık verir."
Kös sesinin insanda uyandırdığı korkuyu, şaşkınlığı ifade etmektedir.

Olaldan şukka-efrâz-ı livâ-yı saltanat hakkâ
Sadâ-yı **kûsı** 'adli münteşirdür kûh u hâmûna - (İzzet Ali Paşa Divanı, tar. 14/2)
"Hakikaten de bir bez parçası olan saltanat sancağı yükseldiğinden beri kösünün sedası dağlara ve ovalara adaleti yaymaktadır."
Kösün çalınıyor olması, çalındığı yerde adına çalınan devletin, dolayısıyla hükümdarın varlığını gösterir. Bu sayede hükümdarın adaleti, kösün sedasında yankılanır.

Âh-ı firâk u zâr ile sadrım döverken **kös** gibi
Nakş-ı hayâli dîdeme ol âfetin yetdi bu şeb - (İlhami/III. Selim Divanı, g. 26/4)
"Ayrılığın ahı ve inlemeriyle göğsümü kös gibi döverken o baştan çıkarıcı güzelin hayalinin sureti gözüme yetti"
Kös vurularak çalınan bir çalgıdır. Âşık sevgilisinin hasretiyle göğsünü dövmektedir. Bu dövme işini kösün dövülmesine benzetmiştir.

Sadâ-yı **kûs**-i dehşet-hîzü iclâli o sultânın
İder îrâs-ı vahşet sâkin-i mülk-i Horâsana - (İbrahim Hanif Divanı, tar. 1/14)

"O sultanın dehşet saçan kösünün sedasının azameti, Horasan mülkü oturanlarını korkutarak titretir."

Hükümranlığının azametinin sembolü olarak kös sesi verilmiştir. Hükümdarın hükümranlığının uzak iklimlere kadar uzandığını, yani kös sesinin nice uzak mesafelere hükümdarın azametini ulaştırmasını ifade etmek için Horasan kullanılmıştır.

Kûs-ı mihr ü meh çalındıkça bu nevbet-hânede
Geh ma'âş u geh libâs olup mükerrer rûz u şeb - (Şeyh Gâlib Divanı, k. 1/51)
"Bu nevbethanede (dünyada) güneş ve ay kösü çalındıkça gece ve gündüz tekrarlı bir şekilde, bazen maaş bazen de elbise olur."

Kös şekil itibarıyla güneş ve aya benzetilmiştir. Güneş ve ayın gece gündüz dönüşümüne bağlı olarak birbiri ardına çıkması tekrar tekrar kösün çalınması olarak düşünülmüştür.

Gerdûna erdi debdebe-i **kûs**-ı şevketi
Avâz-ı kürre-nây-ı mülûk-ı keyân gibi - (Şeyh Gâlib Divanı, k. 13/19)
"Onun şevketli kösünün debdebesi, hükümdarların memleketlerinin kürrenaylarının sesleri gibi semaya erdi."

Kös, debdebeli ve haşmetli bir çalgıdır. Öyle ki onun bu haşmeti ve debdebesi feleğe kadar varmıştır.

(Ayrıca bkz. BMED, k. 3/14, dmsç. 82; ED, t. 19/3; ND, k. 10/1, tar. 11/9, 46/3; PND, k. 3/5; SD, k. 4/10, 9/20; SDD, k. 25/1.)

3.52. KÛÇEK

(Far.) Türk Musikisinin en eski mürekkep makamlarından biridir.

Nagme kim bilmecedür **kûçek**den
Oldı bir şu'be ile perde-şiken - (Sami Divanı, mes. 3/30)

"Nağme, kuçek makamından bir bilmecedir. Perde kırılması ile (bir perdenin değişmesi ile) (kuçek makamı) bir şube olur."

Kuçek makamının temel melodilerinde, saba makamı vardır. Ardından hicaz beşlisi gelir. Perde kırılması ile saba makamından kuçek makamına dönüşür. Şair, burada bu dönüşümü bir bilmeceye çevirip sormaktadır.

Büzrüg ü **kûçeg**i dil-beste-i âvâzı idüp
Dillere olmış idi mâye-dih-i şevk ü garâm - (Sami Divanı, tar. 11/4)

"Aşk ve şevk mayası veren (maye makamı) büzürg ve kuçek makamlarını gönülleri bağlayan sesler hâline getirmiş, (bu sayede bu iki makam) dillere destan olmuşlardır."

Kuçek makamı, gönülleri bağlayan bir makamdır. Bu sayede dillere destan olmuştur. Bu şekilde bir makam oluşunu ise kendisine aşk ve şevk mayası veren maye makamına borçludur. Çünkü teknik olarak kuçek makamı, maye makamı ile birleşiyor ve mürekkep makam hâline geliyor.

Eyle hûnîn terâneler şeb u rûz
Dil-figârun büzürg u **kûçek** hem - (Yahya Nazim Divanı, tb. 32/1-12)

"Gece gündüz, iç kanatan teraneler söyle. Gönlü yaralayan (makamların) büzürg ve kuçektir."

Kuçek makamının hüzünlü, ağır, gözyaşı döktüren bir makam oluşuna işaret edilmektedir. Büzürg ve kuçek makamları hem mürekkep hem de inici-çıkıcı makamlardır. Büzürgte hüseyni, kuçekte de saba sesleri hâkimdir. Hüseyni ve saba hüzün hissettiren seslerdir.

3.53. KUDÛM

(Ar.) Türk Musikisinde bir usul vurma aletidir. Bilhassa Mevlevihanelerde, bazen diğer tekkelerde, nadiren din dışı musikide kullanılmıştır.

Pâsban verdi **kudûm**iyle cevâb eyleyene
Ramazan geldi mi âyâ diyerek istifhâm - (Nedim Divanı, k. 9/5)

"Bekçi acaba Ramazan geldi mi diyerek soranlara, kudümüyle cevap verdi."

Kudüm, geleneksel olarak Ramazan ayının gelişini haber vermek için kullanılmaktadır. Bunu da o dönemin mahalle bekçileri yapmaktadır.

Halka-i ağyârda Sâkıb açılmaz ol azîz
Gonca-i câvîd-i gülzâr-ı emânetdür **kudûm** - (Sakıb Dede Divanı, k. 25/40.)

"Ey Sakıp, o aziz ağyar halkasında açılmaz. Kudüm, ebedî gül bahçesinin emaneti olan tomurcuktur."

Kudüm, tek parça olması ve üst tarafının geniş, alt tarafının aşama aşama ince oluşu itibarıyla goncaya benzetilmiştir. Gonca, vahdeti simgeler; gül, kesreti simgeler. Gül, bütün sırları faş etmiştir. Goncanın ağzı kapalıdır, sırları faş etmez. Kudüm de gonca gibi ehli olmayanın (ağyar) yanında sırları ifşa etmez.

Nâlesi sâkî vü cirmi bâde-i 'ışka kadeh
Bî-mehâbâ neş'e-fermâ turfe-âfetdür **kudûm** - (Sakıb Dede Divanı, k. 25/6.)

"Kudüm, inlemesiyle saki, bedeniyle aşk kadehidir. Heybetiyle neşe veren şaşılacak güzelliktedir."

Kudüm sesiyle saki bedeniyle de aşk şarabının kadehidir. Dehşetli ve heybetlidir aynı zamanda neşe veren şaşılacak güzellikte bir çalgıdır.

Peyrev-i reftâr-ı mevzûnı ney ü çeng ü rebâb
Vaz'ı düstûrü'l-amel ehl-i sınâ'atdür **kudûm** - (Sakıb Dede Divanı, k. 25/15.)

"Ney, çeng ve rebab ölçülü yürüyen takipçilerdir. Kudüm doğru işleri vaz eden sanat ehlidir."

Kudüm bir usul çalgısıdır. Diğer çalgılar kudüme göre ölçü tutarlar. Dolayısıyla kudümün dışındaki çalgılar kudümün ölçüsünün takipçileridir. Kudüm ise kendisi takip edilen bir sanatkârdır. Kudümün doğru amelleri vaz etmesi özellikle Mevlevîlikte kullanılması sebebiyledir.

Anda hatm oldu fünûn-ı hikmet-i tâk u tarem
Haliyâ üstâd-ı edvâr-ı nezâketdür **kudûm** - (Sakıb Dede Divanı, k. 25/17.)

"Kubbe ilminin hikmeti onda tamamlandı. Hâliyle kudüm, nezaket musikisinin üstadıdır."

Kudüm şekil itibarıyla iki yarım daireden oluşmuştur. Kubbe ise bir yarım dairedir. Dolayısıyla kudüm, iki kubbeyi birleştirmiş ve noksanlığı kendisinde tamamlamıştır. Ayrıca kudüm musiki üstadıdır.

Güft ü gûyı ber-taraf itmiş zemîn-i bezmden
Râh-ı seyl-i fitneye sedd-i zarâfetdür **kudûm** - (Sakıb Dede Divanı, k. 25/20.)

"Kudüm meclisten dedikoduyu ortadan kaldırmış, şiddetle gelen fitnenin yoluna zarif bir settir."

Kudüm meclisten dedikoduyu kaldırmış, dedikodu sebebiyle de ortaya çıkacak olan fitne selinin yoluna çok zarif bir set olmuştur.

Dergâh-ı Mevlevî ki aceb aşk-hânedir
Nây u **kudûm**-ı velvele-sazı şehânedir - (Şeyh Gâlib Divanı, g. 53/1.)

"Mevlevi dergâhının aşk yeri olmasında bir tuhaflık yok. Velveleli ney ve kudüm, şehanedir (padişaha yakışır/çok güzeldir)."

Velvele yapmak, ney ve kudümü daha da renklendirmekte, onları padişahlara yaraşır bir hale getirmektedir.
(Ayrıca bkz. BMED, g. 18/6; İAPD, k. 12/5; İHD, g. 274/6; ND, k. 7/16, 9/5; SDD, k. 3/65, 3/66, 8/7, 6/163, 9/27, 9/98, 11/14, 13/28, 19/52, m. 5/1-2, 6/14-2; ŞGD, k. 15/9.)

3.54. KÜRDÎ

(Far.) Türk Musikisinin basit makamıdır.

O yârin mûların temsîl iderdim sünbüle ammâ
O **kürdî** dilberi vâkıf ider esrâra ağyârı - (Priştineli Nuri Divanı, k. 2/5.)

"O sevgilinin saçlarını, sünbüle benzetirdim (sünbüle makamı ile anlatırdım); ama o Kürt güzelinin rakibe bu sırrı açmasından korkuyorum."

Kürdi makamı, sünbüle-kürdi olarak da kullanılmıştır. İki basit makam olan muhayyer ve kürdi makamlarının birleşmesi ile sünbüle-kürdi olmakta ve mürekkep bir makam hâline gelmektedir. Şair saçı sünbüleye benzetirken sünbüle-kürdi kullanımından istifade ile sevgilisini kürdi güzel olarak tanımlamaktadır. Kürdi dilberin sırrı ifşa etmesi demek, başka bir makamla yan yana gelmesi demektir. Yani kürdi makamı sırları ifşa eden bir sevgilidir.

O **kürdî** dilberi nâz u niyâzda hîç usul bilmez
Muhâlifdir anın etvârı kânûna şümâr olsun - (Priştineli Nuri Divanı, k. 3/14.)

"O Kürt güzeli nazlanma usulünü bilmez, onun tavrı kanuna aykırıdır, (bu tavrı kanuna) yazılsın (böyle bilinsin)."

Kürdi, naz ve işve usulünü bilmeyen bir kürt güzelidir. Kürdi makamının kendine has bir özelliği vardır. Kendine mahsus kurallarının olması, onun tavrının aykırı (muhalif) olması olarak yorumlanmaktadır. Teknik olarak da muhalif makamı ile kürdi makamı arasında benzerlik yoktur.

Bi't-tabi' zemzeme-i **kürdî**den
Hazz ider nerm karârın işiden - (Sami Divanı, mes.3/19.)

"Elbette, yumuşak kararını işiten, zemzeme-i kürdiden hoşlanır."

Kürdi, bir makam adı olarak geçmektedir Yumuşak karar ile işaret ettiği ses la perdesidir. Yumuşaklık, kolaylıkla söylenebilen bir ses oluşundan dolayıdır.

3.55. MÂHÛR

(Far.) Türk Musikisinde takriben altı buçuk asırlık bir şed makamdır.

Herkesin izzeti nisbetle olur hasletine
Perdesin bulmayıcak nağme-i **mâhûr** olmaz - (İbrahim Hanif Divanı, g. 150/6.)
"Herkesin kıymeti ahlakına göre olur, perdesini bulmadan mahur nağmesi olmaz."
Mahur makamı, mahurun kendi perdeleri bulunmadan yapılmaz denmektedir. Aslında bu her makam için geçerli olan bir durumdur ama burada mahur makamı için söylenmiştir.

'Aceb **mâhûr**da meyl itmez nihâvend tâzesi ammâ
'Acemdir söylemek hâcet degildir mâye-i yâri - (Priştineli Nuri Divanı, k. 2/12.)
"O nihavent semtinin tazesinin mahura meyletmesi, şaşılacak şeydir; o sevgilinin aslının İranlı olduğunu söylemeye gerek bile yoktur."
Mahur ve nihavent, şed makamlardır. Mahur, çargâhın; nihavent ise buselik makamının şeddidir. Birbirlerine benzemezler, yani nota seyirleri farklıdır. Beyitte mahur makamının nota seyrinin nihavent makamından farklı oluşu, mahurun nihavende meyletmemesi ve bunda şaşılacak bir durum olmaması şeklinde yorumlanmıştır.

Nevâ-yı nâle-i uşşâka râst pey-rev olup
Sabâ-yı seyrini eyle muhayyer ü **mâhûr** - (Sakıb Dede Divanı, k. 3/23.)

"Rast, âşıkların inleme seslerine tabi olup izinden gitmiştir. Saba seyrini, muhayyer ve mahur eyle."

Neva ve uşşak makamları, la'dan başlarken rast makamı sol'den başlar. Sol, la'dan daha alt notadır. Bu durum rastın neva ve uşşak makamlarına tabi olup onların izinden gitmesi olarak yorumlanmıştır. Saba makamının mahur perdesine kadar çıkması, makamın tiz durağının mahur perdesi olacağı hakkında bize kuvvetli bir ipucu vermektedir.

(Ayrıca bkz. PND, k. 3/14, 3/29; SD, mes. 3/7.)

3.56. MAKÂM

(Ar.) Bir durak ile bir güçlünün etrafında onlara bağlı olarak bir araya gelmiş seslerin umumi heyetidir.

Musikide hele bir perdede üstâd idi kim

Zühreye kâdir idi itmege ta'lîm-i **makâm** - (Sami Divanı, tar. 11/6.)

"Musikide, hele bir perdede öylesine üstat idi ki Zühre'ye makam öğretme gücü vardı."

Maharet, sadece bir makamda üstat olmak değil, herhangi makamda veya perdede sesi yakalamak ve onunla eser icra edebilmektir. Aniden başka bir perde veya makama geçmek hünerini göstermek, herkesin yapabileceği bir ustalık değildir. Onun için taksim gereklidir. Taksim olmadan doğrudan geçmek, maharet gerektirir. Makamı talim ettirecek derecede üstat olmak bu manada kullanılmıştır.

Kanda olursa bulur dest-res-i hoş-**makâm**

Mahrem-i râz-ı semâ' oldu usûliyle def - (Sakıb Dede Divanı, g.103/6.)

"Nerede olursa olsun, o hoş makamı ele geçirir, makam geçkilerini çok güzel yapar. Defin usulüyle olması (usul vurmasıyla), semaın sırrına mahrem oldu."

Makam, hoş ifadesi ile nitelendirilmiştir. Bu ise defin makamları güzel icra etmesine işarettir. "Defin çaldığı usulle bütün gizli sırlar, açığa çıkar, duyulur" ifadesinden hareketle, esrârın makamlarda mündemiç olduğu da anlaşılmaktadır.

Yoluyla keşf olunur perde-i **makâmât**ı
Terane tekyesidir âsitâne-i tanbûr - (Şeyh Gâlib Divanı, g. 57/7.)
"Makamların perdelerinin yerleri, kendisiyle belirlenir. Tanburun eşiği, nağme tekkesidir."
Makamları karakterize eden perdelerdir. Tanburun perdelerinin çok açık ve net oluşu gibi bazı yapısal özelliklerinden dolayı, makamların en iyi tanburda keşfolunmasını, kolay anlaşılmasını ifade etmektedir.

(Ayrıca ND, k. 35/5; İD, ş. 92/3; İHD, g. 178/5, rub. 19; PND, k. 3/11; ŞGD, tar. 6/6, 14/14; SD, k. 11/14, 16/18, tar. 24/7, mes. 3/13, 3/28; SDD, k. 3/27, 25/2, 26/12, g. 139/21; YND, k. 11/55, tb. 32-1/10; İAPD, mus. 1-2/10, g. 25/4, 51/7, 117/4, 129/8; FD, tar. 33/5; BMED, tar. 1/15.)

3.57. MANSÛR (PERDE)

(Ar.) Türk Musikisinde, diyapozon lâ'sını dügâh olarak alan ahenktir.

Târ-ı kemânı perde-i **mansûr**a çekmişim
Âheng-i saz u nâle-i pür-hûna uymuşum - (Şeyh Gâlib Divanı, g. 206/3.)
"Kemanın telini mansûr perdesine çekmişim, kanlar içinde inleyen sazın ahengine tabi olmuşum."
Mansur (la) temel bir sestir. Diyapozon sesidir. Akort buna göre yapılır. Hatta bütün telli sazlarda akort, la sesine göre yapılır. Çünkü la sesi, yerinde kabul edilen temel bir sestir. Yerinden okunamayacak durumlarda, perdeler daha alttan ya da daha üstten okunur. Sazın çaldığı eser hüzünlü, kederli olduğu için saz, kan revan içinde gösterilmiştir. Mansur isminden de mülhem öyle bir ifadeye gidilmiştir.

3.58. MANSÛR (NEY)

(Ar.) Türk Musikisinde, diyapozon la'sını dügâh olarak alan ahenk esasına dayanan ney çeşididir.

Sadâ-yı hüsn ü ânı tutdu dehri **şâh-mansûr**un

Çalınsın kûs-ı 'işve hüsn ile şöhret-şi'âr olsun - (Priştineli Nuri Divanı, k. 3/5.)

"Şah-mansurun sedasının güzelliği, bütün zamanı/dünyayı tuttu (dünyaya yayıldı). İşve kösü, çalınsın; (şah-mansur da) güzelliğiyle şöhret bulsun."

Şah-mansurun ünü, sadasının güzelliğiyle bütün dünyaya yayılmıştır. Ayrıca şah-mansur için, ünü tüm dünyayı kaplamış bir padişah benzetmesi yapılmıştır. Nitekim kös bir padişahın hüküm sürdüğü yerlerdeki hâkimiyetinin nişanesidir. Bu sayede, şah-mansurun güzelliği de yine bir padişahın hükmünün ilanı, heybetinin nişanesi gibi kösle yapılmaktadır.

Neva-yı 'aşk ile nây-ı gelûsu **mansûr**un

Makâm-ı dâra münâsib terâneler söyler - (Şeyh Gâlib Divanı, g. 51/5.)

"Mansur neyinin boğazı (nefesi) aşk sedasıyla dar makamına (darağacına) münasip nağmeler söyler."

Mansur neyden hareketle, Hallac-ı Mansur'a atıfta bulunulmuştur. Asılırken çıkarılan sese işaret edilmiştir.

Edvâr-ı nevâ-yı gam pervânede kalmışdır

Mansûr o peşrevden ser-hânede kalmışdır - (Şeyh Gâlib Divanı, g. 59/1.)

"Gam sadasının dönüşleri, pervanede kalmıştır. Mansur, o peşrevin ilk hanesinde kalmıştır."

Bütün formlar, dört hanedir. Peşrev de dört hane olur. Mansur neyin ser hanede kalması, ilk hanede kalması demektir. Mansur, temelde kalın, ağır başlı bir yapıya sahiptir. İlk hanede, tiz sesler yer almaz. Mansurun ilk hanede kalması, bundan dolayıdır.

3.59. MÂYE

(Far.) Türk Musikisinde bir mürekkep makamdır.

'Aceb mâhûrda meyl itmez nihâvend tâzesi ammâ
'Acemdir söylemek hâcet degildir **mâye**-i yâri - (Priştineli Nuri Divanı, k. 2/12.)

"O nihavent semtinin tazesinin mahura meyletmemesi şaşılacak şeydir; ama sevgilinin aslının İranlı olduğunu söylemeye gerek bile yoktur."

Nihavent makamının İran kaynaklı bir makam oluşunu ifade etmek için maye kelimesinin sözcük anlamından yararlanılmıştır.

Büzrüg ü kûçegi dil-beste-i âvâzı idüp
Dillere olmış idi **mâye**-dih-i şevk ü garâm - (Sami Divanı, tar.11/4.)

"Aşk ve şevk mayası veren (maye makamı) büzürg ve kuçek makamını, gönülleri bağlayan sesler hâline getirdi; onlar (bu sayede), dillere destan oldular."

Maye makamı, ses benzerliğinden istifade ile "kimyasal değişiklik sağlamak için kullanılan madde" anlamına gelen "maya" kelimesine benzetilmiştir. Maye makamı, büzürg ve kuçek makamaları ile ayrı ayrı birleşerek mürekkep makamlar hâline gelir. Büzürg ve kuçek makamlarının, mürekkep makam olmalarının temelinde, maye makamı vardır. Yani maye onların mayasıdır.

Egerçi **mâye**-i nüzhet-fezâdur âhengi
Velî düşer ana nisbet Hisâr-ı Nişâbûr - (Sakıb Dede Divanı, k. 3/28.)

"Mayenin ahengi, gönülleri açar, ferahlatır. Hisar perdesinde yapılan nişabur makamı, ona benzer."

Maye makamı, gönülleri açıp ferahlatmaktadır. Mayenin bıraktığı duygu ve atmosfer, hisar perdesinde yapılan nişabur makamının oluşturduğu etkiye benzetilmektedir.

3.60. MEŞK

(Ar.) Musikide meşk, bir üstat tarafından musiki parçasının tedricen çalınması ve okunması suretiyle talebeye talim ettirilmesi demektir.

Şeb-tâ-sabah nâlelerüm nâya **meşk** ider
Âhum terâne-i tenedür nâya **meşk** ider - (İzzet Ali Paşa Divanı, g. 46/1.)
"Bedenin teranesi olan ahım, geceden sabaha kadar neye (terennümü meşk eder) öğretir."
Sabaha kadar süren inleme seslerim, neye inleme nağmelerini öğretmektedir.

Bakup o şûh ile nâz u niyâz **meşk** ideriz
Gülün tebessümüne bülbülün terânesine - (Nedim Divanı, g. 123/3.)
"O işveli (sevgili) ile gülün gülüşüne, bülbülün nağmesine bakıp naz ve yalvarma öğreniriz."
Sevgili ile âşık, gülün tebessümünden, bülbülün teranesinden talim (meşk) etmektedirler. Sevgili, gülüşünü gülden, âşık ise yalvarmasını bülbülden meşk etmektedir.

Sad mîh-i tîr-i hicr ile bu sîne-i harâb
Meşk-i figâna tahta-i santûrdur bana - (Şeyh Gâlib Divanı, g. 1/9.)
"Ayrılığın yüzlerce oku ile bu harap (olmuş) gönül, benim için feryat figan talimine tahtadan santurdur."
Meşk, santur olmuş harap gönülden feryat figan etmeyi öğrenmek anlamında kullanılmıştır. Göğüs, şekil itibarıyla benzerliğinden dolayı santura benzetilmiştir. Gönül, santur üzerinde ah etmeyi öğrenmektedir.
(Ayrıca bkz. BMED, tar. 1/15, g. 145/1; ED, k. 5/34, g. 139/6; İAPD, g. 46/1; ND, tm. 6/3, g. 125/3; SD, k. 2/45, g. 29/5; ŞGD, k. 30/13, g. 100/4, 246/2.)

3.61. MEYÂN/MİYAN

(Far.) Türk Musikisinde, musiki eserlerinin orta hanesidir ki esaslı geçkiler orada yapılır ve ekseriya tiz seslerde dolaşılır. "Miyan açmak", bir musiki eserindeki ana geçkiye başlamaktır.

Şedd-i **miyân**ı cilveden etdi belî makâmına
Masraf-ı âha sînede kalmadı mâye n'eyleyim - (Şeyh Gâlib Divanı, g. 232/2.)
"Mutlaka (belî) cilveden dolayı (aşk ile kendinden geçmeyle) miyanın şeddine (çok tiz seslerde söylenmesi) yükseldi. Ah etmek için gönülde takat kalmadı, elimden ne gelir?"

Meyan bir eserin üçüncü mısrasıdır. Bir, iki ve dördüncü mısrada makamın teknik bilgileri uygulanır. Esas maharet, tiz sesler kullanılarak meyânda gösterilir. Tiz sesler kullanılan meyanda bir de şed yapabilmek, meyandaki tizden daha tiz bir sese geçmektir ki bu, çok zor bir icradır. Ayrıca meyanın şeddi ile tasavvufî anlamda bir cezbe hâlinden bahsedilmektedir. Normalde tiz olan melodilerin daha tiz icrası ile gönlün çok yüksek ve şiddetli inlemeler ve ah çekmeler ile yorulduğu ve artık ah etmeye dahi takat yetiremediği ifade edilmiştir. Ayrıca meyan, tasavvufta marifet hâlidir ki esas olan makam da budur.

3.62. MIZRÂB

(Ar.) Vurmalı çalgılarda, tele vurmaya yarayan nesnedir.

Olmasa nâleleri gûş-hırâş-ı zühre
Târ-ı tanbûr yemezdi bu kadar **mızrâb**ı - (Esad Divanı, g. 190/2)
"Zührenin kulak yırtıcı (devamlı ve yüksek sesle) inlemeleri olmasaydı tanbûrun teli bu kadar mızrab yemezdi.(mızrab tanbûrun teline bu kadar çok vurmazdı.)"

Mızrabın tanburun tellerine daha hızlı ve arka arkaya vurmasının sebebi zührenin kulak yırtıcı, (heyecanlı ve tiz) sesleri sebebiyledir. Mızrab, zühreden aldığı heyecanlı ve tehevvürlü hâli ile tanburun tellerine vurmuş ve aşınmıştır. Yani tanburun teli, mızrabı yemiştir.

Bu demde nağme-i **mızrâb** lagziş-i pâdur
O denlü oldı çü yah-beste-râh târ-ı rebâb - (İzzet Ali Paşa Divanı, g. 7/3.)
"Rebabın teli, buz tutmuş yol gibi olduğu için, mızrabın çaldığı nağmelerin, o anda ayakları kaymaktadır."
Mızrabın eser icra ederken hızlı hareket etmesi, ayaklarının kayması olarak yorumlanmıştır.

Nâz etme nev-civânsın şevkile dolsun cihân
Mutribâ tanbûruna **mızrâb**ı ur şıkır şıkır - (İlhami/ III. Selim Divanı, muk. 20/1)
"Naz etme sen, gençsin, dünya şevk ile dolsun. Ey mutrip, tanbûruna mızrabını şıkır şıkır vur."
Mızrap asli anlamıyla kullanılmıştır. Mızrabın vurmasıyla çıkan nağmelerle dünya şevk ile dolacaktır.

Mızrâbda mı çûbda mı mûda mı te'sîr
Zâhid bunı fehm it ko yeter kîl ile kâli - (Sami Divanı, mus. 9/VIII-7.)
"Tesir, mızrapta mı, çubukta mı, tel(kıl)de midir? Ey zahid, bunu anla ve artık dedikoduyu bırak."
İcra edilen eserlerin, çalınan çalgıların efsunlu oluşunun sebebi bizzat mızrapta, telde değildir. Diğer aletler gibi mızrap da bir vasıtadır. O derin duyguların asıl kaynağı değildir.

Sûret-i kâse-i tanbûra dönüp kûh-ı girân
Tîşe **mızrâb** u reg-i seng olur evtârı - (Sami Divanı, k. 8/11)
"Büyük, eski dağ, tanburun kâsesine (gövdesine) benzeyince balta mızrap ve taşın damarı da tanburun telleri olur."
Mızrap baltaya, taşın damarları da tanburun tellerine benzetilmiştir. Nasıl ki tanburun kâsesinin tellerini mızrap parçalar-

sa, tanburun gövdesine benzeyen dağların tellere benzeyen taş damarlarını da balta parçalar. Bir nevi burada dağ, tanburdan ilham alıyor ve damarlarına benzeyen taşlarını mızraba benzeyen baltayla parçalıyor.

Hem-vâre mevc-i nağmesi medh ü senâsıdır
Tanbûr edince lûle-i **mızrâbı** selsebîl - (Şeyh Gâlib Divanı, k. 21/17)
"Tanbur, mızrabın lülesini (musluğunu) cennet çeşmesi/ırmağı edince, her zaman nağmesinin dalgası, övgü ve sitayiş olmuştur."
Mızrap, çeşmenin musluğu, tanbur ise çeşme gibidir. Mızraptan akan su, cennet çeşmesindendir. Yani cennet sırlarıdır. Şairin Şeyh Gâlib olması hasebiyle çeşmeden gelen sırlar, aynı zamanda Cenab-ı Hakk'ın rızasını kazanıp cennette olanlardan (Mevlana vs) gelen feyizler olarak da anlaşılabilir.

Cismümi pür-sûziş-i nâle ney-i bezm-i cünûn
Cânumı **mızrâb**-ı saz-ı mihnete târ eyledi - (Yahya Nazim Divanı, k. 30/19)
"Mecnunlar meclisinin neyi, bedenimi baştan aşağı yakıcı bir inleyiş hâline getirdi, canımı ise keder sazının mızrabına tel eyledi."
Mızrap, çıkardığı nağmeler açısından kederli, mihnetlidir. Mızrap dendiğinde ilk akla tanbur gelir. Tanbur, kalıp olarak ağır bir sazdır. Ney, kolay taşınırken, tanbur taşıma yönüyle külfetlidir. Bu yönleriyle de mızrap, mihnetli bir saza mızrap olmuştur.

(Ayrıca bkz. ND, g. 102/2; PND, k. 3/29; SD, tar. 11/10, g. 94/6; ŞGD, k. 19/8.)

3.63. MUGANNÎ

(Ar.) Teganni eden sanatkâr.

Teselsül-i nagâmât eyle ey **mugannî**-yi şûh
Ki kat' olur nagâmât ile râh-ı dûr-ı hicâz - (Beliğ Mehmed Emin Divanı, g. 93/5)

"Ey işveli muganni, nağmelerini arka arkaya terennüm et ki hicazın uzak yolu, nağmeler ile kısalır."

Muganni, işveli ve cilveli bir karakterdedir. Şair, muganniden arka arkaya terennüm etmesini istemektedir.

Devr usûliyle ser-âgâz ideli mutrib-i çerh
Gelmedi hoş-nefes böyle **mugannî**-yi be-nâm - (Sami Divanı, tar. 11/8)

"Feleğin sazendesi devr usulüyle nağmeye başlayalı, böyle güzel sesli, namlı bir muganni gelmedi."

Feleğin sazendesi devr usulüyle nağme terennümüne başlamış ve o zamana kadar gelen bütün mugannilerden daha iyi söylemiştir ki kendisi gibi güzel sesli ve şöhretli bir muganni görülmemiştir.

Ger **mugannî** ide âheng-i sabâ
Devha-i dilde olur gonçe-güşâ - (Sami Divanı, mes.3/26)

"Muganni, eğer saba makamında (eser) söylerse, gönül ağacında açılmış gonca olur."

Muganni, eğer saba makamında nağmeler terennüm ederse gönülde çok büyük bir yere sahip olacaktır.

3.64. MUHÂLİF

(Ar.) Türk Musikisinin en az beş buçuk asırlık bir mürekkep makamıdır.

O Kürdî dilberi nâz u niyâzda hîç usûl bilmez
Muhâlifdir anın etvârı kânûna şümâr olsun - (Priştineli Nuri Divanı, k. 3/14)

"O Kürt güzeli, nazlanma usulünü bilmez, onun tavrı kânuna aykırıdır, (bu tavrı kanuna) yazılsın (böyle bilinsin)."

Kürdi, basit bir makamdır. Muhalif ise mürekkep makamdır. Birbirleri arasında teknik olarak benzerlik yoktur. Kürdi makamının kendine mahsus kurallarının olması, muhalif makamının kurallarına aykırı olması olarak yorumlanmaktadır.

Pîr-i çengî-i **muhâlif**-negamât-ı gerdûn
Saz-kârında komaz kimsenün âheng-i nizâm - (Sami Divanı, tar. 11/11)
"O (Müezzin Çelebi), feleğin insanın işine gelmeyen işlerinin usta çalgıcısıdır ki hiç kimsenin nizam ahengini, kendi düzeninde bırakmaz, altüst eder."

Muhalif ve sazkâr, mürekkep makamlardır. Ancak teknik olarak aralarında aykırılık mevcuttur. Muhalif makamında nikriz, segâh; sazkârda ise segâh ve rast vardır. Kendi ustalığını anlattığı bu şiirde Müezzin Çelebi, muhalif makamını icra ederken feleğe ait nağmeleri duyuran, hissettiren bir saz üstadıdır.

Bir **muhâlif** negâm ile ne 'ırâk
Pür olur küngüre-i seb'-tıbâk - (Sami Divanı, mes. 3/52.)
"Bir aykırı nağme (muhalif) ile ne ırak ne de yedi tabakanın en tepesi dolar."

Muhalif makamında ırak makamının perdeleri kullanılmasına rağmen bu makamın ırak makamını ihata edemeyeceği, yani tamamen aynı perdeleri kullanmayacağı ifade edilmektedir. Diğer yandan uygun olmayan bir nağme ile ne ırak ne de yedi kat gökyüzü dolmaz denilmektedir. Uygun olmayan nağme, hakkıyla söylenmeyen bir eser olarak da anlaşılabilir. Böyle bir nağme, hiçbir yerde kabul görüp kendine yer açamaz.

3.65. MUHAYYER

(Ar.) Türk Musikisinde basit bir makamdır.

Ger **muhayyer**de idersen cânâ
Bûselikden gelür 'uşşâka sadâ - (Sami Divanı, mes. 3/47.)
"Ey sevgili, muhayyer makamını kullanacak olursan, bil ki uşşak makamına nağme buselikten gelir."

Uşşak ve buselik, basit ve birbirlerine teknik olarak çok yakın makamlardır. Muhayyer, uşşak makamını temel alan basit bir makamdır. Uşşak makamında buselik seslerini kullanarak muhayyer makamı elde ediliyor.

İtme dildâra **muhayyer**de niyâz
Çıkmasun sünbüleye çak âvâz - (Sami Divanı, mes. 3/50.)
"Kalbi hükmü altında tutan sevgiliye muhayyerde yalvarıp yakarma, (tize çıkmasından dolayı) parçalanmış, çatlamış sesin sünbüleye çıkmasın."

Muhayyer terimi, beyitte perde adı olarak kullanılmıştır. Sünbüle, arıza almış tiz la'dır. Sevgiliye yalvarma, yakarma tiz seslerle olmaz. Daha yumuşak, daha yalvarıcı sesler kullanılmalıdır. Şair, muhayyerde (bağırarak, tiz bir sesle) yalvarma, hele daha yukarılara (sünbüleye) sakın çıkma demektedir.

Nevâ-yı nâle-i 'uşşâka râst pey-rev olup
Sabâ-yı seyrini eyle **muhayyer** ü mâhûr - (Sakıb Dede Divanı, k. 3/23.)
"Rast, âşıkların inleme seslerine tabi olup izinden gitmiştir. Saba seyrini, muhayyer ve mahur eyle."

Saba makamının muhayyer perdesine kadar çıkması istenmektedir. Bu durum, saba makamının tiz durağının muhayyer perdesi olacağı hakkında bize kuvvetli bir ipucu vermektedir.

Evc-i istignâdan etmez vermez 'uşşâka karâr
Sünbüle bir bestedir ammâ **muhayyer** perçemin - (Şeyh Gâlib Divanı, g. 178/4.)
"Yüksek istiğnadan (dolayı) uşşak (makamında) karar etmez. Müstağni olsa da sünbüle (makamı) bir tutamdır ama muhayyer (o tutamı da kapsayan) perçem (gibi)dir."

Bir bestede, sünbüle makamında muhayyer geçkisi yapılmıştır. Şair, bundan dolayı sünbüle makamını bir tutama, muhayyer makamını ise sünbüleyi de içine alan perçeme benzetmiştir.

(Ayrıca bkz. ED, g. 40/3; PND, k. 2/6, 3/18; SD, k. 11/14, mes. 3/46; ŞGD, ş. 1/5, g. 146/2)

3.66. MURABBA (BESTE)

(Ar.) Bugün beste denilen formun Türk Musikisindeki eski adıdır.

Isfahân olsa **murabba'**-beste
Çâr-bâg içre olur gül-deste - (Sami Divanı, mes. 3/11.)
"Beste (murabba-bestesi) ısfahan makamında olursa, birçok bağdan (dört bağ) gül demeti toplanmış gibi olur."
Murabbaya, önce murabba-beste sonra beste denmiştir. Isfahan makamında yapılan bestenin güzelliğini ifade etmek için, murabba, bağlardan toplanmış bir nadide gül demetine benzetilmiştir.

Çârgâh oldı hoş-âyende makâm
Her **murabba'** olur anunla be-nâm - (Sami Divanı, mes. 3/28.)
"Çargâh, kendisiyle her dörtlünün (murabba) meşhur olacağı, kulağa hoş gelen bir makamdır."
Her murabbanın çargâhla ünlü olması, birçok eserin onunla yapılmış olmasındandır. Ayrıca çargâh dörtlüsü arıza almadığı için kulak, bu makamların seslerini çok rahat seçer. Murabbaların onunla meşhur olması, bu yönüyle de anlaşılabilir. Ayrıca bestekârlar arasında, çargâh makamının dini bir meziyet ve büyüklük taşıdığı bilinmektedir. Bu da onunla bestelenen eserlerin şöhret bulmasında etkin rol oynayabilir.

3.67. MÛSIKÎ

(Ar.) Ses üzerinde kurulmuş bir sanattır. Güzel sanatların en mühim ve en güçlülerinden biridir.

Belîg kopçasını divşür agzınun zîrâ
Cihânda şimdi geçer **mûsıkî** yerine sükût - (Beliğ Mehmed Emin Divanı, g. 22/6.)
"Ey Belîğ (artık) ağzını kapat, çünkü şimdi dünyada sükût, musiki yerine geçmektedir."
Sükûtun güzelliğini vurgulamak için kullanılmıştır. Sükûtun güzelliği, musikinin güzelliği gibidir.

Olur ey zâhid-i bî-tâb' u mezâk
Mûsıkîden mütelezziz 'uşşâk - (Sami Divanı, mes. 3/12)
"Ey zevksiz zahid, âşıklar musikiden lezzet alırlar."
Musikiden zahidlerin değil âşıkların zevk aldıkları belirtilmiştir.

Mûsıkî râhatü'l-ervâh oldı
Rûh her kâleb-i eşbâh oldı - (Sami Divanı, mes. 3/44.)
"Musiki ruhlara rahatlık verdi. Ruh her kalıba benzer oldu."
Musiki ruha rahatlık vermektedir. Ruh ise musikinin tesiriyle kalıptan kalıba girmektedir.

Ola yâhûd riyâziyyâta dânâ
Ki bülbül **mûsıkî**yi eyler icrâ - (Şeyh Gâlib Divanı, mes. 4/30.)
"Riyaziyat (matematik) ilminde bilgin olmalı ki, bülbül gibi musikiyi icra edebilmeli."
Musiki, temel bir bilim olan matematiğin üzerine bina edilmesi vasfıyla ifade edilmektedir. Nitekim matematik bir ölçüdür, musiki ise bu ölçünün üzerine bina edilmektedir. Eğer matematikte bilgin olamazsan, bülbül gibi musikiyi icra edemezsin denilmektedir.

Ne bülbül **mûsıkî**den âşinâdır
Ne gül emrâzına anun devâdır - (Şeyh Gâlib Divanı, mes. 4/44.)
"Ne bülbül musikiden haberdar ne de gül onun dertlerine devadır."

Musiki, Cenâb-ı Hakk'ın verdiği bir feyzdir. Bülbül, kendi sesinin icra ettiği musikiden haberdar değildir. Çünkü o söyleyen değil, söyletilendir.

3.68. MÛSÎKÂR (MÛSÎKÂL)

İrili ufaklı on beş-yirmi kamış parçasını bir ucundan diğer ucuna kadar gittikçe kısaltmak suretiyle bağlayarak ve fişenklik şeklinde yapılan bir çeşit düdükten ibaret saz. Güya gagasındaki deliklere rüzgâr vurdukça sesler çıkaran mevhum bir kuş.[74] Bazılarına göre ise musikar, bir çoban kavalıdır.[75]

Nâle vü ekdârdan oldum nizâr ol denlü kim
Fark olınmaz cism-i gamm-perverd **mûsîkâr** ile - (İzzet Ali Paşa Divanı, k. 12/3.)
"Kederlerden ve inleyişlerden öylesine zayıfladım ki kederli bedenim, musikardan ayırt edilmez."
Musikar, bir çoban kavalı olarak görülmelidir. Çünkü çoban kavalı neyden daha küçüktür. Beden, dertten o kadar muztariptir ki çoban kavalı gibi incelmiştir.

Ser-endâz eylemiş ehl-i semâî hâl-i Mevlânâ
Ney ü def erganûna çeng **mûsikâra** yasdanmış - (Sakıb Dede Divanı, g. 88/13.)
"Mevlana'nın hâli, sema ehlini korkusuz kılmıştır. Ney ve def erganuna dayanıyor (destek alıyor) çeng ise musikara dayanıyor."
Erganun, batı müziğinde dini bir çalgıdır. Sabittir ve taşınması söz konusu değildir. Erganun, kilisede yasak olmasının aksine bir ibadet aracıdır. Ney ve def de Mevlevi zikrinde, kullanılan bir araçtır. Dolayısıyla sema Mevlana'dan sonra yaygınlaşmış olması ile ney ve defin erganunun meşruiyetinden kendileri-

---

74 Ahmet Talat Onay, **Eski Türk Edebiyatında Mazmunlar**, İstanbul, MEB, 1996, s.366.
75 Mütercim Asım Efendi, **Burhân-ı Katı**, haz. Mürsel Öztürk-Derya Örs, Ankara, TDK, 2000, s.533.

ne pay çıkarmaları benzerlik göstermektedir. Bu bağlamda, çeng de musikardan destek almaktadır.

Aşkın saf-ı cemâ'atıdır saff-ı **mûsîkâr**
Neydir imâm edâ-yı namâz-ı enîn eder - (Şeyh Gâlib Divanı, g. 62/4.)
"Musikarın uzun uzadıya dizilişi aşk cemaatinin safıdır. Ney, imamdır ve inleyiş namazını eda eder."

Musikarın şekli, irili ufaklı on beş-yirmi kamış parçasının bir ucundan diğer ucuna bağlanmasından dolayı bir safa benzetilmiştir. Bu saf, aşk cematidir. Ney, cemaate benzetilen bu çalgının başucunda olduğu için imama benzetilmiştir. Musikar, ney gibi ses çıkardığından, aşk cemaatinin kıldığı namaz, inleyiş namazı olarak adlandırılmıştır.

3.69. MUTRİB

(Ar.) Saz, sazende ve hanende topluluğudur.

Mutrib demîde eylese nâkûr-ı şîrîni
Gûyâ ki cism-i mürdeye cânlar ider 'atâ - (Beliğ Mehmed Emin Divanı, k. 2/17)
"Mutrib cana yakın nakuru[76] üflese sanki ölü bedenlere can verir."
Mutrib, ölü bedenlere can verecek nefese sahiptir.

Mutrib idince târını tanbûrunun hırâş
Reghâ-yı cân u dil olur anunla hem-nevâ - (Beliğ Mehmed Emin Divanı, 2/23)
"Mutrip tanburunun teline vurmaya başlayınca canın ve gönlün damarları da onunla aynı ahenkte olur."
Mutrib kendisini dinleyenleri nağmelerinin ritmine uydurmaktadır. Bu uygunluk hem ruhî hem de biyolojik olarak karşımıza çıkmaktadır.

---

76   Sur gibi ağızla üflenerek çalınan boruya denir.

Mutribâ hecme-i mevc-i nagamât-ı terden
Gice tenevvür-i dilün âteşi teskin oldı - (Beliğ Mehmed Emin Divanı, g. 228/5.)

"Ey mutrib, yeni nağmelerinin dalgasının şiddetinden gece parlayan gönlün ateşi, sekinete erdi."

Mutriplerin yeni besteleri, dinleyenlerin gönüllerinin ateşini teskin etmiş, onların gönüllerini mutmain etmiştir.

Olmaz cihânda **mutrib** ü tûtîye gayrı dek
Söyletmek içün 'âyine-i câm-ı Cem gerek   (Beliğ Mehmed Emin Divanı, S. 12/3.)

"Cem'in kadehinin ayinesini söyletmek için dünyada mutrib ve papağana kimse denk olmaz."

Cem'in kadehinin aynasını söyletmek için dünyada mutrib ve papağana denk kimse yoktur. Câm-ı Cem, evrendeki olayları, feleklerin esrarını, her şeyiyle açıkça gösteren bir kadehtir. Gizemli özellikler taşımakta olan Câm-ı Cem iki ayrı anlamda kullanılır: "Şarap kadehi" anlamıyla saf şarap kadehinde dünyanın gizliliklerini görür, geçmişin ve geleceğin gizemlerini çözmeğe çalışır. "Arifin gönlü" anlamıyla gaybı görür ve hikmetin sırlarına vakıf olur. Mutrib bu hususlarda kendisine kimsenin denk görülmediği kimse olarak görülmektedir.

Gûş idün bu şâi'r-i hâmemüzi
Mutrib-i nağme-kârdur kalemüm - (Feyzi Divanı, k. 2/5)

"Bu kalem sahibi şairimizi dinleyin. Bu şairin kalemi, güzel nağmeler söyleyen mutriptir."

Kalemin yazarken çıkardığı ses, mutribin nağmeleri gibidir. Mutribin güzel nağmeleri, kalemin güzel muhtevalı şeyler yazmasına karşılıktır.

Girince Müşterînin hânesine Zühre raks eyler
Edip tekmîl lu'bin **mutrib**âsâ nağmeler söyler (İlhami/ III. Selim Divanı, ş. 14/2)

"Zühre Müşterinin hanesine girince oynar, mutrib gibi nağmeler söylerek eğlencesini tamamlar."

Zühre, çalgıcılığıyla bilindiği için mutribe benzetilmiştir.

Bâg-ı hicrinde senin ey gül-i gülzâr-ı hüsn

Yine mi **mutrib**-i dil eyledi şehnâze edâ - (İbrahim Hanif Divanı, g. 17/3.)

"Ey güzellik bahçesinin gülü, ayrılık bahçende gönül mutribi, yine mi şehnaze eda (icra) eyledi."

Mutrib gönle benzetilmiştir. Gönül sevgilisinden ayrı kaldığı için, taşıdığı tiz sesler itibarıyla ayrılık acısını ifade edebilecek güçte bir makam olan şehnaz makmında eser mırıldanmaktadır.

Bezm-i gamında **mutrib** olur âh u zârımız

Her nağmesinde âh-ı cigerdir karârımız - (İbrahim Hanif Divanı, g. 169/1.)

"Hüzün meclisinde, ah u zarımız mutrip olur; her nağmesindeki (kararımız) son sesimiz kederimizin ahıdır. (Bizim bestelerimizin son sesi âh ile biter.)"

Mutrib, kendisini dinleyenlerin ah u zarlarının tercümanı olmuştur. Mutribin kararı (son sesi) ah ile bitiyor. Gam meclisinde o kadar çok ah çekiliyor ki bu, bir beste hâline geliyor. Bu bestenin karar sesinde, ciğerimizden gelen ah sesi vardır. Ayrıca ah, tasavvufta Allah lafzını sembolize eder. Dolayısıyla mutrib alalade beste okuyan biri değildir.

Bu ol demdir ki esbân-ı neberdin perçemin **mutrib**

Koparup bend ede destindeki çûb-ı kemân üzre - (Nedim Divanı, k. 5/5.)

"Bu öyle bir zaman ki mutrip, savaş atlarının yelesini koparıp elindeki keman çubuğu (kemane) üzerine bend eder."

Mutrip, keman yayının tellerini, savaş atı yelesinden yapmıştır. Burada mutrip kelimesiyle İbrahim Paşa kast edilmiştir.[77]

---

77 Bu beyit İbrahim Paşa'ya yazılmış bir kasideye aittir. Benzetmelerdeki unsurlar İbrahim Paşa'nın kahramanlığına dair olmasından dolayıdır.

Dil-keş eyler çeşm-i gûyâsın kemân-ı ebruvân
Şûh-terdir nağme-i **mutrib** muvâfık sâz ile - (Nedim Divanı, g. 141/5.)

"Nasıl keman kaşlar konuşan gözlerle gönül çelerse, mutrip de uygun sazla daha şuh (daha cazibeli) olur."

Mutrip ve sazların birbirleri ile uyumlu olması hâlinde cazibeli eserler çıkar. Sadece birinin iyi olması ile güzel bir icra yapılamaz.

Açıl ey fasl-ı dey sen gül-sitânlardan açılsın gül
Terennüm eyle bülbül **mutrib**im çengim rebâbımsın - (Nedim Divanı, k. 15/4)

"Ey kış faslı, sen açıl, gül de gül bahçelerinde açılsın. Terennüm eyle bülbül, sen mutribim, çengim ve rebabımsın."

Bülbül mutribe benzetilmiştir.

Nagmene tîr-i nigeh pîş-rev olmakda meger
Mutrib ebru da kemânınla hem-âheng midir - (Nedim Divanı, g. 27/2.)

"Meğer bakış okların nağmene peşrev olmaktadır. Ey mutrip, kaşın da kemanınla denk midir? (kaşların da kemanın yayına benzer midir?)"

Mutribin eser icra ederkenki suretine işaret edilmektedir. Mutrib keman çalarken çaldığı nağmeyle birlikte kaşları da oynamaktadır.

Mutrib ki harf-i râzımı gûş-ı rebâbe kor
Târ-ı kemânı nâle-i dil pîç ü tâbe kor - (Nedim Divanı, g. 29/1.)

"Mutrib, sırlarımı (harf-i raz) rebabın kulağına söyler. Gönül inleyişleri kemanın telini ıstırap ve sıkıntıya maruz bırakır."

Mutrib sırları rebabın kulağına söylemektedir. Bunun sebebi mutrip rebabı çalarken rebabın baş tarafından tutar ve ona doğru hafif eğilir. Bu çalış şekli mutribin rebaba sır söylemesi olarak yorumlanmıştır.

Ey Nahîfî **mutribân**-ı bezmi pür-cûş eyleyen
Hâlet-i 'ışkun mıdur te'sîr-i eş'ârun mıdur - (Nahifi Süleyman Efendi Divanı, 148/8)
"Ey Hanifi, meclisin mutriplerini coşturan aşk hâlin midir yoksa şiirlerinin tesiri midir?"
Meclisin mutriplerini coşturan Hanifi'nin aşkı ya da şiirlerinin tesiridir.

Bir acep asra irişdik bûm 'ankâlık ider
Mutrib-âsâ zâg-ı bed-hû nağme-pîrâlık eder - (Priştineli Nuri Divanı, g. 68/1)
"Baykuşun Ankalık ettiği bir acayip zamana eriştik. Kötü karakterli karga mutrip gibi nağme terennüm eder."
Karga, mutribe benzetilmiştir. Zamanın kötülüğünü anlatmak için baykuşun Ankalık ettiğini karganın ise mutrip gibi nağme söylemeğe kalktığını ifade etmektedir.

Pîr-i ihlâsdan inâyet eyle ger 'ârif isen
Mutrib-i ağyâr elinden gûşmâl oldun yeter - (Priştineli Nuri Divanı, g. 128/3)
"Eğer arif isen ihlâs pirinden yardım iste. Ağyar mutrip elinden ihtar edildiğin yeter."
Mutrip ağyara benzetilmiştir.

Sakın ey dil figânın râz-ı 'aşkı âşikâr eyler
Seni ol **mutrib**-i çarh-ı sitemkâr bî-karâr eyler - (Priştineli Nuri Divanı, g. 152/1)
"Ey gönül (figan eylemekten) sakın ki figanın, aşk sırrını açığa çıkarır. Seni, zulüm ve haksızlık yapan felek mutribi kararsız hale getirir."
Mutrip haksızlık ve zulüm yapan feleğe benzetilmiştir. Âşık ağlayarak aşk sırrını açığa vurmakta felek mutribi ise onu kararsız eylemektedir.

Mutrib itdükçe nihâvendi sürûd
Bûy-i te'sîri virür nağme-i 'ûd - (Sami Divanı, mes. 3/16.)
"Mutrip nihavendi icra ettikçe, udun nağmesi muhabbet/ümit tesiri verir."
Mutribin ud çalgısında icra ettiği nihavendin nağmeleri dinleyende muhabbet ve ümit hissi uyandırır.

Hânkâh-ı mevlevîdür ser-be-ser bu nüh-kıbâb
Mutribi nâhid ü dest-efşânı encüm şeyhi mâh - (Sakıb Dede Divanı, 143/16)
"Bu yedi kubbe baştanbaşa Mevlevi hankahıdır. Mutribi Zühre, dest-efşânı (tohum gibi saçılan şeyler) yıldızlar ve şeyhi de aydır."
Zühre mutribe benzetilmiştir.
(Ayrıca bkz. BMED, k. 2/20, 2/50, 2/84, g. 57/4, 65/5, 79/2, 93/1, 118/8, 141/5, 147/3, 212/8; ED, g. 33/1, 56/4, 168/1, 187/1; İAPD, mus. 2-2/2, g. 51/7; İHD, g. 86/4, 145/4, 170/4, 340/5, 349/4, teşv. 4/2; İD, ş. 30/3, 64/1, 4, 90/4, mus. 1/4, 5/4, muk. 20/2; ND, k. 15/4, 15/27, g. 29/1, 50/3, 52/5, 60/2, 84/2, 101/3, 107/2, 115/5, 118/1, 124/5, 126/3, 131/1, 136/4, 139/2, 145/4, ş. 22/5; NSED, g. 102/1, 171/2, 479/2, 503/3; PND, k. 3/12, g. 199/3, 262/3, 291/4, k. 18, b. 8, müf. 16; SDD, k. 26/19, g. 27/15, 156/16; YND, k. 27/15.)

3.70. NAĞME

(Ar.) Türk Musikisinde ekseriya motif manasında kullanılmıştır.

Mecliste **nağme**-i bem-i mâlîden-i kemân
Sâyîde itdi tab'umı mânend-i çûb-sâ - (Beliğ Mehmed Emin Divanı, k. 2/19)
"Mecliste kemanın sürülen bam telinin nağmesi tabiatımı çubuk gibi eskimiş eyledi."
Kemanın nağmeleri, nağmeleri dinleyenin tabiatını kemanın çubuğu gibi eskitmiştir.

Benüm ol bülbül-i mu'ciz-edâ ki **nağme**mden
Nümâ-pezîr olur elbet şükûfe-i tasvîr - (Beliğ Mehmed
Emin Divanı, k. 6/83)
*"Ben mucize söyleyen bülbül tarzlıyım ki nağmemden tasvir
tomurcuğu (çok büyük tasvirleri) gösterir."*
Nağme, dili mucize söyleyen bülbülün nağmesi gibidir ki
küçük tasvir tomurcuğundan büyük tasvirler çıkarır.

Belîg gönlümüzi âhen olsa da eridir
Sadâ-yı nây-ı ciger-sûz u **nağme**-i Dâvud - (Beliğ Mehmed
Emin Divanı, g. 39/9)
*"Ey Belig gönlümüz demir de olsa Dâvud'un nağmesi ve ciğer
yakan neyin sedası gönlümüzü eritir."*
Hz. Davud'a ait olan nağme, öyle tesirlidir ki gönül demir
olsa bile onunla erimektedir.

Teselsül-i **nagamât** eyle ey muganni-i şûh
Ki kat' olur **nagamât** ile râh-ı dûr-ı hicâz - (Beliğ Mehmed
Emin Divanı g. 93/5)
*"Ey işveli muganni arka arkaya nağmeler söyle ki bu nağme-
lerle hicazın uzak yolu kısalır."*
Nağmelerin işveli muganniden arka arkaya söylenmesi istenmek-
tedir. Bu şekilde söylenen nağmelerle hicazın uzak yolu kısalacaktır.

Emvâc-ı **nağme** kâse-i tanbûrdan taşup
Meclisde çıkdı dün gice mutrib miyâna dek - (Beliğ Meh-
med Emin Divanı g.141/5)
*"Dün gece mecliste tanburun kâsesinden nağme dalgaları ta-
şınca mutrip miyana kadar çıktı."*
Tanburdan çıkan nağmeler çok tizdir. Yüksekliğinden/tizli-
ğinden dolayı deniz dalgaları gibi tanburdan taşmaktadır.

Kemânın **nağme**si hoş geldi ol mehpâre nev-resden
Birisi iki kat âgâze etti birisi pesden - (İlhami/ III. Selim
Divanı, ş. 81/4)

"O ay yüzlü sevgiliden, kemanın nağmesi ne kadar hoş geldi. Birisi (nağmesine) iki oktav yukarıdan, diğeri ise pesden başladı."

Nağmeler ay yüzlü, genç bir güzelin çaldığı kemandan çıkmakta ve kulağa çok hoş gelmektedir.

Okısun bu beyti bir nev-**nağme**-i dil-sûz ile
Eyleyüp Nâhîd âheng-i makâm-ı ısfahan - (İzzet Ali Paşa Divanı, mus. II/10)

"Çolpan yıldızı (Venüs), bu beyti gönlü yakan (gönle tesir eden) yeni bir nağme ile ısfahan makamında okusun."

Isfahan makamı ile yapılan yeni nağme, gönlü yakmaktadır.

Bu demde **nağme**-i mızrâb lagziş-i pâdur
O denlü oldı çü yah-beste-râh târ-ı rebâb - (İzzet Ali Paşa Divanı, g. 7/3)

"Rebabın teli, buz tutmuş yol gibi olduğu için, mızrabın çaldığı nağmelerin, o anda ayakları kaymaktadır."

Rebabın ses aralıklarının diğer sazlardan daha geniş olmasından ve rebabın çıkardığı ses sahasında asla ses çıkaramamalarından veya çıkarmakta çok zorlanmalarından dolayı diğer çalgıların mızraplarının nağmelerinin ayakları kaymaktadır.

Kûyın terâne-i 'arabân ile it tavaf
Ya'nî katâr-ı **nağme**yi semt-i hicâza çek - (İzzet Ali Paşa Divanı, g. 87/3.)

"(Onun) mahallini, yakınını araban terânesi ile tavaf et, yani nağme katarını hicaz semtine çek."

Nağme, araban makamının perdelerinin çıkardığı seslerdir ve katara benzetilmiştir. Nağme katarının hicaz semtine çekilmesi demek, makamın seyrinin hicazın perdelerinde son bulması demektir.

Pestten reftâr iden âhir ider kârın bülend
Nagmenün âhengini gûş eyle bemmle zîrde - (İzzet Ali Paşa Divanı, g. 124/8)

"Pestten (alçak nağmelerden) yürüyen en sonunda işini yükseltir (üst nağmelere çıkar). Nağmenin ince ve kalın tel arasındaki ahengini dinle."

Nağmenin çalgıların ince ve kalın telleri arasında aşağıdan yukarıya doğru çıkışıyla ahenk oluşturmasını söylemektedir.

Bir dili var ki eylese harekât
Başlar ol demde itmege **nagamât** - (İzzet Ali Paşa Divanı, lüg. 3/7)
"Bir dili var ki hareket etse o anda nağmeler çıkarmaya başlar."
Nağme, lugazda işaret edilen varlığın dil hareketiyle başlamaktadır.

Görenler aşka dûş olur bülbül **nagam**-fürûş olur
Bî-şübhe kanlar cûş olur giysen siyahlı hâreli - (İlhami/ III. Selim Divanı, g. 206/3)
"Siyahlı morlu giysen şüphesiz ki kanlar coşar görenler aşka düşer ve bülbül nağmeye başlar."
Bülbül, sevgiliyi morlu siyahlı giysilerle görünce coşmuş ve nağmeye başlamıştır.

Urunca bülbül-i şûrîde **nağme**ler ile dem
İşidüp anı semâda hümâ olur sersem - (İlhami/ III. Selim Divanı, ş. 4/3.)
"Meftun bülbül, nağmelerine başlayınca gökteki hüma kuşu onu işidip sersem olmuştur."
Meftun bülbülün nağmeleri, semadaki hüma kuşunu bile sersemletmiştir.

Girince Müşterînin hânesine Zühre raks eyler
Edip tekmîl lu'bin mutribâsâ **nağme**ler söyler - (İlhami/III. Selim Divanı, ş. 14/2.)
"Zühre Müşterinin hanesine girince oynar, mutrib gibi nağmeler söylerek eğlencesini tamamlar."
Zühre, mutrib gibi nağmeler söylemektedir.

Sakın cismim yakarsın **nağme**yi cânâ hicâz etme
Usûlüyle hakîkat semtine meyl et mecâz etme - (İlhami/III. Selim Divanı, ş. 53/3)

"Ey can! Hicaz nağmesini söylemekten sakın ki (yoksa) cismimi yakarsın. Usulüyle hakikat semtine meylet, mecaz etme."

Nağmeler, hicaz makamının nağmeleridir ve yakıcıdır. Bundan dolayı nağmeyi hicaz makamında seslendirmemesini söylemektedir.

Nev-süvâr-ı zevrak ol gel zevk-i mehtâb edelim
Nagme-i mutrible akl u sabrı bîtâb edelim - (İlhami/III. Selim Divanı, ş, 90/4.)

"Kayığın taze binicisi ol, gel seninle mehtap zevkine erelim. Mutribin nağmesiyle aklı ve sabrı takatsiz bırakalım."

Nağmeler, mehtap zevkiyle birlikte dinleyenin aklını ve sabrını mecalsiz, takatsiz bırakmaktadır.

Bezm-i gamında mutrib olur âh u zârımız
Her **nağme**sinde âh-ı cigerdir karârımız - (İbrahim Hanif Divanı, g. 169/1.)

"Hüzün meclisinde, ah u zarımız mutrip olur; her nağmesindeki (kararımız) son sesimiz kederimizin ahıdır. (Bizim bestelerimizin son sesi âh ile biter.)"

Mutribin nağmesi, kendisini dinleyenlerin ah u zarlarının tercümanı olmuştur. Bu bestenin karar sesinde, ciğerden gelen ah sesi vardır. Ayrıca ah, tasavvufta Allah lafzını sembolize eder. Dolayısıyla mutribin nağmesi alalade beste değildir.

Muhayyerdir niyâzım **nağme**si şehnâz-ı meh her dem
Hanîfâ dogrusu biz râst makâmında ne uşşâkız - (İbrahim Hanif Divanı, g. 174/5.)

"Nazlıların şahı olan sevgiliye olan niyazımın nağmesi, her zaman muhayyerdir (değişkendir). Ey Hanîfî, doğrusu biz rast makamında, nasıl da uşşak makamını kullanıyoruz."

Nağme, teknik olarak rast ile uşşak makamı arasındaki benzerlik olarak karşımıza çıkmaktadır. Ayrıca beyitte, sevgiliye olan niyazın nağmesinin değişkenliği söz konusudur.

Bir nefes dem-sâz olmaz **nağme**-i mestûr-ı çarh
Dut ki âgûşında olmış kâse-i tanbûr-ı çarh - (Müsellem Ebu'l-vefa Divanı, g. 23/1)
"Feleğin setredilmiş nağmesi bir lahza dost olmaz, tut ki felek tanburunun kâsesi kucağında olmuştur."
Nağme felek tanburundan çıkmakta ancak kimseyle aynı ahenkte çıkmamaktadır. Feleğin insanların işlerini tersine çevirmesinden dolayı nağme de insanların nağmeleriyle aynı ahenkte değildir.

Hevdec-i râhile-i aşkı kimün sîne olur
Ceres-i **nağme**-res anda dil-i bî-kîne olur - (Müsellem Ebu'l-vefa Divanı, g. 50/1)
"Aşk devesinin hevdeci[78] bazen sine olur. Gönül, çanın nağmesi (kendisine) ulaştığı anda gönül kinsiz olur."
Çan nağmesi gelir gelmez yani duyulur duyulmaz gönül kinden arınmaktadır.

Vir müseddes-hâne-i kevne nevâ-yı zârumı
Nağme-riz eyle ilâhi perde-i şeş-târumı - (Müsellem Ebu'l-vefa Divanı, g. 170/1.)
"Ey Allah'ım! İnleyiş sadamı, kâinatın altı yönüne ver. Şeştarımın perdelerini nağme saçan eyle."
Nağmeler şeştardan çıkmaktadır. Şeştarı çalan kişi nağmelerinin, kâinatın altı yönüne vasıl olması için dua etmektedir.

Hep lütfun ile tâze-edâdır bu kalemler
Hep cûdun ile **nağme**-serâdır bu mesânî - (Nedim Divanı, k. 23/18)

---

78   Kadınların binmesi için devenin sırtına konulan ufak mahfel.

"Bu kalemler tamamen senin lütfunla yeni şeyler yazarlar. Bu ikitelli tamamen senin ayrılığından dolayı nağme söylemektedir."

Nağme ikitelliden, ayrılık sebebiyle çıkmaktadır.

Nagmene tîr-i nigeh pîş-rev olmakda meger

Mutrib ebru da kemânınla hem-âheng midir - (Nedim Divanı, g. 30/2)

"Meğer bakış okların nağmene peşrev olmaktadır. Ey mutrip, kaşın da kemanınla denk midir? (kaşların da kemanın yayına benzer midir?)"

Sevgilinin bakış okları, kemanın nağmesine göre hareket etmektedir. Yani nağmenin ritmini takip etmektedir.

Böyle âteş lehçe lâzımdır sühan tâ kim Nedîm

Germ-saz-ı **nağme**-i tahsîn ola hânendeye - (Nedim Divanı, g. 114/5)

"Ey Nedim! Sözlerin insanı heyecanlandıran duygulara sahip olması lazımdır ki hanende de yakıcı nağmeler söyleyebilsin."

Hanendenin yakıcı nağmeler söyleyebilmesi için, hanendeye, yakıcı sözleri olan şarkılar verilmelidir. Çünkü hanende, ancak kendisine ateş gibi yakıcı sözler verilirse yakıcı nağmeler okuyabilir.

Dil-keş eyler çeşm-i gûyâsın kemân-ı ebruvân

Şûh-terdir **nağme**-i mutrib muvâfık sâz ile - (Nedim Divanı, g. 115/5)

"Nasıl keman kaşlar konuşan gözlerle gönül çelerse, mutrip de uygun sazla daha şuh (daha cazibeli) olur."

Hanende, sazende ve sazların birbirleri ile uygun olması, aynı kıvamda olması hâlinde ortaya cazibeli eserler çıkar. Sadece birinin iyi olması ile güzel bir icra yapılamaz.

Âteş-i pür-sûz-ı 'ışk ile n'ola olsam kebâb

Yakdı yandurdı derûnum **nağme**-i savt-ı rebâb (Nahifi Süleyman Efendi Divanı, g. 51/1)

"Aşkın yakıcı ateşi ile kebap olsam ne olur? Rebabın sesinin nağmesi derunumı yakdı yandırdı."

Rebâbın nağmesi dinleyenin içini kebap gibi yakıp yandırmıştır.

Sîr-âb-ı feyz der dil-i erbâb-ı hâleti
Sâz-ı gamun o **nağme** ki zîr ü bemindedür   (Nahifi Süleyman Efendi Divanı, g 111/5)
"Hal erbabının gönlünü suya kandıran o nağmedir ki gamlı sazın ince ve kalın telindedir (ince ve kalın tellerinden çıkar)."

Nağme gamlı sazın ince ve kalın tellerinden çıkmakta ve hal ehli olanların gönüllerini suya kandırmakta, yani mutmain etmektedir.

Sûz-nâk olsa n'ola bülbülün âvâzeleri
İtdigi **nağme**de 'uşşâkdur âgâzeleri   -   (Nahifi Süleyman Efendi Divanı, g. 507/1)
"Bülbülün icra ettiği nağmelerde suznak makamı olmasında şaşılacak bir durum yok, onun (icra ettiği nağmelerin) temelinde uşşak makamı vardır."

Suz-nak makamının başlangıcında uşşak makamının nağmeleri vardır. Diğer yandan bülbülün nağmelerinin yakıcı olmasının sebebi olarak bülbülün âşıklığı gösterilmektedir.

Aldukça ele sâzın o reşk-i Nâhid
Işk ehli ider kesb-i sâfâ-yı câvid
Tûtî gibi oldukça terennüm-pîrâ
Her **nağme**si eyler dile bir feyz-i cedîd   -   (Nahifi Süleyman Efendi Divanı, r. 139)
"Kıskanılan Zühre, eline sazını aldıkça aşk ehli sonsuz safa elde eder. Papağan gibi süslü terennümler icra ettikçe, onun her nağmesi gönle yeni feyizler, duygular hissettirir."

Zührenin papağan gibi eylediği terennümden doğan nağmeler, gönle yeni feyizler ve duygular hissettirir.

Hümâyûn hâtırı olsun küşâde vakt-i nev-rûzda
Rehâvî **nağme**siyle eyle tatyîb tab'-ı dildârı - (Priştineli Nuri Divanı, k. 2/11)

"Sevgilinin huyunu rehâvi nağmesiyle güzelleştir, nevruz zamanında onun kutlu gönlü padişahlar gibi açılsın."

Rehavi makamının nağmesiyle sevgilinin huyu güzelleştirilmek istenmektedir.

Hele bir kerre dinle **nağme**sin şeş-târ-ı şarkı[nı]n
Muhayyerdir ana dil-bestekârân hissedâr olsun - (Priştineli Nuri Divanı, k. 3/18)

"Bir kere şarkıdaki şeştarın nağmesini dinle, ona gönül bağlayanlar beğenilmiştir, ondan nasiplensinler."

Şeştar ile çalınan eserlerin nağmesine gönül bağlayanlar, bu hallerinden dolayı beğenilmiştir.

Haber vir nâliş-i dil-sûz-ı fürkat çıkdı eflâke
Ney-âsâ **nağme**-i cân-sûz ile kûyunda sen zâr it - (Priştineli Nuri Divanı, k. 38/4)

"Ayrılığın yürek yakan inleyişleri, âhları feleklerin üstüne çıktı; bunu ney gibi can yakan nağmesi ile onun köyünde sevgiliye duyur, bildir."

Neyin nağmeleri ayrılığın yürek yakan inleyişlerine tercüman olacak derecede can yakıcıdır.

Bir acep asra irişdik bûm 'ankâlık ider
Mutrib-âsâ zâg-ı bed-hû **nağme**-pîrâlık eder - (Priştineli Nuri Divanı, g. 68/1)

"Baykuşun Ankalık ettiği bir acayip zamana eriştik. Kötü karakterli karga mutrip gibi nağme terennüm eder."

Zamanın kötülüğünü anlatmak için baykuşun Ankalık ettiğini karganın ise mutrip gibi nağme söylemeğe kalktığını söylemektedir.

Çekmesün bâr-ı hırka vü seccâdeyi
Bâde çeksün gam yerine kim **nagam** devrânudur - (Sami Divanı, k. 26/19)

"Hiç seccade ve hırkanın yükünü çekmesin. Gam yerine şarap içsin ki nağmelerin zamanıdır."

Bade şarap, insan ise kadehtir. İnsanın içindeki şarap, ilahî aşktır. Dolu kadeh demek, ilahî aşk ile olmak demektir. Nağmeler zamanı demek, ilahî aşk ile dolmak ve aşkın sesini çıkarmaktır.

Teşebbüs eyler isen şu'be-i arazbâra
Olursun evc-i ni'amda **nagam** ile magrûr - (Sakıb Dede Divanı, k. 3/29)

"Arazbar makamında şarkı söyleyebilirsen, nimetlerin en üstünde nağmelerle mağrur olursun."

İcrası zor bir makam olan arazbar makamında eser icra ederek ortaya konan nağmeler, nimet, hüner ve gurur kaynağıdır.

Zühre-i çarh idemez anlara âheng-i sâz
Nağme-i yek-târdur zîr ü bem-i evliyâ - (Sakıb Dede Divanı, k. 9/3)

"Feleğin güzelleri bir araya gelse onların saz ahenkleri ile başka şey söyletmek isteseler de evliyaların en ince (telinden) en kalınına (teline) kadar hepsinin nağmesi, aynı telden çıkar."

Nağme, geçmişten bugüne gelmiş, geçmiş evliyaların bahsettiği tek hakikate işaret etmektedir.

Tenlere râhat virüp râhat-ı ervâh olur
Meşreb-i dilde komaz gam **nagam**-ı evliyâ - (Sakıb Dede Divanı, k. 9/13)

"Evliya nağmeleri, tenlere rahat verir, ruhların rahatlığı olur; gönül yolunda keder bırakmaz."

Evliyaların nağmeleri (hakikatleri) hem tenlere hem ruhlara rahatlık verir; gönülden kederi def eder.

Gâh göster hevâ-yı evce çıkup

Nicedür **nağme**-i 'ırak u 'acem - (Yahya Nazim Divanı, tb. 32/1, 8)

"Bazen ırak ve acem makamlarında evc perdesine geçki yap ve bu nağmelerin nasıl olduğunu göster."

Nağme, doğrudan musiki terimi olarak kullanılmıştır. Acem ve ırak nağmelerinin nasıl olduğunun gösterilmesi istenmektedir.

Midhat-ı çâr-ı yâra kıl âhenk

Sal o gülzâr-ı bî-hazâna **nagam** - (Yahya Nazim Divanı, tb. 32/1, 14)

"Dört yârin övgüsüne ahenkli ol, o solmayan bahçeye nağmeler gönder."

Nağmelerin dört yârin (dört halifenin) övgüsü için yapılması istenmektedir.

(Ayrıca bkz. BMED, k 7/33, 10/5, mus. 6, tb. 1/6, tar. 27/13, g. 57/5, 212/8, 228/5, 236/1; ED, nt. 3/7, g. 55/2, 171/1, nzm.28; FD, k. 4/7, 4/14, 4/15, 7/13, 8/17, g. 10/2, 47/1; İAPD, k. 1/36, g. 33/1, 117/4, 125/1, 125/7, ş. 2/1, lüg. 3/1, 3/3, İD, g. 74/4, 195/5, 209/4, ş. 30/3, 81/2, 92/3, 102/1, 4, mus. 5/4, muk. 14/1, 21/1, 25/2, 31/2, 45/1, 49/2, 57/1, 61/1, tmuk. 6; İHD, mn. 13/30, g. 52/2, 178/5, 230/2, 280/2, 340/5, 341/4, 377/1, tar. 17/5; MED, k. 2/66, 4/21, 4/64, g. 63/4, tar. 1/5; ND, tar. 11/10, g. 60/3, 84/2, 101/3, 114/5, 126/3, 145/2, ş. 2/4, 28/4; NSED, g. 52/5, 135/3, 231/1, 479/2; PND, k. 3/11, 3/13, g. 49/1, 142/3, 159/5, 185/3, 236/1, 262/3, 262/5, 291/2, 317/3, 367/2, b. 8, müf. 16; SDD, k. 19/52, 23/15, g. 28/13, 47/7, 71/10, 94/7; YND, k. 2/66, 4/21, 4/64, 12/39, 16/19, 18/24, tb. 31-8/2, 32-1/11, 32-1/16.)

3.71. NAKŞ

(Ar.) Beste ve semai formlarının hususî bir şekline verilen isimdir. Eğer beste ve semaî, dört hane değil de iki hane olursa, "nakış beste" ve "nakış semai" denilir.

Kâr u **nakş** âvâzesi eyler nukûşundan zuhûr
Böyle dil-keş öyle hâlet-bahş o rütbe cân-fezâ - (Şeyh Gâlib Divanı, tar. 69/17)

"Böylesine gönül çeken hal ve tavırlar, cana can katan nakış ve kâr sesleri, (Beyhan Sultan'ın sarayının) nakışlarından zuhur etmiştir."

Nakış, aynı zamanda nota örgüsü demektir. Kâr ve nakş formları, o nota/anlam örgüsünden ortaya çıkar. Beyitte, Beyhan Sultan'ın yaptırdığı sarayın nakışlarından ilhamla nakş ve kar avazeleri peyda olmuştur.

Mevlevî zümresinin **nakş**-ı semâı Gâlib
Bestedir tâ-be-dem-i Pîr nefesden nefese - (Şeyh Gâlib Divanı, g. 277/10)

"Ey Gâlib sema sırasındaki nakş (musikisi) Hz. Pir'in (zamanından beri) nefesten nefese geçen bestesidir."

Sema sırasında icra edilen bestenin nakş formu olduğu söylenmektedir. Bu, öyle bir bestedir ki Hz Mevlana'dan beri nefesten nefese gelmektedir.

Tâ seher ben na'ra-i mestâne çekdüm 'ışk ile
Bezmde âgâze-senc-i **nakş** u kâr oldukça sen - (İzzet Ali Paşa Divanı, g. 103/7)

"Sen mecliste nakş ve kâr eserlerini icraya başladıkça ben seher vaktine kadar aşk ile sarhoşçasına naralar attım."

Mutrib mecliste nakş ve kâr eserlerini icra etmeye başlayınca, onu duyan seher vaktine kadar, terennümün etkisinden aşk ile sarhoşçasına naralar atmıştır.

3.72. NAKKÂRE/NEKKÂRE

(Far.) Vurmalı sazlardan biridir.

Eder peyveste çarh-ı çârüme **nakkâre**-i cûdun

Ne revnâk buldu seyr et sâyesinde Mevlevî-hâne - (Şeyh Gâlib Divanı, tar. 34/24)

"Cömert nakkaren (in sesleri), dördüncü feleğe (kadar) ulaşmıştır. Bak, Mevlevihane (onun) sayesinde nice güzellik buldu."

Nakkare, Beyhan Sultan'ın yaptırdığı Çırağan Sarayı'nın tarihi için yazılmış bir şiirde geçmektedir. Beyhan Sultan'ın cömertliği, nekkarenin sesinin her yana ulaşmasına benzetilmiştir.

3.73. NEFÎR

(Far.) Türk Musikisinde iki asırdan beri terk edilmiş bir nefesli sazdır. Nefir, mehter musikisinde, askeri musikide işaret, ilan ve hücum borusu olarak kullanılmıştır.

Âhdan sît-i gelû savt-ı **nefîr**e döndi
Dögünüp def gibi dil oldı nagam dolabı - (Esad Divanı, g. 187/5)

"Boğazının çatırtısı ah etmekten nefirin sesine döndü. Gönül, def gibi dövünerek nağme dolabı oldu."

Ah çekmekten dolayı boğaz tahrip olmuş, ses çatallaşmış ve boğuk çıkmaya başlamış, artık nefirden çıkan sese benzemiştir. Nefirin şekli, Arapça "elif" ve "he" harflerinden oluşan ah lafzına benzemektedir. Ah sesinin nefirden çıkan sese benzetilmesi, bu yönüyle değerlendirilebilir.

Eğer bang-ı **nefîr**-i satvetin inletse kûhsârı
Ve ger dâmân-ı lutfun sâye salsa gül-sitân üzre - (Nedim Divanı, k. 5/33)

"Eğer hışımlı nefirinin haykırışı dağı inletse ve lütuf eteğin, gül bahçesinin üzerine gölge olsa."

Nefir hışımlı, dağları inleten bir çalgıdır. İbrahim Paşa'ya yazılmış bir kasidede geçmiş olmasından dolayı nefirin hışmı İbrahim Paşa'nın bir vasfına işaret etmektedir.

Sûr idi gûyâ **nefîr**-i mehterân bir nefh ile

Eyledi düşmenleri üftâde-i hâk-i fenâ - (Sami Divanı, k. 9/21.)

"Mehteran nefiri, sanki bir sur idi. Bir nefesle düşmanları yer-le bir etti, öldürdü."

Nefirin öyle bir sedası vardır ki kıyameti koparacak olan sur sadası kadar korkutucudur. Sur sesinin insanları yerle bir etmesi gibi nefir de, sesiyle düşmanları yerle bir etmektedir.

Çeng ü **nefîr** her biri mazharıdır bir ârifin

Hazret-i Mevlevîyedir aşkda intimâ-yı ney (Şeyh Gâlib Di-vanı, g. 305/13)

"Çeng ile nefir çalgılarını icra etmeleri, ariflerin bir üstünlü-ğüdür. Ama Mevlevilikte, bunun yerini ney alır (Aşkta neye inti-sap Hazret-i Mevleviyedir.)"

Nefir ve çeng, ârifin (nefis mücadelesinin) sembolüdür. Ne-fir ve çeng savaş çalgısıdır. İnsanın verdiği en büyük savaş, nef-siyle yapmış olduğu savaştır.

3.74. NEVÂ

(Far.) Türk Musikisinin basit makamıdır. Neva en eski Türk ma-kamlarından biridir. Aynı zamanda Türk Musikisinde perde adıdır. Neva bazen ahenk, ses, nağme anlamlarında da kullanılmıştır.

Bir gülşenün ki bülbül-i hoş-**nevâ**sı var

Verd-i 'izâr-ı dil-bere neşv ü nemâsı var - (Beliğ Mehmed Emin Divanı, mus. 1/1)

"Bir gül bahçesi ki güzel sesli bülbülü var. (O güzel nağmesiyle) gönül çelen güzelin yüzünün gülünü büyütüp yetiştirir."

Gül bahçesinin güzel sesli (hoş-neva) bülbülü vardır.

Bu makâmun lutfını gûş eyle kim bülbül ider

Hande-i gül-gonca-i tasvîrden meşk-i **nevâ** - (Beliğ Meh-med Emin Divanı, tar. 1/25)

"Bu makamın nağmelerini (lutfını) dinle ki bülbül (bu nağ-meleri) gonca gülün gülüşünün tasvirinden meşk eder."

Bülbül nağmesini (neva) gül goncasının gülüşünden öğren-mektedir.

Biz hele geçdük **nevâ**sından sipihr-i nâ-kesün

Tek hemân ehl-i dile kec bakmasun ney-zen gibi (Beliğ Meh-med Emin Divanı, g. 243/4)

"Biz alçak feleğin nevasından vazgeçtik, yeter ki gönül ehline neyzen gibi yan bakmasın."

Neva alçak feleğe aittir, insanların işlerini tersine çevirdiği için onun nevasını istememektedir.

Muhayyer olsa dem-i vasl-ı yârda 'uşşâk

Niyâz-ı bûselik ile **nevâ**ya mâ'ildir - (Esad Divanı, g. 40/3.)

"Âşıklar, sevgiliye kavuşma zamanını seçebilseler, niyaz-ı bu-selik ile nevaya meyillidir."

Buseliğin neva ve muhayyere meylinin olması, her ikisiyle de makam oluşturmasıdır. Muhayyer, uşşak, buselik ve neva basit makamlardır. Hepsinin seyirlerinde bitiş sesleri aynıdır. (La ile biterler.) Neva ile buselik makamının birleşmesinden (ne-vaya buselik beşlisi ilave edince), neva-buselik makamı ortaya çıkar. Buselik makamının uşşak (âşıklar) makamı ile yan yana kullanılmasının sebebi buseliğin öpme manasından değil, buse (öpme) kelimesi ile olan ses benzerliğindendir.

Hisar-ı gamda murabba'-nişîn olan uşşâk

O çargâh-ı safâda **nevâ** bulunmaz mı - (Feyzi Divanı, g. 123/3.)

"Ey keder kalesinin dört yanına (dörtlüsünde) oturan uşşak, o safanın dört yanında (çargâh) neva (ses) bulunmaz mı?

Neva perde anlamında kullanılmıştır. Çargâh makamının karakteristik özelliğinde neva perdesinin bulunmadığını ifade etmektedir. Uşşak makamının (dörtlüsü) güçlüsü, neva perde-siyken; çargâhın güçlüsü, rasttır.

Âheng-i nâle evc-i felekde ider karâr
Zîrâ ki perde perde makâm-ı **nevâ** çıkar - (İzzet Ali Paşa Divanı, g. 25/4.)

"İnleme ahengi, feleğin üstünde karar eder, zira neva makamı, perde perde çıkar."

İnleme nağmeleri, o kadar yüksek ve şiddetlidir ki evc perdesinde karar etmiştir. Çünkü evc perdesi, tiz bir perdedir. İnlemenin şiddetini ifade edebilecek perdelerdendir. Musiki tekniği açısından ise bir hüner gösterme söz konusudur. Şöyle ki, neva makamında evc perdesi kullanılır. Neva tiz re'ye, evc ise daha üstteki "mi" perdesine karşılıktır. Neva, la'dan daha tiz olan evc (mi)de biten çıkıcı bir makamdır. Neva makamı, her zaman karar perdesiyle başlamaz. Bunu yapmak büyük ustalık ve dolayısıyla klasik formun dışına çıkabilmek hüneri gerektirmektedir.

Âşıkın var nâlesi nây u **nevâ**yı n'eyler o
Tâze dil-berdir dahi bây ü gedâyı n'eyler o - (İlhami/III. Selim Divanı, mus. 3/3)

"Âşığın inleyişi var, ney ve nağmeyi ne yapsın. Genç dilberdir, zenginliği ve köleyi ne yapsın."

Âşığın kendi inlemesi, kendisine yeter, ney ve nağmeyi ne yapsın, zaten ona ihtiyacı yoktur.

Safâ-yı meşrebimce zevk edem gam nâ-bedîd olsun
Nevâ-yı nağme-i mutrib hüseynîden mezîd olsun - (İlhami/ III. Selim Divanı, mus. 5/4)

"Eğlence meşrebimce zevk alayım keder görünmez olsun. Mutribin neva nağmesi hüseyni makamında fazla olsun."

Eğlenmek isteyen kişi hüseyni makamı yerine neva makamını istemektedir. Çünkü hüseyni makamı hüzünlü bir makamdır ve eğlence havasına ters gelir.

Sanman **nevâ**-yı bülbülü beyhûde yolludur
Fenn-i usûl-i âhı asıllı usullüdür - (İbrahim Hanif Divanı, g. 107/1)

"Bülbülün nağmesini başıboş zannetmeyin. Ahının usulünün ilmi (yolu-yordamı) asıllı usullüdür (rastgele değildir)."

Bülbülün nağmesinin belli bir usule göre ortaya çıktığı söylenmektedir. Nitekim musikide nağmeler belirli usullere göre ortaya çıkar; nağmeler, rastgele söylenmez.

Nevâ-pervâz-ı seyr-i âheng-i kânûn muhabbetken
Gönül bilmem nedendir âhdan gayrı havâ bilmez - (İbrahim Hanif Divanı, g. 151/4.)

"Kanun ahenginin seyir kanatlarının nağmesi (neva-pervazı) muhabbet, neşeli iken gönül bilmem ki nedendir ahtan gayrı terennüm bilmez."

Kanunun nağmeleri (nevası) muhabbetli, neşeliyken dinleyenin gönlü ah etmektedir.

Kanun, hem çalgı hem de tellerinin çokluğundan dolayı, tevhidin zıttı olan kesret anlamındadır. Ah ise tevhidi ifade eder. Kesret oyun ve eğlence iken ah hüzündür. Çünkü ayrılık, gönle ah çektirmektedir. Ayrılık bu dünyaya sürülmüş olmaktır ve hüzün bu ayrılıktan kaynaklanmaktadır. Ayrıca gönül Cenâb-ı Hakk'ın mekânı olduğu için, gönülde tevhidden gayrı bir şey bulunmamaktadır.

Vir müseddes-hâne-i kevne **nevâ**-yı zârumı
Nağme-rîz eyle ilâhi perde-i şeş-târumı - (Müsellem Ebu'l-vefa Divanı, g. 170/1.)

"Ey Allah'ım! İnleyiş sadamı (nevamı), kâinatın altı yönüne ver. Şeştarımın perdelerini nağme saçan eyle."

İnleyiş nevasının (nağmelerinin) altı yöne verilmesini istemektedir.

Nevâ-yı ney gibi vecd ü semâʿ itdürse ʿuşşâka
Bize tahrîk-i derd-i ʿışka bir savt-ı hazîn olsa   (Nahifi Süleyman Efendi Divanı, g. 434/3)

"Neyin nağmesi gibi âşıkları vecde getirse ve onlara sema ettirse; bize aşk derdini hareketlendiren bir hüzünlü ses olsa."

Neyin nevası (nağmesi) âşıkları vecde getirip onlara sema ettirmekte; aşk derdini kışkırtmaktadır.

Hüseynîye degil evce çıkar her dem **nevâ**-yı âh
Hemân bu nağme-i dil-sûz ile dil perdedâr olsun - (Priştineli Nuri Divanı, k. 3/13.)
"Ahımın sesi, hüseyniye değil evc makamına kadar çıktı. Bu yürek yakan nağmeyle gönül de perdedar olsun."
Gönlün ıstırabı, yanması ne kadar fazla olursa insanın ah nağmesi (nevası) da o kadar yükseklere çıkar. Evc makamının tiz oluşuna ve yürek yakıcılığına işaret edilmiştir.

Olur âvâz-ı nevâ rûha gıdâ
Dinlese âşık-ı bî-berg ü **nevâ** - (Sami Divanı, mes. 3/10.)
"İntizamlı hâli olmayan âşık neva makamının nağmesini dinlese ruhuna gıda olur."
Neva makamının nağmeleri kafası ve gönlü dağınık âşığın ruhuna gıda olur.

Sûr-ı hakîkat oldıgına şüphe kalmadı
Gam başına kopardı kıyâmet **nevâ**-yı ney - (Sakıb Dede Divanı, k. 23/20)
"Neyin nağmesi (nevası) keder kıyametini başına kopardı, onun hakikat suru olduğuna şüphe kalmadı"
Neyin nağmesi (nevası) insanın başına keder kıyametini koparan hakikat surudur.

Dâm u dâne eyleyüp târ u **nevâ**-yı dil-keşin
Âlemi itmiş şikâr-ı lutf sayyâd-ı rebâb - (Sakıb Dede Divanı, k. 24/2)
"Gönül çeken sevgilinin sesini (neva) ve saç telini tuzak tanesi eyleyip âlemi avcı rebabın lütuf avı yapmış."
Neva rebabtan çıkan sevgilinin sesidir.

Bulup karârını mutlak **nevâ**-yı tevhîdin
Yegâha vardı sürâg-ı yegâne-i tanbûr - (Şeyh Gâlib Divanı, g. 57/2.)

"Neva makamı (tevhidin sadası), mutlak bir şekilde karar (gah)ını bulunca tanburun benzersiz, yegâne eseri, yegâh makamına ulaştı."

Türk Musikisinde perdeli tevhitler vardır ki bazen pestten tize, bazen de tizden pese gider. Burada, perdeli tevhitten bahsedilmektedir. Perdeli tevhitler, pestte bitmez, tizde biter. Tiz sesler ise heyecanın dorukta olduğu anları, duyguları ifade eder. Önce pes sesle başlanır, tize çıkılır sonra yine pes sesle bitirilir. Beyitte geçtiği şekliyle, tanbur, neva perdesinde karar ettikten sonra bir oktav aşağıya, yani yegâh perdesine inmektedir. Neva hem başlangıç hem de bitiş sesidir.

Ki itdi canına te'sir-i sûz-ı dil-keş ile
Nevâ-yı na't-ı Habîb-i Hudâ-yı Cell-i Celal - (Yahya Nazim Divanı, k. 24/21)

"Celle ve Celal olan Hudanın Sevgilisinin na'tının nağmesi, dinleyenin canına gönül alıcı ve yakıcı bir şekilde tesir etti."

Hz. Peygamber'in na'tının nağmesi (neva) dinleyenin gönlüne yakıcı bir şekilde tesir etmiştir.

Nevâ-yı 'aşk olur can-zâra nâhûn-zen
Misâl-i nağme-i nây-ı müessir-i Dâvud - (Yahya Nazim Divanı, 31-8/2)

"Davud'un tesirli neyinin nağmesi gibi aşk nağmesi inleyen cana tesir eder, tırmalar."

Aşk nağmesi (nevası) cana Davud'un tesirli neyinin nağmesi gibi tesir eder:
(Ayrıca bkz. BMED, k. 2/50, 2/82, rub. 21/1; İAPD, k. mus. 2-2/2, g. 112/9, 129/8, ş. 1/1; İD, mus. 8/2; İHD, g. 230/2, 376/1, 377; ND, tm. 1/10, g. 10/5, 11/4, 60/6, 102/2; NSED, g. 52/5, 231/2, PND, k. g. 97/5, 100/1; SDD, g. 133/13, 81/15; ŞGD, k.26/5, 205/8, 208/4.)

3.75. NEVRÛZ

(Far.) Türk Musikisinde bir makamdır.

Bu **nevrûz** mevsiminde râhatü'l-ervâh mukarrerdir
Kudûm-i şevk-ı vuslatla hemân evvel bahâr olsun - (Prişti-
neli Nuri Divanı, k. 3/3.)
*"Bu nevruz zamanının ruhlara ferahlık verdiği bilinen bir ger-
çektir; artık kavuşma adımıyla hemen ilkbahar gelsin."*
Nevruz, ruhlara ferahlık veren bir makamdır.

3.76. NEY/NÂY

(Far.) Türk Musikisinin en çok bilinen nefesli sazıdır.

Belîg gönlümüzi âhen olsa da eridir
Sadâ-yı **nây**-ı ciger-sûz u nağme-i Dâvud   (Beliğ Mehmed
Emin Divanı, g. 39/9)
*"Ey Belig gönlümüz demir de olsa Dâvud'un nağmesi ve ciğer
yakan neyin sedası gönlümüzü eritir."*
Hz. Davud'un ciğer yakan nağmeli neyinin sadası, gönlü
demir olsa da eritir demektedir. Neyin sedasının tesir kudretini
göstermek için Davud Peygamber'in demir kullanmaktaki gü-
cünü ve tesirini kullanmaktadır.

Eyleyen mûy-ı dilin târ-ı rebâb-ı bezm-i 'aşk
Dâg-ı gamla cism-i zerdi **ney** gibi nâlân olur - (Esad Divanı,
g. 67/4.)
*"Bezmi aşkın rebâbının teli, gönül teli olur. Gam yaralarıyla
sarı cismi, ney gibi nalân olur."*
Gönül, aşk meclisinde keder yaralarıyla ney gibi sararmakta
ve ney gibi inlemektedir.

Sezâdur sînemi müşt ile ursam nâle eylerken
Müretteb meclis-i dil-dâre Feyzî deff ü **ney**dür bu - (Feyzi
Divanı, g. 105/5.)

"Ey Feyzî! Sevgilinin meclisinde def ve ney çalınmaktadır. Ben de inlerken, göğsüme muşta ile vursam yaraşır."

Sevgilinin meclisinde def ile ney çalınmaktadır. Âşık, vecd hâlinde ney gibi inlerken göğsünü def gibi dövmek istemektedir.

Ne kalem zâhir olur gâh sarîrinde anun
Nagme-i **ney** gibi gûş-ı dile bir hûb sadâ - (Feyzi Divanı, k. 4/7)
"Kalemin yazarken çıkardığı seste (satırlarında) bazen neyin nağmesi gibi gönül diline bir güzel sada zahir olur."

Kalemin çıkardığı seste (satırlarında) bazen neyin nağmesi gibi gönül diline hoş sadalar zahir olur.

Şeb-tâ-sabah nâlelerüm **nây**a meşk ider
Âhum terâne-i tenedür **nây**a meşk ider - (İzzet Ali Paşa Divanı, g. 46/1.)
"Bedenin teranesi olan ahım, geceden sabaha kadar neye (terennümü meşk eder) öğretir."

Sabaha kadar süren inleme sesleri, bu inleyişlerini neyden öğrenmektedir.

'Âşıkın var nâlesi **nây** u nevâyı n'eyler o
Tâze dil-berdir dahi bây ü gedâyı n'eyler o - (İlhami/III. Selim Divanı, mus. 3/3)
"Âşığın inleyişi var, ney ve nağmeyi ne yapsın. Genç dilberdir, zenginliği ve köleyi ne yapsın."

Ney inleme şeklinde ses çıkaran bir sazdır. Âşığın zaten kendi inleme sesi var ve o inleyiş nağmesi kendisine yeter. Neyin inleyişine ihtiyacı yoktur.

Vücûd-ı **ney** gibi pür dâg iken tenim dilber
Usûliyle yine ben bî-nevâya nâz eyler - (İbrahim Hanif Divanı, g. 91/2.)
"Tenim, neyin bedeni gibi yaralarla dolu iken sevgili, yine tarzınca benim gibi zavallıya naz eyler."

Ney, üzerindeki delikler dolayısıyla yara dolu bir bedendir.

Hem-çü peymâne gehî pür-dil olup demler olur
Ney gibi nice tehî mağz ile kavvâl oluruz - (Müsellem Ebu'l-vefa Divanı, g. 73/6)
"Bazı anlar olur, kadeh gibi yürekli oluruz, bazen de ney gibi boş kafalı (içi boş) kaval (çok söyleyen, sözü yerinde söyleyen) oluruz."
Neyin içi boş olma özelliğinden dolayı şair kendisini bazen ney(in inleyişi) gibi konuşan, inleyen biri olarak hissetmektedir.

Olup derhem **ney** ü mey perde-i nâmûsı çâk itdi
Giribân bûseler 'arz eyledi dâmâna meclisde   (Müsellem Ebu'l-vefa Divanı, g. 149/3)
"Ney ve şarap muzdarip olup namus perdesini yırttı. Yaka, mecliste eteği öptü."
Ney, mecliste ızdırap duymuş ve namus perdesini yırtmıştır.

[E]ger miskâl-i zerre remz-i 'aşkı bilse ger zâhid
Ney-âsâ nâle eylerdi müdâm isterse 'âr olsun - (Priştineli Nuri Divanı, k. 3/20)
"Zahit eğer aşkın gizli işaretlerinden zerre kadar haberdar olsa, hiç utanıp çekinmeden ney gibi devamlı inlerdi."
Zahit eğer aşkın rumuzlarını birazcık da olsa bilse, ney gibi hiç kimseden utanmadan inlerdi.

Sorarsan **ney** gibi efğân iden kimdir seherlerde
Efendim külbe-i fürkatde ağlar Nûrî-yi şeydâ - (Priştineli Nuri Divanı, g. 23/5)
"Efendim, seher vakitlerinde ney gibi inleyen kimdir diye sorarsan, âşık Nuri ayrılık kulübesinde ağlamaktadır."
Priştineli Nuri ayrılık kulübesinde ağlama sesini neyin iniltilerine benzetmektedir. Ney nasıl ayrılığından dolayı inlemekte ise Nuri de ayrılıktan dolayı ney gibi inlemektedir.

İdemez 'aşkı nühüfte dil-i zâr
Ney gibi nâlesin eyler izhâr - (Sami Divanı, mes. 3/22)
"İnleyen gönül aşkı gizleyemez, ney gibi inleyişini açığa vurur."
Ney inleyen gönül gibi görülmüştür. İnleyen gönül, ney gibi aşkını gizleyemez, inleyişini açığa vurur.

Mülk-i istignâda sultan oldugın telmîh ider
Deste **nây** aldukça halka kec-külâh-ı Mevlevî - (Sami Divanı, g. 132/4)
"Ele ney aldıkça halka Mevlevi külahı eğriliği gibi bakar ve (bu şekilde) istiğna mülkünde sultan (müstağni) olduğunu ima eder."
Ney, nağmesiyle dinleyeni veya icra edeni müstağni kılmaktadır. Eline ney aldıkça halka Mevlevi külahı gibi yan bakar ve bu şekilde müstağni oluşunu ima eder.

Pür itmiş çâr-sû-yı âlemi germiyyeti Sâkıb
Hemân kendin sanur bî-çâre ney medhûş-ı Mevlânâ   (Sakıb Dede Divanı, k. 8/16.)
"Sıcaklığı âlemin dört yanını doldurmuş olan Sakıb, kendini çaresiz ney gibi Mevlânâ'nın şaşkını, tutkunu sanır."
Ney, Mevlana'nın tutkunudur ve Sakıb da kendini ney gibi çaresiz ve Mevlana'nn tutkunu zannetmektedir.

Feth-i bâb-ı hikmete miftâh-ı gayb itmiş **ney**i
'Ayn-ı cem'a nakîl-i nev-mâcerâdur Mesnevî - (Sakıb Dede Divanı, k. 10/5)
"Hikmet kapısının fethine neyi gayb anahtarı eden Mesnevi, bütün göze (kaynağa) yeni bir nakil yoludur."
Ney Mesnevi'de hikmet kapısının fethi için gayb anahtarı olmuştur. Hikmetin sırları neyle ifade edilmiştir.

Bî-kayd-ı berg ü sâz-ı cihânuz dilâ bize
Mânend-i **ney** bu dâirede hoş-neva yeter - (Sakıb Dede Divanı, g. 30/10)

"Ey gönül biz kayıtsız-şartsız, aldırmaz yaprağız ve dünyanın sazıyız. Bize bu dairede ney gibi hoş nağme yeter."

Âşıklar dünyaya aldırmaz, ondan müstağni oldukları için kendilerine bu dünyada ney sesini kâfi bulmaktadırlar.

Nice nâlân-ı hasret olmasun **ney** bezm-i 'işretde
Ki terk itmiş anı neşv ü nemâ berg ü nevâ bir bir - (Sakıb Dede Divanı, g. 57/11)

"Büyümek ve gelişmek, yaprak ve yemiş kendisini terk etmişken ney, işret meclisinde nasıl hasretle inlemesin?"

Sazlıktan kesildikten sonra neyin büyümesi durmuş, artık kurumaya yüz tutmuştur. Üzerinde yaprak dahi kalmamıştır. Ney mevcut hâlinden olduğu gibi sazlıktaki hâline olan hasretinden dolayı da inleyip durmaktadır.

Sakıb-ı şûh-lehceyüz **ney** gibi her makâmda
Midhat-ı Mevlevîledür zemzeme-i karârımız - (Sakıb Dede Divanı, g. 67/19)

"Ney gibi her makamda serbest olan (her makamın seslerini çıkarabilen) Sakıbız ki kararımızın nağmeleri, Mevleviliği övmektedir."

Neyin her makamı icra edebilmesi gibi Sakıb da her makamı icra etmekte ve her dili konuşmaktadır. Yani Sakıb, bütün tarikatlerden bahseder, bütün tarikatlerin dilinden anlar, onları da tanımıştır ama son geldiği nokta Mevleviliktir. Artık bulunduğu noktadaki zemzemesi (sadası) mevleviliği övmektedir.

Var iken **ney** kim bakar meclisde rûy-ı vâ'ize
Bi'z-zarûre ser-be-ceyb-i hırkadur yârânumuz - (Sakıb Dede Divanı, g. 72/8)

"Mecliste ney var iken vaizin yüzüne kim bakar? Yaranımız ister istemez hırkanın içinde başını önüne eğmiş olandır."

Mecliste bulunanlar neyin nağmesini, tattırdığı his ve heyecanları, vaizin vaazına tercih etmektedir.

Ney-veş esrâr-ı mahabbetden urursam n'ola dem
Nagme-i hüsn-i edâ bâd-ı hevâ geldi bana - (Şeyh Gâlib Divanı, g. 9/8)

"Ney gibi muhabbet sırlarından bahsedersem şaşılacak bir şey yok. Çünkü bana güzel edalı nağmeler ve ilham geldi."

Neyin üflenmesi, dem vurmak olarak ifade edilmiştir. Ney, dem vururken muhabbet sırlarını ifşa etmektedir. Şeyh Gâlib, kendisini bu açıdan neye benzetiyor. Ney, kendisine üflenen nefesle sırları ifşa eder. Aynı zamanda ney, kendisine nefes üflenmekle birlikte canlılık emaresi gösterir, canlanır. İnsan da nefesten yaratılmıştır. Bad-ı hevâ geldi demekle kendisine lütfedilen nefesten bahsetmektedir. Nefes tasavvufta sırrı sembolize eder.

Nevâ-yı 'aşk ile **nây**-ı gelûsu mansûrun
Makâm-ı dâra münâsib terâneler söyler - (Şeyh Gâlib Divanı, g. 51/5)

"Mansur neyinin boğazı (nefesi) aşk sedasıyla dar makamına (darağacına) münasip nağmeler söyler."

Mansur neyden hareketle, Hallac-ı Mansur'a atıfta bulunulmuştur. Asılırken çıkarılan sese işaret edilmiştir.

Sebük-rûhân bilüp sûrâh-ı **nây**ı revzen-i vahdet
Irâk u ısfahânı seyr ederler râh-ı dîgerden - (Şeyh Gâlib Divanı, g. 258/5)

"Hafif ruhlu (neşeli, şen) insanlar neyin iniltilerini vahdet penceresi olarak bilirler. Bir başka taraftan da ırak ve ısfahan makamlarını seyrederler(icra ederler)."

Ney, ırak ve ısfahan makamlarının şen ve neşeli bir makam oluşlarına karşın inlemektedir. Irak ve ısfahan makamlarının diğer yoldan seyretmeleri, (ayrı notalarla icra edilmeleri) onların şen ve neşeli makam oluşlarını göstermektedir.

Bâz-ı hezâr sayd olur evc-i safâda olsa ger
Şeh-per-i desti neyzenin bâl ü per-i hümâ-yı **ney** - (Şeyh Gâlib Divanı, g. 305/10)

"Neyzenin hüma neyinin kolu kanadı olan uzun eli, eğer eğlencenin yücesinde olursa binlerce doğan (neyzene) av olur."

Ney hüma kuşuna benzetilmiştir. Hüma kuşu, nasıl kuşların en üstünü ise ney de sazların en üstünüdür. Neyzenin parmakları ise ney hümasının kolu kanadıdır. Neyzenin doğan avlaması, çok iyi eserler icra edebilmesidir.

Çeng ü nefîr her biri mazharıdır bir 'ârifin
Hazret-i Mevlevîyedir 'aşkda intimâ-yı **ney** - (Şeyh Gâlib Divanı, g. 305/13)

"Çeng veya nefir (çalgılarını icra etmeleri) bir arifin üstünlüğüdür; ancak Mevlevilikte aşk, neye intisap etmektir."

Seyr ü sülükte bir kişinin çeng ve nefir çalması, onun üstünlüğüdür ama Mevlevilikte bu çalgıların yerini ney alır.

Cânum ol meclise rakkâs u dilümdür mutrîb
Başlasa nâle vü zâra demidür **nây**-ı gelû - (Yahya Nazim Divanı, k. 27/15)

"Canım, o meclise rakkas; dilim ise sazendedir. Ney, inlemeye ve inleyerek ağlamaya başlasa yeridir."

Ney, boğaz gibi boğum boğum olduğu için boğaza, sesi ise boğazdan çıkan inleme ve ağlama seslerine benzetilmiştir.

Cismümi pür-sûziş-i nâle **ney**-i bezm-i cünûn
Cânumı mızrâb-ı sâz-ı mihnete târ eyledi - (Yahya Nazim Divanı, k. 30/19)

"Mecnunlar meclisinin neyi, bedenimi baştan aşağı yakıcı bir inleyiş hâline getirdi, canımı ise keder sazının mızrabına tel eyledi."

Ney mecnunlar meclisiyle birlikte kullanılmıştır. Ney, mecnunların kederli ve mihnetli hallerine münasip nağmeler çıkarır. Bu yüzden mecnunların bedenini baştan aşağı yakıcı bir inleyiş hâline getirir.

Nevâ-yı 'aşk olur can-zâra nâhûn-zen

Misâl-i nağme-i **nây**-ı müessir-i Dâvud - (Yahya Nazim Di-
vanı, 31-8/2)

*"Davud'un tesirli neyinin nağmesi gibi aşk nağmesi inleyen
cana tesir eder, tırmalar."*

Aşk nağmesi (nevası) cana Davud'un tesirli neyinin nağmesi
gibi tesir eder.

(Ayırca bkz. BMED, g. 180/6, sk. 13/3, dmsç. 27; ED, g. 33/1,
40/5, 67/4, 187/3; FD, k. 4/15, 6/17, 7/13, 8/17, g. 6/2, r. 30; İAPD, k.
1/36, 12/7; İD, mus. 7/3, 8/2; İHD, g. 36/2, 93/7, 168/1, 377, 376/1,
rub. 33; MED, g. 16/2, 31/4, 128/5, 142/1, mm. 12; ND, g. 60/6,
123/2, 128/4, 131/1, ş. 28/4; NSED, g. 135/3, 231/1, 434/3, 457/6,
492/1, rub. 545/1, b. 1; PND, g. 26/1, 28/1, 38/4, 49/4, 71/3, 72/4,
100/1, 102/5, 117/2, 149/2, 160/2, 182/2, 189/4, 199/3, 240/1, 248/3,
249/2, 267/1, 272/1, 291/4, 315/7, 337/3, 341/1, 381/5, dg. 5/1; SD,
mes. 3/24, g. 132/7, 85/3, k. 1/11; SDD, k. 3/31, 9/10, 10/50, 11/ 14,
12 / 57, 13/ 26, 13 /32, 15/21, 17/ 10, 19/52, 25/15, 25/27, 31/39,
mus. 3/12-1, 4/ 3-1, 6/15-1, tar.1/7, 10/14, 11/14, 18/7, g. 10/15, 28/6,
28/13, 33/5, 72/4, 72/14, 72/15, 72/19, 72/21, 80/15, 89/22, 101/12-
13, 108/29-36, 110/18, 117/14, 118/23, 120/9, 122/14, 129/1, 134/11,
135/11, 139/21, 140/17, 146/12, 160/11, 161/5, 163/13, 165/15, r.
5/3; ŞGD, k. 15/9, 26/5, tcb. 1/30, g. 62/4, 199/6, 303/8, 51/5, 53/1,
tar.14/25, mes. 6/8; YND, tb. 32-1/9.)

3.77. NEY-ZEN

(Far.) Ney çalan sanatkâr.

Ney-zen demindür al beni efsürdedür yürek

Söndi gönülde âteşi lâzımdır üflemek - (Beliğ Mehmed
Emin Divanı, sk. XII/3)

*"Ey ney-zen, yüreğim solmuş, hissizleşmiştir. Beni al, şimdi se-
nin (üfleme) zamanındır. Gönülde ateş söndü, onu tekrar üflemek
(ve o ateşi canlandırmak) lâzımdır."*

Neyzenin üflemesi, gönüldeki sönmüş ateşi tekrar canlandırmaktadır. Bu, aynı zamanda tasavvufî anlamı da haizdir. Ney, birçok sırrın sahibidir, üflenince onlar âşikâr olur. Bu sayede sufî o sırlara vakıf olur.

Sadâsı **nayzen**-i 'aşk olur eger mutrib
İderse kellemi meclisde kâse-i tanbûr - (Beliğ Mehmed Emin Divanı, g. 65/5)
"Eğer mutrib başımı mecliste tanbûr kâsesi ederse, başımın sadası, aşk neyzeni olur."
Tanburun gövdesi önce baş oluyor, baştan çıkan nağmeler ise aşk neyzeni oluyor. İnsan başında ve neyde yedi delik olması cihetiyle baş, neye de benzetiliyor.

Bir nefes var hele **neyzen**de ki rakkâs-ı felek
Gûş idelden anı her dem ditrer dir dir ten - (Beliğ Mehmed Emin Divanı, g. 169/4)
"Neyzende öyle bir nefes var ki felek rakkası onu dinlediğinden beri her an tir tir titremektedir."
Neyzenin nefesi, o kadar tesirlidir ki felek rakkası onu duyduktan sonra her an korkusundan tir tir titretmektedir.

Ana sûrâh-ı neyden sûz-ı dil te'sir ider yohsa
Degül bî-câ bu cünbiş dem-be-dem engüşt-i **neyzen**de (Beliğ Mehmed Emin Divanı, g. 180/6)
"Neyzenin parmaklarında her an olan bu cümbüş yersiz (boşuna) değildir, ona neyin inlemesinden oluşan gönlünü yakıcılığı tesir eder."
Neyzenin parmaklarının hareketinden oluşan nağmeler boşuna veya yersiz değildir. Onun hareketlerine sebep olan neyin inlemesinden dolayı gönlünün yanmasıdır.

Nâle vü efgânımı gûş itmege ol gül-beden
Andelîb-âsâ dil-i nâlânım itdi **nâyzen** - (İbrahim Hanif Divanı, g. 379/3)

"O gül bedenlinin iniltimi ve feryadımı dinlemesi için neyzen, inleyen gönlümü bülbül gibi etti."

Neyzen gül bedenli güzele âşığın inlemesini dinletmek için, âşığın gönlünü bülbül gibi inletmiştir.

Ney-zen bezmde mutribe hem-vâre kec bakar
Bilmem miyânlarında nedir bu münâfese - (Nedim Divanı, g.136/4)

"Neyzen mecliste sazendeye her zaman (kec) eğri, yan bakar. Aralarındaki bu çekemezlik (gizli düşmanlık) bilmem nedendir?"

Neyzen, ney üflerken yan durmaktadır. Bu duruşu neyzenin sazendeye dik bakışı olarak yorumlanmıştır. Bu dik bakış, bir çekemezlik veya gizli bir düşmanlıktır.

Semâ-ı 'aşka gir hânendelik reftârını terk it
Dügâhda dem-be-dem dil **neyzen**-âsâ nâledâr olsun   (Priştineli Nuri Divanı, k. 3/17)

"(Ey hanende!) Aşk semaına gir, hanendelik gidişatını terk et. Gönlün, dügâh makamında neyzen gibi sürekli inlesin."

Neyzen dügâh makamında hüzünlü nağmeler icra etmektedir. Hanende ise semaın dışında bir yerde eseri okumaktadır. Şair, hanendenin sema dışında kalma tavrını bırakmasını ve aşk semaına girmesini ve neyzen gibi dügâh makamında inlemesini söylemektedir.

Raks itmege bezm-i gamda 'âşık
Besdür dil-i zâra zâr-ı neyzen - (Sakıb Dede Divanı, g. 139/2)

"Âşığın, keder meclisinde raks etmek için inleyen gönlüne neyzenin iniltisi yeter."

Neyzenin iniltisi, kederinden inleyen âşığı vecde getirmeye kâfidir.

Güm-geşte kıldı nağmeler ol denli bezmi kim
Birbirlerine **ney-zen** ü hânende seslenir - (Şeyh Gâlib Divanı, g. 100/3)

"Nağmeler, meclisi(mecliste oturanları) o kadar kendilerinden geçirdi ki mecliste olan herkes ve her şey, sanki kayboldu ve mecliste sadece neyzen ve hanende birbirlerine seslenir (onların sesi duyulur) oldu."

Neyzen ve hanendenin icra ettiği nağmeler, meclisi öylesine kendinden geçirmiştir ki mecliste her şey kaybolmuş, sadece neyzen ve hanendenin nağmeleri kalmıştır.

Toldu mürgân-ı terennümle perî-hâne-i ney
Meh-i nev sandı leb-i **neyzen**-i dîvâne-i ney - (Şeyh Gâlib Divanı, g. 304/1)

"Ney perihanesi-büyücüsü (veya perileri davet eden ney) terennüm kuşlarıyla doldu. Ney delisi-tutkunu olan neyzenin dudağını yeni ay sandı."

Neyzen, ney çalmasından dolayı ney tutkunu olarak görülmüştür. Neyi tesirli çaldığı için perihane, terennüm kuşlarıyla dolmuştur. Ayrıca üflemekten dolayı dudağının aldığı şekil yeni aya benzetilmiştir. Neyzenin üflediği eserler, periye benzetilmiştir, yani peri kadar güzel terennümlerdir.

Bâz-ı hezâr sayd olur evc-i safâda olsa ger
Şeh-per-i desti **neyzen**in bâl ü per-i hümâ-yı ney - (Şeyh Gâlib Divanı, g. 305/10)

"Neyzenin hüma neyinin kolu kanadı olan uzun eli, şayet eğlencenin yücesinde olursa binlerce doğan av olur."

Neyzenin parmakları ney hümasının kolu kanadı olarak tasavvur edilmiştir.

(Ayrıca bkz. BMED, g. 195/5, 243/4; SD, mes. 3/24; ŞGD, g. 304/4.)

3.78. NİHÂVEND

(Far.) Türk Musikisinde bir şed makamdır.

Nihâvend ü 'ırâk âhengi oldu bâ'is-i şâdî

Bu günden sonra nevbet geldi fasl-ı sıfâhâna - (Nedim Divanı, k. 17/32.)

"Nihavent ve ırak, mutluluğun vesilesi oldu. Bu günden sonra sıra ısfahan faslına geldi."

Nihavent ve ırak yakın makamlardır. Nihavent şed, ırak ise mürekkep makamdır. Nihavent, dinleyeni mutlu eden bir makamdır.

'Acem hattıyla gûyâ kaşları tuğrâ-yı ra'nâdır

Nihâvendin gelüp gitdi hicâza nâ-civâr olsun - (Priştineli Nuri Divanı, k. 3/8.)

"Sevgilinin kaşları, acem hattıyla çekilmiş latif bir tuğra gibidir; o nihavent ile gelip gitti, bari hicaza komşu olmasın."

Acem makamından nihavent makamına geçmek kolaydır. Ancak nihaventten hicaza geçmek zordur. Sevgili, acem makamını söylüyor, oradan nihavent makamına geçiyor ama hicaz makamına geçmiyor. Çünkü bu iki makamdan sonra hicaza geçki yapması mümkün değildir. Bu iki makam da hicaza komşu değildir.

Mutrib itdükçe **nihâvend**i sürûd

Bûy-ı te'sîri virür nağme-i 'ûd - (Sami Divanı, mes. 3/16.)

"Mutrip nihavendi icra ettikçe, udun nağmesi muhabbet/ümit tesiri verir."

Sazende, nihavent makamını ud ile icra etmektedir. Nihavendin icrası, dinleyende muhabbet ve ümit hissi uyandırır.

(Ayrıca bkz. İHD, teşv. 4/2; ND, tm. 1/10, tard. 5/X; PND, k. 2/12; SDD, k. 3/26.)

3.79. NİKRÎZ

(Far.) Türk Musikisinde, dizisi bir sekizli içinde gösterilebilen basit görünüşlü bir birleşik makamdır.

Degildir ısfahânî sürmeler âhû-yı çeşminde
Nühüftdür ğamze-i **nikrîz**i yârin âşikâr olsun - (Prıştineli
Nuri Divanı, k. 3/9.)
"Sevgilinin ceylan gözlerindeki şey, ısfahan sürmesi değildir; onun gizlenmiş olan bakışları, artık ortaya çıksın."
Nikriz, basit görünüşlü birleşik bir makam olması dolayısıyla, gizli bir bakışa benzetilmiştir. Onun ortaya çıkması istenmektedir.

3.80. NİŞÂBÛR

(Far.) Türk Musikisinde bir mürekkep makamdır.

Nîşâbûr'dan mı geldi yohsa ağyâr frenkçînden mi
Beni yârdan cüdâ itdi revâ mı kâmkâr olsun - (Prıştineli
Nuri Divanı, k. 3/24.)
"Rakip, Nişabur'dan mı geldi, yoksa Frengistan'dan mı, Çin'den mi? Beni sevgiliden ayırmışken, onun mutlu olması reva mıdır?"
Frenkçin, neşeli ve hareketli bir usuldür. Nişabur da hareketli, neşeli bir makamdır. Bir arada kullanılmaları bu sebepledir. Ağyar nişaburdan gelip sevgilinin mutluluğunu bozmuştur. Bir manada nişabur ağyar olarak karşımıza çıkmaktadır. Aşığı sevgilisinden ayırmış, mutlu iken mutsuz bırakmıştır. Bu durum, firenkçin usulünün neşeli bir vasfa sahip olması dolayısıyla ortaya çıkmıştır.

İdicek 'azm-i reh-i **nîşâbûr**
Oldı şeh-râh-ı negam nakş-ı sutûr - (Sami Divanı, mes. 3/6.)
"Nişabur yoluna girince, satırların nakışları nağme yolunun şahı oldu."
Nişabur, üç oktav re'den başlayan, çok tiz sesleri içinde barındırdığı için icrası çok zor bir makamdır. Tiz perdelerin arası çok yakındır ve icralarında falso yapmamak hüner ister. Bu durum, hem sazende hem de hanende için geçerlidir. Beyitteki

"nakş" terimi melodideki seslerdir. Bu sesleri çıkarmak kolay olmadığı için de onu çıkarmak, nağme yolunun şahı olmanın yolunu açmaktadır.

Egerçi mâye-i nüzhet-fezâdur âhengi
Velî düşer ana nisbet hisâr-ı **nîşâbûr** - (Sakıb Dede Divanı, k. 3/28.)

"Eğer ahengi gönülleri açan mâye makamına kadar gelindiyse (nişâbûr makamının kıyısına -hisârına- kadar gelindiyse) ona yakın olarak nişabur makamını da söylemek uygun düşer."

Maye, oktav si'ye kadar çıktığı için tiz sesleri olan mürekkep bir makamdır. Nişabur makamı ise mâye makamının da üstünde bulunan bir makamdır. Eğer maye makamında eser icra ediliyorsa, birkaç tiz perde daha yukarılara çıkılarak nişabur makamına gelinebilir denilmektedir.

3.81. NİYÂZ

(Far.) Abdülbâki Nâsır Dede'nin yaptığı yedi mürekkep makamdan biridir.

Muhayyer olsa dem-i vasl-ı yârda 'uşşâk
Niyâz-ı bûselik ile nevâya mâ'ildir - (Esad Divanı, g. 40/3.)

"Âşıklar, sevgiliye kavuşma zamanını seçebilseler, niyaz-ı buselik ile nevaya meyillidir."

Buseliğin nevaya meyletmesi ve ona vasıl olmak için niyâz etmesi, buseliğin neva ile makam oluşturmasından dolayıdır. Muhayyer, uşşak, buselik ve neva basit makamlardır. Hepsinin seyirlerinde bitiş sesleri aynıdır. La ile biterler. Neva ile buselik makamının birleşmesinden (nevaya buselik beşlisi ilave edince) neva-buselik makamı ortaya çıkar. Buselik makamının uşşak (âşıklar) makamı ile yan yana kullanılmasının sebebi, buseliğin öpme manasından değil, buse (öpme) kelimesi ile olan ses benzerliğindendir.

İtme dildâra muhayyerde **niyâz**

Çıkmasun sünbüleye çakâvâz - (Sami Divanı, mes. 3/50.)

"Kalbi hükmü altında tutan sevgiliye, muhayyerde yalvarıp yakarma, (tize çıkmasından dolayı) parçalanmış, çatlamış sesin sünbüleye çıkmasın."

Niyaz makamında, muhayyer sesi en tiz sestir. Sünbüle sesi, arıza aldığı için niyaz makamında kullanılmaz, muhayyer sesi kullanılır. Bu teknik bilginin arkasında âşığa bir tavsiye yatmaktadır: Sevgiliye yalvarmak, yakarmak tiz seslerle uygun olmaz, bunun için daha yumuşak, daha yalvarıcı sesler kullanılmalıdır. Muhayyerde yalvarma, hele daha yukarılara aman ha, çıkma demektedir.

3.82. NÜHÜFT

(Far.) Türk Musikisinde bir mürekkep makamdır.

Kirişme-sâz idüp ebrûyu çeşm-i gûyâsı

Nühüfte-savt ile şeh-nâz okur kemâne ile - (Nedim Divanı, nzm. 6/3.)

"Konuşan gözleri, kaşlarını işve ile oynatıp, fısıldayarak kemane ile şehnaz okur."

Nühüfte, perde adı olarak kullanılmıştır. Arap musikisinde mahurun "fa-diyez" perdesine verdikleri addır. Nühüfte, aynı zamanda gizli ses manasında kullanılmıştır. Şehnaz makamında nühüfte sesi (tiz sesler), kullanılıyor. Şehnaz makamını (tiz sesleri) saklamak ne kadar zor ise, kaş-göz işaretini saklamak o kadar zor bir iştir.

Uşşak usûlüyle **nühüft** itdi nevâsın

Gördü ki çıkış vermedi zîr ü bem-i hasret - (Nedim Divanı, g. 11/4.)

"Uşşak makamında nühüft sesini kullanmak istedi; ama hasretin ince ve kalın tellerinin, bunun için çıkış vermediğini gördü (buna müsade etmedi)."

Nühüft, perde adıdır. Uşşak usulüyle uşşak makamında bir eser icra edilirken nühüft perdesine basılmaz. Çünkü nühüft, yani mahur arızalı sestir. Oysa uşşak makamı, arıza almaz. Uşşak makamında, acem (fa) ve gerdaniye (sol) vardır. Bunlar tiz seslerdir. Acem ile gerdaniye arasındaki perdeler, uşşak makamında kullanılmaz. Hasretin ince ve kalın tellerinin çıkış vermemesi bu kullanamayışı ifade etmektedir.

Nühüftdür ğamzesinde hâb-ı nâz îmâ ider dilber
Yegâh 'arz-ı cemâl eylerse çok mu 'âşıka bâri - (Priştineli Nuri Divanı, k. 2/4.)
"Sevgilinin bakışlarında uyku gizlidir. O, bu hâliyle naz yapar. (sevgili, bari güzelliğini gösterse), onun aşığa güzelliğini göstermesi çok mudur?"
Nühüft makamı ile yegâh makamı çok benzerdir. Neredeyse aynı arızaları alırlar. Yegâh ile nühüft makamlarının âdeta birbiri içinde olmaları söz konusu edilmiştir. Nühüft, kısa zamanda olup biten bir bakış iken, yegâh ise daha geniş bir zamana yayılmış olan cemâlin (güzelliğin) teşhiridir ve bu daha makbuldür. Nühüft, adeta yegâhtan bir parça gibidir. Nühüft bir parçayı, yegâh ise bütünü ifade eder. Teknik olarak da nühüft, yegâh makamı içinde oluşturulan bir makamdır. Bu, yegâh makamının, nühüft makamından daha çok kullanılıyor olmasını da gösterir.

Nagmesi râhatü'l-ervâh-ı kulûb-ı 'uşşâk
Dilde kalmazdı nevâsıyla **nühüfte** âlâm - (Sami Divanı, tar. 11/3.)
"Nağmesi, âşıkların kalplerini, ruhlarını rahatlatıyor. Onun sesiyle gönülde, gizli elemler kalmazdı (yok olurdu)."
Uşşak, nühüftün mayasıdır. Nühüft ile râhatü'l-ervâh makamı arasında benzer sesler bulunmaktadır. Beyitte geçen makamlar, melodi olarak aynı sesleri kullanabilen makamlardır. Onun (sevgilinin) sesiyle gizli elemlerin kalmaması, elemlerin yok olmasıdır. Çünkü kalpleri ve ruhları rahat ettiriyor. Nühüfte makamı, uşşak makamını temel olarak alır, onun ciddi, soğukkanlı taraflarıyla elemleri gönülden siler.

3.83. PENÇGÂH

(Far.) Türk Musikisinde bir mürekkep makamdır.

Hep havâs-ı bâtın ile zâhiri dem-saz idüp
Pençgâh üzre nevâkâram eyâ hayrü'l-beşer   (Müsellem
Ebu'l-vefa Divanı, g. 36/2.)

"Ey insanların hayırlısı! Batın ve zahir ehli olan zatları, tamamen birbirine dost ettim, penç-gâh (bu nağme) üzere nevâkarım."

Burada pençgâh, neva perdesinin eski adı olması dolayısıyla neva olarak alınmaktadır.

Kârlar, din dışı bir form olmakla birlikte Itrî'nin nevakârı din dışı bir form olarak görülmemektedir. Itrî, nasıl din dışı form olan kâr ile dinî muhtevayı birleştirdiyse -nitekim Itrî'nin nevakârı birçok tekkede okunmaktadır- Müsellem de kendisini bu duruma benzeterek batın ile zahir ehli çekişmesini bir yana bırakıp iki tarafı kendisinde dost ediyor. Her iki tarafa da aynı gözle bakıyor. Ayrıca kârların özelliği üst seslerden başlamasıdır. Nevakâr da önce re, sonra la'dan alır. Tiz sesler, sürekli yalvarış, yakarış sesleri olarak karşımıza çıkmaktadır. Müsellem, kendisini bu yakarış (nağme) üzere görmektedir.

Dilâ bu bir degildir bana fürkat **pençgâh** oldu
Beyâtî perdesinde ber-efşân eşkim nisâr olsun - (Priştineli
Nuri Divanı, k. 3/25.)

"Ey sevgili, bu benim çektiğim ayrılık bir değil beş oldu; berefşan (dağılan) gözyaşlarım beyati perdesinden saçılsın."

Pençgâh, eskiden neva perdesi yerine kullanılmaktaydı. Neva ile hüseyni arasındaki arızi sese, beyâtî perdesi denir. Biraz daha tizdir. Âşığın beyati perdesinde gözyaşı dökmesi, beyatide, derin bir içtenlik olmasındandır.

Pençgâh ile idüp istînâs
Zevk-i bî-gâye bulur penç havâs - (Sami Divanı, mes. 3/3.)

"Pençgâh makamı ile ünsiyet edenler (onu çok kullananlar), beş duyuyla nihayetsiz zevk bulur."

Pençgâh, her yönüyle çok hoş bir makamdır. Onun sayesinde, beş duyu ile sonsuz zevke dalınır.

Semme vechu'llâhdur mihrâb-ı rûy-ı gerdişi
Fi'l-hakîka **pençgâh**-ı ehl-i 'irfândur semâ - (Sakıb Dede Divanı, k. 11/4.)
"Yüzünü döndüğün yer (mihrab), semme vechullahtır. (Ama) Hakikatte sema, irfan ehlinin pençgâhıdır."

Mihrap, harp kelimesinden gelir. Bu ise nefisle yapılan mücadeledir. Yeryüzündeki insanlar, Kâbe'yi bulabilmek için dört cihete dönerler. Sema yapanlar ise beş cihete dönerler. Beşinci cihet, kendileridir yani kalptir. Kendi kalplerinde olansa, Cenâb-ı Hakk'tır.

3.84. PERDE

(Far.) Ses manasındadır. "Dügâh perdesi, hisar perdesi..." gibi

Âheng-i nâle evc-i felekde ider karâr
Zirâ ki **perde perde** makâm-ı nevâ çıkar - (İzzet Ali Paşa Divanı, g. 25/4.)
"İnleyiş ahengi, feleğin zirvesinde karar eder. Nitekim neva makamı, perde perde çıkar."

Evc, tiz sesleri olan bir makamdır. Neva, ona göre ağırbaşlı bir makamdır. İnleyiş ahengi, o kadar şiddetlidir ki, nevâya ait tiz seslerin de üzerine çıkarak evcde karar eder.

Vir müseddes-hâne-i kevne nevâ-yı zârumı
Nağme-rîz eyle ilâhi **perde**-i şeş-târumı - (Müsellem Ebu'l-vefa Divanı, g. 170/1.)
"Ey Allah'ım! İnleyiş sadamı, kâinatın altı yönüne ver. Şeştârımın perdelerini nağme saçan eyle."

Şeş-tar perdelerinin nağmelerinin, altı yöne vasıl olması için dua edilmektedir.

Dilâ bu bir degildir bana fürkat pençgâh oldu
Beyâtî **perde**sinde ber-efşân eşkim nisâr olsun - (Priştineli Nuri Divanı, k. 3/25.)
"Ey sevgili, bu benim çektiğim ayrılık bir değil beş oldu; beref-şan (dağılan) gözyaşlarım beyati perdesinden saçılsın."
Perde beyati perdesidir. Ayrılık acısıyla hüzünlenen âşık, be-refşan usulünde bir eser dinlemektedir. Kendi hâline yakın bul-duğu eser, beyati perdesine geldiğinde kendini tutamayıp gözya-şı dökmeye başlamıştır.

Mûsıkîde hele bir **perde**de üstâd idi kim
Zühreye kâdir idi itmege ta'lîm-i makâm - (Sami Divanı, tar. 11/6.)
"Musikide, hele perdede öylesine üstad idi ki Zühre'ye bile ma-kam öğretmeye gücü yeterdi."
Perde, hüner sergileme yeridir. Çünkü taksim yapmadan, aniden başka bir perde veya makama geçmek suretiyle hüner göstermek, herkesin yapabileceği bir ustalık değildir.

Perdesi var sâzveş bir turfe şey
Lîk ne tanbûr u ne kânûn ne ney - (Sami Divanı, mes. 6/5)
"Saz gibi perdesi var, ne tuhaf şey, ama ne tanbur ne kanun ne de ney"
Perdeli bir sazdan bahsetmektedir. Bu sazın kanun, tanbur ve ney sazları üzerinden tarifi yapılmakta, çok tuhaf hâli olduğu belirtilmektedir. Ancak saz hiçbirine benzememektedir.

Yâ Rab ne sazdur bu ki sâzende-i felek
Her **perde**de terâne-i cevr ü cefâ bilür - (Yahya Nazim Di-vanı, k. 11/24.)

"Ya Rabbi, bu öyle bir sazdır ki feleğin sazendesi her perdesinde cefa ve eziyet nağmesini bilir (icra eder)."

Felek, bir sazendeye benzetilmiş, onun çaldığı eserlerin perdesi (sesleri) ise insana keder, cefa vb. duygular hissettiren perdelerdir. Feleğin insanın başına gelenlerin müsebbibi olması anlayışından hareketle, onun çaldığı eserlerin perdesinin cefa yüklü olduğu düşünülmüştür.

(Ayrıca bkz. İD, g. 116/2; PND, g. 25/5, 236/1, 341/1; SD, mes. 3/58, g. 72/3; SDD, k. 23/22, 24/4, 26/6; ŞGD, g. 137/2.)

3.85. PEST

(Far.) Tîzin aksi olup, daha kaba, alçak, kaim ses demektir. Neva perdesi, mahur perdesinden pesttir, daha pestten başlar.

Makâmı **pest** olur elbet hazîz-i âstânında
Ne denlü itse mîr-i zümre-i Efgâniyân feryâd - (Sami Divanı, tar. 37/10.)

"Figanlar ülkesinin başındaki kişi, ne kadar feryat ederse etsin, asitanın (tekkenin) mesut insanları, pest makamda (kalın seslerde) duygularını ifade ederler."

Pest sesle, edeb hâlinde olan bahtiyar insanların halleri anlatılmıştır. Çok bağırmak, cezbe hâlinin ifadesidir. Edeb hâlinde, bağırarak konuşulmaz. Mutluluk makamının sesleri, pest seslerle olur.

Sâz-ı fakrın başkadır **pest** ü bülend-i nâlesi
Vızlamak za'fıyla mânend-i meges şehnâzıdır - (Şeyh Gâlib Divanı, g. 55/3.)

"Fakr sazın, kalın ve tiz inlemeleri başkadır. Sinek gibi zayıfça vızlaması ise onun şehnazıdır."

Pest, kalın ses manasında kullanılmıştır. Fakr, sazın basit, garip oluşu demektir. Bu gariplik, ses sahasının darlığı anlamına gelir. Ses sahası darlığından dolayı fakr olan saz, pest sesleri çıkaramamaktadır.

Urûc-ı evc-i **pestîye** zemîn-i ser-bülendîden

Tevâzu' pâye-i rif'at tenezzül nerdbânımdır - (Şeyh Gâlib Divanı, g. 98/7.)

"Yücelik zemininden pestî (alçak gönüllülüğün) zirvesine çıkışta tevazu, yüksek rütbenin nişanesi; tenezzül (alçak gönüllülük) ise merdivenimdir."

İlgili makamda pest sesinin nasıl elde edildiği gösterilmektedir. Gerdaniye sol'e, küçük mücenneb bemolü konarak; acem fa'ya, bakiye diyezi konarak elde edilen bir sestir. Ama hüseyniye büyük mücenneb diyezi konularak da elde edilir. "Uruc-ı evc-i pestî'ye tenezzül" teknik olarak bu şekilde sağlanmaktadır. Zemin, bir makamın özelliğini gösteren melodi kısmıdır. Genelde bu birinci mısradır. Daha sonra oradan pest seslere çıkar. Ayrıca insanın ne kadar yükselirse yükselsin, bu zemine bastığı müddetçe bu âleme bağlı oluşu yani nefs-i emmârede oluşu, anlaşılmaktadır. Bu âlemde, gaye pestîye (alçak gönüllülük) ulaşmaktır. Bu da ancak, kibirden arınarak ve tevazu ile olabilir.

(Ayrıca bkz. İAPD, g. 124/8, 129/8; MED, g. 58/4; SD, tar. 37/10; SDD, k. 3/25; ŞGD, g. 55/3, 98/7.)

3.86. PEŞREV/PİŞREV

(Far.) Türk Musikisinin en çok bilinen saz eseri formudur.

Nagmene tîr-i nigeh **pîş-rev** olmakda meger

Mutrib ebru da kemânınla hem-âheng midir - (Nedim Divanı, g. 27/2.)

"Senin bakışından ilham ile meğer nağmene bakış okları peşrev yapmakta. Ey mutrip, kaşın da kemanınla denk midir? (kaşların da kemanın yayına benzer midir?)"

Keman, sevgilinin bakışından ilham alan mutribin çaldığı bir çalgıdır. Sevgilinin bakış okları, peşrev yapmakta; kaşı da kemân yayı ile aynı ahenkte söz söylemektedir. Dolayısıyla keman, bakış oklarının nağmeye verdiği ilhamdan esinlenerek ses vermektedir.

O Bulğârî tabî'at olmasın **pîşrev** didim yâre
Çağırtma gelmesin yanına bâri dil-fiğâr olsun - (Priştineli Nuri Divanı, k. 3/23.)

"O Bulgar yaradılışlı, sevgiliye pişrev olmasın dedim; bâri onu yanına çağırtma ki gelemeyip gönlü incinsin."

Peşrev, kelime anlamında istifade ile kullanılmıştır. Bulgar tabiatlı olan kişinin, yâre pişrev olması, yârin onun arkasından gitmesi yani onun sözüne uyması olarak da anlaşılabilir. Âşık ise bunu istememektedir.

Edvâr-ı nevâ-yı gam pervânede kalmışdır
Mansûr o **peşrev**den ser-hânede kalmışdır - (Şeyh Gâlib Divanı, g. 59/1.)

"Gam sadasının dönüşleri, pervanede kalmıştır. Mansur, o peşrevin ilk hanesinde kalmıştır."

Bütün formlar dört hanedir. Peşrev de dört hâne olur. Mansurun serhanede kalması, ilk hanede kalması demektir. Mansur, temelde kalın, ağır başlı bir yapıya sahiptir. Diğer eserler gibi peşrevin de ilk hanesinde tiz sesler yer almaz. Mansurun peşrevde ilk hanede kalması ise bundan dolayıdır.

Beyit, tasavvûfî olarak şu anlamı haizdir. Peşrevin dört hanesi şeriat, tarikat, hakikat, marifete işarettir. Mansur birincide kalmıştır. Pervane marifete ermiştir. Bülbül aşkını ilan eder, bu yüzden de hakiki aşka erememiştir. Pervane ise döne döne menzile erer. Mansur inleyip faş ettiği için ilk hanede kalmıştır.

3.87. RÂHATÜ'L-ERVÂH

(Ar.) Türk Musikisinde bir mürekkep makamdır.

Nağmesi eşbâha mahzâ **râhatü'l-ervâh**dur
Hem-dem-i bezm-i ezeldür nâle-i mizmâr-ı subh (Müsellem Ebu'l-vefa Divanı, g. 22/5.)

"Hayaller(e girebilmek) yalnız râhatü'l-ervâhın nağmeleri ile mümkündür. Sabah surunun inleyişi, ezel meclisinin arkadaşıdır."

Râhatü'l-ervâhın nağmeleri, hayallere kapı aralayan, asil bir makamdır. Bu makam, kullandığı nağmeler açısından çok ağırbaşlı bir makamdır. Râhatü'l-ervâhın nağmelerinin sabah surunun inleyişi ve ezel meclisinin arkadaşı olması, makamlar arasında ilklerde olmasından dolayıdır.

Ne mümkin **râhatü'l-ervâh** ola ehl-i nevâ mücrim
Hicâz iklîmine teb'îd ider 'uşşak-ı nâ-çârı - (Priştineli Nuri Divanı, k. 2/9.)
"Çaresiz âşıklarını hicaza kadar süren, suçlu olan neva ehlinin ruhlarının rahatlaması, mümkün değildir."
Râhatü'l-ervâh makamında, neva perdesi ve hicaz melodisi bulunmakta, ancak uşşak makamı bulunmamaktadır. Uşşak makamının râhatü'l-ervâh makamında kullanılmaması, uşşak makamını, çaresiz ve sürülmüş olarak göstermiştir.

Nagmesi **râhatü'l-ervâh**-ı kulûb-ı 'uşşâk
Dilde kalmazdı nevâsıyla nühüfte âlâm - (Sami Divanı, tar. 11/3.)
"Nağmesi, âşıkların kalplerini, ruhlarını rahatlatıyor. Onun sesiyle gönülde, gizli elemler kalmazdı (yok olurdu)."
Uşşak, nühüft makamının mayasıdır. Nühüfte ile râhatü'l-ervâh makamı arasında benzer sesler vardır. Rahatü'l-ervâh ile uşşak makamının ise karar sesleri aynıdır. Beyitte geçen makamlar, melodi olarak aynı sesleri kullanabilen makamlardır. Uşşak makamı, çok otoriter, ciddi bir makamdır. Râhatü'l-ervâh ise yalvarıcı, yakarıcı, acındırıcı veya melankolik bir makamdır. Elemler, râhatü'l-ervâh makamı ile çok güzel anlatıldığı için âşıkların elemlerini rahatlatan bir makam olarak yorumlanmıştır.

Hicâz semtini tut hoş-makâm ise maksad
Hevâsı **râhatü'l-ervâh** olur idince mürûr - (Sakıb Dede Divanı, k. 3/29.)
"Amaç, hoş bir makam ise (güzel bir eser yapmak ise) hicaz semtinin yolunu tut. (Oradan) geçince havası gönle rahatlık verir."

Şair, hicaz makamının, ruha rahatlık verdiğini anlatırken hicaz ailesinden olan râhatü'l-ervâh makamının manasından yararlanmaktadır. Her zaman aynı makamda kalmak sıkarken, hicaz makamının ailesinden olan râhatü'l-ervâhı kullanmak, icra edeni rahatlatmaktadır.

(Ayrıca bkz. ND, g. 50/3; PND, k. 3/3; SDD, k. 3/27, g. 110/18, mus. 4/5-2.)

3.88. RAST

(Far.) Türk Musikisinin basit bir makamıdır.

Râstdur evc-i muhâlifde nevâ ʿuşşâk idüp
Gülistân-ı âlemi medhünle eyler pür-sadâ - (Feyzi Divanı, k. 5/24.)
"Rast, uşşaka evcin muhalefetiyle seslenerek, âlemin gül bahçesini övgünün sadasıyla doldurur."
Rast ile uşşak arasındaki teknik münasebetten bahsedilmektedir ki o, şudur: Makamın seyri sırasında güçlü ses önemlidir. Rastın güçlüsü nevadır. Uşşakın da güçlüsü nevadır. Uşşak ile rastın segâh perdesi müşterektir. Rast, ayrıca burada evc sesini alır. Arızi ses olarak rastta, segâh ve evc vardır. Uşşakta sadece segâh vardır. Her ikisinin de güçlüsü neva (re) perdesidir. Rast ile uşşak arasındaki fark evc perdesidir.

Muhayyerdir niyâzım nağmesi şehnâz-ı meh her dem
Hanîfâ dogrusu biz **râst** makâmında ne ʿuşşâkız - (İbrahim Hanif Divanı, g. 174/5.)
"Nazlıların şahı olan sevgiliye olan niyazımın nağmesi, her zaman muhayyerdir (değişkendir). Ey Hanîfî, doğrusu biz rast makamında, nasıl da uşşak makamını kullanıyoruz."
Rast ile uşşak makamı arasında, birçok ses benzerliği bulunmaktadır. Makamın seyri sırasında güçlü ses önemlidir. Rastın güçlüsü nevadır. Uşşakın da güçlüsü nevadır. Uşşak ile rastın segâh perdesi müşterektir. Arızi ses olarak rastta segâh ve evc var-

dır. Uşşakta sadece segâh vardır. Rast ile uşşak arasındaki fark evc perdesidir.

Servden tâke konup fâhte itdükde makâm
Râstdan eyledi bir şu'be ile asma karâr - (Sami Divanı, k. 16/18.)
"Güvercin, selvi ağacından (uçup) kubbeye konarak makam tutturunca, rast makamından bir şube ile asma karar eyledi."
Klasik usulde asma karar, ana makamın rengiyle yapılması gerekir. Bu makam da rast makamıdır.

İbtidâ **râst** ile buldı nizâm
Elif-i evvel-i tertîb-i makâm - (Sami Divanı, mes. 3/1.)
"Makamın tertiplerinin elifidir (başlangıcıdır.) (Diğer makamlar) önce rast ile nizam buldu."
Rast, makamların tertiplerinin başlangıcıdır. Makam seyirlerinin öğretimine önce rast ile başlanır. Daha sonra diğerlerine geçilir.
 (Ayrıca bkz. PND, k. 2/7, 3/2; SD, k. 16/18, 16/56, tar. 11/18; SDD, k. 3/23; ŞGD, g. 73/7, 137/2)

3.89. REBÂB

(Far.) Çok yaygın telli ve yaylı sazdır. Rebap, gövdesi hindistan cevizi kabuğundan yapılmış bir çeşit kemânçedir.

Efkâr-ı derd-i yâr ile gûş eyle Feyziyâ
Hicrân deminde nâle-i âhum **rebâb** olur - (Feyzi Divanı, k. 6/28.)
"Ey Feyzi, sevgilinin derdini, endişesini dinle ki ayrılık zamanında ahımın iniltisi rebab olur."
Rebab, keman, ney gibi çalgılardan daha geniş, üç oktavlık bir ses sahasına sahip olan bir çalgıdır. Çok pest seslerden çok tiz seslere kadar çıkabilmektedir. Âşık, sevgiliden ayrı kaldığı za-

manlarda ayrılık acısıyla çok yüksek inlemelerle ah etmektedir. Bu tiz sesli inlemeleri, rebab sesi çıkarabilir.

Bu demde nağme-i mızrâb lagziş-i pâdur
O denlü oldı çü yah-beste-râh târ-ı **rebâb** - (İzzet Ali Paşa Divanı, g. 7/3.)
"Rebabın teli, buz tutmuş yol gibi olduğu için, mızrabın çaldığı nağmelerin, o anda ayakları kaymaktadır."
Rebabın sesi yola benzetiliyor. Diğer çalgı mızraplarının ayakları kayıyor. Bu teşbih, rebabın ses aralıklarının diğer sazlardan daha geniş olmasından ve rebabın çıkardığı ses sahasında asla ses çıkaramamalarından veya çıkarmakta çok zorlanmalarından kaynaklanmaktadır. Ayrıca üst seslerde mızrabın daha hızlı hareket etmesi, kayması olarak yorumlanmıştır.

Bezm-i gamında hûn-i cigerdir şerâbımız
Âheng-i nây-ı nâle enîn-i **rebâb**ımız - (İbrahim Hanif Divanı, g. 168/1)
"Keder meclisinde ciğer kanı şarabımız, inleyen neyin ahengi ise rebabımızın inleyişidir."
Keder meclisinde rebab sesi inleme olarak düşünülmüş ve neyin inleme ahengine benzetilmiştir.

Mutrib ki harf-i râzımı gûş-ı **rebâb**e kor
Târ-ı kemânı nâle-i dil pîç ü tâbe kor - (Nedim Divanı, g. 29/1.)
"Mutrib, sırlarımı (harf-i raz) rebabın kulağına söyler. Gönül inleyişleri kemanın telini ıstırap ve sıkıntıya maruz bırakır."
Rebap, ahtan ve sırlardan bahsetmektedir. Kemanın çıkardığı sesler, rebabın çıkardığı seslerden daha az olduğundan, keman, rebabın seslerini çıkarmaya çalışıyor ama çıkaramıyor. Bu esnada kemanın teli, ıztıraba maruz kalıyor.

Açıl ey fasl-ı dey sen gül-sitânlardan açılsın gül
Terennüm eyle bülbül mutribim çengim **rebâb**ımsın - (Nedim Divanı, k. 15/4)

"Ey kış faslı, sen açıl, gül de gül bahçelerinde açılsın. Terennüm eyle bülbül, sen mutribim, çengim ve rebabımsın."

Bülbül rebaba benzetilmiştir.

Şerâb-ı saf kadar keyf verdi ey mutrib
Hurûş-ı nağme-i ter kâse-i **rebâb** içre - (Nedim Divanı, g. 126/1)

"Ey mutrip, rebabın kâsesi içindeki taze nağmesinin coşkusu, şamatası, saf şarap kadar keyif verdi."

Rebabın tellerinin şamatasından doğan coşku, saf şarap kadar keyif vermiştir.

Tali'üm gör kim beni bin hüzn ile giryân ider
Halkı pür-şevk eyleyen âvâze-i çeng ü **rebâb** - (Nahifi Süleyman Efendi Divanı, g. 50/6)

"Talihime bak ki halkı şevkle dolduran çeng ve rebabın avazesi, beni bin hüzünle ağlatır."

Rebab, nağmesiyle halkı şevkle dolduran bir çalgı iken şairi binlerce hüzünle ağlatır.

Âteş-i pür-sûz-ı 'ışk ile n'ola olsam kebâb
Yakdı yandurdı derûnum nağme-i savt-ı **rebâb** (Nahifi Süleyman Efendi Divanı, g. 51/1)

"Aşkın yakıcı ateşi ile kebap olsam ne olur. Rebabın sesinin nağmesi derunumı yakdı yandırdı."

Rebâbın nağmesi dinleyenin içini kebap gibi yakıp yandırmıştır.

Bî-def ü nây ü **rebâb** olmaklığıdur Sâmiyâ
Hücresinde zühd-i huşk ile günâh-ı Mevlevî - (Sami Divanı, g. 132/7)

"Ey Sami Mevlevinin günahı hücresinde kuru bir zühd ve def, ney ve rebab ile olmaklığıdır."

Mevlevinin günahı olarak saydığı bazı noktalarla Mevlevinin temel vasıflarını saymaktadır. Bu vasıflardan biri de rebab ile olmaktır.

Perde-i çeng ü **rebâb** u erganûnî ref ile
Ûd u şeş-târum çıkarmış ipligin bâzâra def - (Sakıb Dede Divanı, k. 26/6.)

"Çeng, rebab ve erganun, ud ve şeştar perdelerini ne kadar yükseltirse yükseltsin def onları bastırır."

Defin sesi, birçok çalgıdan olduğu gibi rebaptan da yüksek çıkmaktadır. Şair, defin onların sesini bastırmasını, onların "ipliğini pazara çıkarmak" ile ifade etmiştir.

Bu sûrgâh-ı muhabbet-terânede Gâlib
Rebâb-ı malabı gönlümce çalmadık gitdi - (Şeyh Gâlib Divanı, g. 309/6)

"Ey Gâlib, bu muhabbet nağmesinin eğlence yerinde istediğim rebabı gönlümce çalmadık gitti."

Rebabın Mevleviliğin temel sazlarından biri, Şeyh Gâlib'in de Mevlevi olduğunu hatırlayacak olursak, Gâlib'in gönlünce rebabı çalamaması, gönlünün feyz-i ilâhiden daha çok nasipdar olmak istediği, kendince eksik kaldığını hissettiği anlamına geldiğini söyleyebiliriz.

Sen ol şeh-i dü serâsın ki bezm-i vasfunda
Serîr-i hâmemüzi nağme-i **rübâb** ederiz - (Yahya Nazim Divanı, k. 12/39)

"Sen o iki cihan şahısın ki vasfının meclisinde kalemimizin cızırtısını rebabın nağmesi eyleriz."

Kalemin yazarken çıkardığı cızırtı rebabın nağmesine benzetilmiştir.

(Ayrıca bkz. ED, g. 190/1, İD, mün. 1/30, g. 3/4, 209/4; İHD, g. 269/2; ND, k. 15/27, ş. 28/4; NSED, g. 135/3, 479/2, rub. 545/1; SD, k. 12/13, mus. 9/VIII-2; SDD, k. 2/15, 19/52, 25/15, ŞGD, g. 16/3.)

3.90. REHÂVÎ

(Far.) Türk Musikisinde bir mürekkep makamdır.

Dünyâyı tutdı güfte-i nâyî terânesi
Bilmem ne hazz ider bu **Rehâvî**den Rûm - (Beliğ Mehmed Emin Divanı, g. 152/6.)

"Neyin sözlerinin nağmesi dünyayı sardı. Bilmem ki Rum ehli, rehaviden nasıl zevk alır."

Rehavinin bir Arap makamı olduğu hususunda bir bilgiden hareketle bakılacak olursa, beyitte böyle bir Arap makamından Anadolu'nun nasıl zevk aldığı sorulmaktadır. Beyitte neyin olması önemlidir. Çünkü neyin söyledikleri ilahî sözlerdir ve içinde sırlar mündemiçtir. Bu sırlar, bütün dünyayı tutmuştur. Önceki dinlerin bölgesel olmasının aksine İslâm, cühanşümuldür. Peygamberimiz de bütün âlemin peygamberidir. Dolayısıyla neyin ilahî sırlarının dünyayı sarması, bundan dolayıdır. Peygamber efendimiz, cühanşümul oluşu dolayısıyla Arap da, Rum da peygamberimizin ümmetindendir ve ondan dinlediklerinden haz alır.

Makâm-ı i'tibârda nâz ile tavr-ı hayf ister
Rehâvî istimâ' itmez ğazâlda nağmekâr olsun - (Priştineli Nuri Divanı, k. 3/11.)

"Sevgili, itibar makamında nazlanarak zulmetmek ister, gazeldeki nağmeleri, rehavi makamında duymak istemez."

Sevgiliye rehavi makamında yakarışta bulunulurken, sevgili, naz makamında müstağni tavır takınıyor. Rehavi makamı, rast gibi ağırbaşlı, zarif bir makamdır. Sevgili, yaptığı zulmün karşılığında rehavi makamını uygun bulmaz. Çünkü zulmün karşılığında feryat, figan çıkmalıdır. Onun da ifadesi rehavi yerine, tiz sesli şehnaz gibi makamlardır.

Hümâyûn hâtırı olsun küşâde vakt-i nev-rûzda
Rehâvî nağmesiyle eyle tatyîb tab'-ı dildârı - (Priştineli Nuri Divanı, k. 2/11)

"Sevgilinin huyunu rehâvi nağmesiyle güzelleştir, nevruz zamanında onun kutlu gönlü padişahlar gibi açılsın."

Rehavi makamının nağmesiyle sevgilinin huyu güzelleştirilmek istenmektedir.

Karârgâhı makâm-ı **rehâvî**dür şimdi
Fireng [ü] Çîn usûline bestedür devlet - (Sami Divanı, kıt. 1/2.)
"Saadet (devlet), rehavi makamında frenkçin usulünde yapılmış bir eserdir/bestedir."

Rehavi, bir mürekkep makamdır. Rast makamına çok yakındır. Temelinde rastı kullanır. Rast makamında, beyati çeşnisi girince rehavi makamı yapılır. Rehavi makamının karargâh olmasının sebebi, rasttan hemen sonra gelmesidir. Makam rehavi, usul de firenkçin olursa ne büyük (devlet) saadettir.

3.91. SABÂ

(Far.) Türk Musikisinde bir mürekkep makamdır.

Nevâ-yı bülbül-i şûrîdeye kıyâsı ko
Sabâ enînimi gûş eyle kim semâ'îdir - (Esad Divanı, nzm. 18)
"Âşık bülbülün nağmesine kıyası bırak, saba iniltimi dinle ki semai usulündedir (veya işitilmektedir)."

Saba makamındaki iniltisininin âşık-bülbülün nağmesiyle kıyaslanmasını istememekte ve iniltisine kulak verilmesini istemektedir.

Çok da tatvîl itme gerdâniyyede eyle karâr
Buselik faslın tamâm it kim **sabâ** eyyâmıdır - (İzzet Ali Paşa Divanı, ş. 2/2.)
"Çok da uzatma, gerdaniyede karar eyle. Buselik faslını tamamla ki saba zamanıdır."

Doğrudan saba ile buselik makamının bir yakınlığı söz konusu değildir. Ancak saba-buselik makamı vardır. Buselik makamında gerdaniyye sesi, mühim ses değilken saba-buselikte gerdaniye güçlü ses görevindedir. Gerdaniye sesi, geçici bir ses yerine kalıcı bir ses yapılmak istenirse saba-buselik yapılmak zorundadır. Bu sebeple, çok uzatma, gerdâniyede karar eyle demektedir.

Safâdan her dırahtun berg ile şâhı gelüp cûşa
Seher bâd-ı nesîm esdükçe âheng-i **sabâ** eyler - (İzzet Ali Paşa Divanı, g. 23/6.)
"Safadan dolayı her ağacın dal ve yaprağı cuşa geliyor, nesim rüzgârı, seher vaktinde estikçe saba ahengini icra eder."
Saba ile sabah arasında kelime benzerliği yapılmıştır. Sabah vakti esen nesim rüzgârının, dal ve yaprakları cûş u huruşa getirmesi, aynı zamanda saba makamının vasfıdır. Nitekim şair, seher vakti esen nesim rüzgârının, saba makamının ahengini icra ettiğini hayal etmektedir.

Oldu bu şarkı hele şarkıların ber-cestesi
Dil-güşâdır çün **sabâ** her nağme-i âhestesi
Söz Nedîmindir 'aceb tarz-ı hasendir bestesi
Güftesi ammâ ki bilmem besteden a'lâ mıdır - (Nedim Divanı, muh.19/IV.)
"Bu şarkı şarkıların en güzeli oldu. Çünkü saba'nın her ağır nağmesi, gönül açıcıdır. Tuhaf mıdır ki söz Nedim'indir ve bestesi güzeldir. Hatta bilmem ki güftesi, bestesinden daha mı iyidir."
Saba makamı, gönül açıcı bir makamdır. Nağmeleri, ağırbaşlıdır. Bu yönü *"aheste"* kelimesi ile ifade edilmiştir. Şarkının, diğer şarkılar yanında berceste olmasında nağmesinin altında saba ile bestelenmesi yatmaktadır.

Nevâ-yı nâle-i uşşâka râst pey-rev olup
Sabâ-yı seyrini eyle muhayyer ü mâhûr - (Sakıb Dede Divanı, k. 3/23.)
"Rast, âşıkların inleme seslerine tabi olup izinden gitmiştir. Saba seyrini, muhayyer ve mahur eyle."

Sol, la'dan daha alt notadır. Bu durum, rastın neva ve uşşak makamlarına tabi olup onların izinden gitmesi olarak yorumlanmıştır. (Ayrıca bkz. ED, nzm. 28; İD, ş. 30/3; İHD, g. 254/5; PND, k. 2/2, 3/6, SD, k. 11/26, mes. 3/26.)

3.92. SADÂ

(Far.) Savt, nağme, melodi.

Sadâsı nây-zen-i aşk olur eger mutrib
İderse kellemi meclisde kâse-i tanbûr - (Beliğ Mehmed Emin Divanı, k. 65/5.)
"Eğer sazende başımı mecliste tanbûr kâsesi ederse, başımın sadası, aşk neyzeni olur."
Sada, aşk nağmeleridir. Tanburun kâsesi, insan başına benzemektedir. Daha sonra -insan başında ve neyde yedi delik olması cihetiyle- baş, neye benzetiliyor. Kendi başından çıkan sadaların da, aşk nağmeleri olduğu belirtiliyor.

Bugün biz de bu âheng-i safâyı edelim bir gûş
Sadâsı gûş-ı cânı eyledi lebrîz gayet hoş
N'ola İlhâmî şevk-i aşk ile eyler ise ger cûş
Dil-i bülbül gibi söyler elinde ol arûsun deff - (İlhami/III. Selim Divanı, ş. 53/4.)
"Bugün biz de bu safa âhengini dinleyelim. Onun sadası can kulağını titretip gayet hoş eyledi. O gelin, elinde def ile bülbülün dili gibi (şarkılar) söylerken, İlhami, aşk hevesiyle kendinden geçerse, bunda şaşılacak ne var?"
Gelin, elinde def ile çalıp söylemektedir. Bir eğlence havası vardır. Bu atmosferde def eşliğinde söylenen nağmelerin sadası, can kulağını titretmiş ve kulağa gayet hoş gelmiştir.

Ger muhayyerde idersen cânâ
Bûselikden gelür 'uşşâka **sadâ** - (Sami Divanı, mes. 3/47.)
"Eğer muhayyere kadar çıkacak olursan, uşşaka ancak buselikten ses gelir."

Muhayyerden aşağı buselik sesleri ile inecek olursan uşşak makamı olur, yani bûselikten uşşaka sada gelir.

(Ayrıca bkz. BMED, k. 2/24, mus. 6/1, g. 39/9; FD, k. 4/7; İAPD, k. 11/6, k. 14/2, müf. 3/1; İD, g. 80/5, g. 100/4, g. 115/3, g. 195/5, muk. 26/2; İHD, tar. 1/14, g. 45/1, 91/3, 257/3; MED, 136/3; PND, k. 2/2, k. 3/5, g. 100/1, g. 149/2, b. 8; SDD, k. 23/9, k. 26/4.)

3.93. SANTÛR

(Far.) Türk Musikisinde bir telli çalgıdır.

İkitelli gibi gel bağlama zencîr misâl çenber
Duyulsun nağme-i **santûr** râzı âşikâr olsun - (Priştineli Nuri Divanı, k. 3/16.)
"İkitelli ve çenber gibi zencir bağlama da, sır santurunun nağmesi ortaya çıksın."
Santur, sırları haiz olan ve aşikâr eden bir çalgıdır.

Def' eyle meded çûbek-i **santûr** ile dilden
Darb idüp usûliyle ser-i şahs-ı melâli - (Sami Divanı, mus. 9/VIII-3.)
"Santurun çubuğu ile (santuru çalarak) usulüyle vurarak, gönülden hastalık acısını def et."
Santur ile bir eseri darp usulünde çal ki gönüldeki gam keder gitsin, denilmektedir. Şair, santurun çubuklarla vurularak icra edilme özelliğinden hareketle çubukla vurma ifadesini kullanmıştır. Ayrıca darb, hem musikide bir usul olması açısından hem de anlamı itibarıyla şair tarafından yerinde kullanılmıştır.

Santûr nakd-ı nâleyi bir bir eder edâ
Gencîne-i hezâr kilid-i terânedir - (Şeyh Gâlib Divanı, g. 53/9.)
"Santur, inlemelerin değerini bir bir icra eder, o aynı zamanda bülbüllerin definesi, nağmelerin kilididir."
Santurun ses sahası geniş olduğu için santuru, melodinin kilidi olarak almıştır.

Ney ü **santûr** ü rebâb ü def ü tanbûr ile çeng
Nağme-i bülbül ü kumrîya olup hem-âheng - (Nedim Divanı, ş. 28/4)
"Ney, santur, rebâb, def, tanbur ile çeng, bülbül ve kumru nağmeleriyle birlikte şarkı söylerler. (Bülbül ve kumru nağmeleriyle aynı ahenkte ses çıkarırlar.)"
Santur, beyitte zikredilen diğer çalgılar gibi bülbül ve kumru nağmelerine münasip nağmeler söylemektedir.

3.94. SÂZ

(Far.) Musiki aleti, çalgı manasındadır.

Eyleyüp âgâz mutrib nağmeye bin nâz ile
Hâtır-ı mahzûnumı şâd itdi sûz-ı **sâz** ile - (Esad Divanı, g. 171/1)
"Mutrip bin naz ile nağmesine başlayarak hüzünlü gönlümü sazın yakıcılığıyla mesrur etti."
Mutrib yakıcı bir sazla hüzünlü gönlü mesrur etmiştir.

Feryâd-ı andelîb iledir revnâk-ı çemen
Sâz u terânedir şeref-i meclis-i tarâb - (İbrahim Hanif Divanı, g. 24/2)
"Bahçenin alıcılığı, güzelliği bülbülün feryadı iledir; eğlence meclisinin itibarı da saz ve terennüm sayesindedir."
Saz, bahçeyi alımlı hale getiren bülbüle benzetilmiştir. Buradaki saz, meclisteki bütün sazlardır.

Ger görürse mest-i sâgar dîde-i mestânesin
Sâz-ı nâlem bast ederdi kârının son hânesin - (İbrahim Hanif Divanı, g. 26/2)
"Eğer sarhoş kadeh, kendi sarhoş gözünü görürse, inleyen sazım, kârının son hanesini daha uzun icra ederdi."
İnleyen saz, genelde dört haneden oluşan ve her hanesinin belirli süresi olan kârın son hanesini uzun icra etmektedir.

Te'sîrini inkâr idemem nağme-i **sâz**un
Lutf eyler iken cân ü dile cezbe-i hâli - (Sami Divanı, mus. 9/VIII-4)

"Cana ve gönle cezbe hâlini sunarken, sazın nağmesinin tesirini inkâr edemem."

Saz, çıkardığı nağmelerle dinleyeni etkileyen bir çalgıdır.

Sâz-ı fakrın başkadır pest ü bülend-i nâlesi
Vızlamak za'fıyla mânend-i meges şehnâzıdır - (Şeyh Gâlib Divanı, g. 55/3)

"Fakr sazın, kalın ve tiz inlemeleri başkadır. Sinek gibi zayıfça vızlaması ise onun şehnazıdır."

Fakr, sazın basit, garip oluşu demektir. Bu gariplik, ses sahasının darlığı anlamına gelir. Ses sahası darlığından dolayı fakr olan saz, pest sesleri çıkaramamaktadır.

Târ-ı kemânı perde-i mansûra çekmişim
Âheng-i **saz** nâle-i pür-hûna uymuşum - (Şeyh Gâlib Divanı, g. 206/3)

"Kemanın telini, mansur perdesine çekmişim, kan revan içinde inleyen sazın ahengine tabi olmuşum."

Sazın çaldığı eser, hüzünlü, kederli olduğu için mızrap mansur perdesine vurmaktadır ve saz kan revan içindedir. Hallac-ı Mansur isminden de mülhem bir ima söz konusudur.

Cismümi pür-sûziş-i nâle ney-i bezm-i cünûn
Cânumı mızrâb-ı **saz**-ı mihnete târ eyledi - (Yahya Nazim Divanı, k. 30/19)

"Mecnunlar meclisinin neyi, bedenimi baştan aşağı akıcı bir inleyiş hâline getirdi, canımı ise keder sazının mızrabına tel eyledi."

Mızrap dendiğinde, akla ilk olarak tanbur gelir. Tanbur temel bir sazdır ve kalıp olarak da ağırdır. Ney, kolay taşınırken, tanbur, taşıma açısından külfetlidir. Mızrap, kederli ve mihnetli nağmeler çıkarır.

(Ayrıca bkz. İAPD, mus. 2/9; İD, ş. 30/2, 81/2, mus. 1/4, tmuk. 6, 25; İHD, g. 26/2, 52/2; ND, g. 115/5, 139/2, ş. 17/5, 28/3; NSED, g. 102/1, 111/5, 156/26, rub. 139; PND, k. 3/28, g. 25/5, müf. 16; SD, k. 8/71, 16/17, 17/12; SDD, k. 3/30, 25/25, g. 129/1; ŞGD, tar. 37/9, g. 55/6, 240/6; YND, k. 21/9.)

3.95. SÂZENDE

(Far.) Saz çalan sanatkârdır.

Sâzını **sâzende**ler hânendeye uyup düzer
Ehl-i irfân dil-beri sayd etmege elbet gezer - (İlhami/III. Selim Divanı, tmuk. 25)
"Sazendeler, sazını hanendeye uyarak düzenler (akort eder). İrfan ehli olanlar, elbette sevgiliyi elde etmek için gezer."
Sazendeler, sazlarını hanendenin sesine göre akort etmektedirler.

Yâ Rab ne sâzdur bu ki **sâzende**-i felek
Her perdede terâne-i cevr ü cefâ bilür - (Yahya Nazim Divanı, k. 11/24)
"Ya Rabbi, bu öyle bir sazdır ki sazende felek, her perdesinde cefa ve eziyet nağmesini bilir (icra eder)."
Felek, çaldığı eserlerin nağmeleri insana keder, cefa gibi duygular hissettiren bir sazendedir. Feleğin insanın başına gelenlerin müsebbibi olması anlayışından hareketle, onun çaldığı eserlerin perdesi, cefa yüklü olarak görülmüştür.

Bi-feyz-i neşve-i sahbâ-yı sâgar-ı Cem-i aşk
Ki zühre bezmine **sâzende** çarhdur rakkâs - (Yahya Nazim Divanı, tb. 31-14/3)
"Aşk şarabının neşvesinin feyziyle Zühre, Cem'in meclisine sazende, felek de rakkas olmuştur."
Sazende, Cem'in aşk meclisinde, aşk şarabının neşesinden aldığı feyizle çalgıcılık yapan Zühre'dir.

Dinle sahbâ kulkulün sâgar tanînin gör Nedîm

Gûş kılma meclisin hânende vü **sâzende**sin - (Nedim Divanı, g. 100/4.)

"Bana şarabın kul kul sesini, kadehin iniltisini getirin, (aksi halde) ben meclisin saz çalanlarını ve şarkı okuyanlarını dinlemem."

Nedim, meclisin şarabını ve şarabın kadehe dökülürken çıkardığı "kul kul" sesini meclisin sazendesine ve hanendesine tercih etmektedir.

3.96. SEGÂH

(Far.) Türk Musikisinde bir mürekkep makamdır.

Segâh feryâdına rahm eyleyip beste-nigâr olmaz

'Arazbâr perdesinden herkese keşf itme esrârı - (Priştineli Nuri Divanı, k. 2/10)

"Sevgili, segâh makamında yapılan feryada acıyarak merhamet edip gönül bağlamaz. (Ayrıca) arazbar perdesinden herkese sırrını açma."

Sadece segâh perdesini bastığı için bestenigâr makamı oluşmaz, bestenigâr makamının, ırak, şehnaz, hicaz gibi başka seslere de ihtiyacı vardır. Ayrıca segâh makamı çok ağırbaşlı, vakur bir makam olduğu için sevgili, segâh makamındaki bir feryada acımaz. Zaten o makamda yapılan bir feryat sevgili için kendini paraladığını hissettirmez. Bu sebeple feryat ve figan, hicaz gibi acındırma ve yalvarma hissi veren makamlarla yapılmalıdır. Şair yalvarma hususunda bir nasihatte bulunduktan sonra bir nasihat daha vermektedir. Âşığa arazbar perdesiyle sırrı açmamasını söylemektedir. Çünkü arazbar perdesi tiz seslere sahip bir perdedir. Oysa sır, çok gizli ve hafif seslerle söylenmelidir. Arazbar perdesinde söylendiği zaman sır, herkese ifşa olur. Bundan dolayı arazbar perdesini kullanmamasını söylemektedir.

Humâyûn tab' ile yâr çârgâha rağbet eyler mi
Müdâm ister **segâh** faslında 'âşık girye-zâr olsun - (Prişti-
neli Nuri Divanı, k. 3/10)
*"Sevgili, o padişahlara yakışır yaradılışıyla hiç çargâh maka-
mına tenezzül eder mi? O, hep segâh makamında (vakur ve müs-
tağni hâliyle) kalmayı ve âşığın ağlamasını ister."*

Çargâh makamı, süssüz ve düzdür. Bu sebeple çargâh maka-
mına, sevgili tenezzül etmez. Segâh makamı ise şecaati ve asaleti
hissiyle ön plana çıkan bir makamdır. Sevgilinin segâh maka-
mında müdam istemesi, bu yüzdendir.

Nagme üslûb-ı **segâh** ile ider
Gûşdan hûşa irüp rûha eser - (Sami Divanı, mes. 3/55)
*"Nağme, segâh makamı ile kulaktan akla/anlayışa (oradan
da) geçip, ruha tesir eder (eser)."*
Segâh, kuvvetli bir zühd, açık ve soylu bir hüzün duygusu
tebliğ eder. Ruha tesiri kuvvetli olan bir makamdır.

3.97. SELMEK

(Far.) Türk Musikisinde bir mürekkep makamdır.

Nagme-i **selmek** ile subh u mesâ
Silmek ister dili mir'âtâsâ - (Sami Divanı, mes. 3/9)
*"Selmek nağmesi ile sabah akşam, aynanın silindiği gibi gönlü
silmek (dünyevi kirlerden temizlemek) ister."*
Selmek makamının nağmeleri, gönülden kiri, pası, dünyevi
kirleri temizleyen ve gönle sekinet veren bir makamdır. Selmek,
hüseyni ve rast makamlarından oluşur. Her ikisi de çok ağırbaş-
lı, deruni hâli olan makamlardır.

3.98. SEMÂÎ (Usul)

(Ar.) Üç zamanlı bir usuldür. Batı müziğindeki vals karşılı-
ğıdır.

Semâîye idüp âgâze der ten nen tenen şimdi
Dili bülbül gibi söyler arusun elinde deff - (İlhami/III. Selim Divanı, ş. 53/3)

"Semai usulünde bir esere "ten nen tenen" ile başlayan gelinin elindeki def bülbül gibi söyler."

Bülbül gibi terennüm eden gelinin elindeki def, "ten nen tenen" ile semai usulünde bir esere başlamaktadır.

3.99. SER-HÂNE

(Far.) Peşrev ve Saz Semaisinde birinci hâne.

Edvâr-ı nevâ-yı gam pervânede kalmışdır
Mansûr o peşrevden **ser-hâne**de kalmışdır - (Şeyh Gâlib Divanı, g. 59/1)

"Gam sadasının dönüşleri, pervanede kalmıştır. Mansur, o peşrevin ilk hanesinde kalmıştır."

Serhane, dört hane olan peşrevin ilk hanesidir. Serhanede tiz sesler yer almayacağı için, mansur gibi temelde kalın, ağır başlı bir yapıya sahip ses kullanılmıştır. Ayrıca hünerin serhanede gösterilmesi lazımdır. Bu hüner için de mansûr iyi bir seçimdir. Ayrıca tasavvufi anlamda pervane, döne döne marifete ererken, mansur inleyip faş ettiği için, ilk hanede kalmıştır denilebilir.

3.100. SEYİR

(Far.) Bir makamın özelliklerini belirten nağmelerin icrasıdır.

Nevâ-yı nâle-i 'uşşâka râst pey-rev olup
Sabâ-yı **seyr**ini eyle muhayyer ü mâhûr - (Sakıb Dede Divanı, k. 3/23)

"Rast, âşıkların inleme seslerine tabi olup izinden gitmiştir. Saba seyrini, muhayyer ve mahur eyle."

Sol, la'dan daha alt notadır. Bu durum, rastın nota seyrinin, neva ve uşşak makamlarına tabi olup onların izinden gitmesi olarak yorumlanmıştır.

Bu rûh-efzâ makâm-ı dil-güşâyı eylesin **seyr**ân
Seyâhat ister ise nev-niyâzân kişver-i câna - (Şeyh Gâlib Divanı, tar. 14/14)
"Can ülkesini seyahat etmek isteyen yeni müntesipler, ruha tazelik veren dil-güşâ makamında gezinti yapsın."
Dil-güşa makamının perdelerini seyr etmek, yani icra etmek, ruha tazelik vermektedir. Makamda gezinti, o makamın özelliklerini belirten nağmelerin icrasıdır.

Sebük-rûhân bilip sûrâh-ı nâyı revzen-i vahdet
Irâk u ısfahânı **seyr** ederler râh-ı dîgerden - (Şeyh Gâlib Divanı, g. 258/5)
"Hafif ruhlu (neşeli, şen) insanlar neyin iniltilerini vahdet penceresi olarak bilirler. Bir başka taraftan da ırak ve ısfahan makamlarını seyrederler."
Neyin iniltili oluşuna karşın ırak makamı, şen ve neşeli bir makamdır. Irak ve ısfahan makamlarının diğer yoldan seyretmeleri (ayrı notalarla icra edilmeleri) onların şen ve neşeli makam oluşlarını göstermektedir.
(Ayrıca bkz. İAPD, g. 117/4, b. 7; İHD, g. 151/4; YND, tb. 32-1/10.)

3.101. SÛR

(Far.) Kıyamet ve haşr gününde, İsrafil'in çalacağı borudur.

Nefha-i **sûr** degil nağme-i mansûr degil
Sâz-ı 'uşşâkda âgâz-ı terennümdür bu - (Şeyh Gâlib Divanı, g. 270/4.)
"Bu, ne surun nefesi ne de mansurun nağmeleridir, âşıkların sazından çıkan terennüm sadasıdır."

Surun sesi, âşıkların sazından çıkan sese benzetilmiştir.

Çıktım ser-i dâra hem çü mansûr
Avâzum ezân-ı nefha-i **sûr**
Gam kıldı gulûmu şâh-ı mansûr
Oldum sipeh-i belâya mahsûr
Ol pâdişehin peyâmı yok mu - (Şeyh Gâlib Divanı, tard.)
"Tıpkı Mansur gibi darağacına çıktım. Sesim, surun nefesinin davetidir. Şah-mansur boğazımı kederli kıldı. Bela askerleri tarafından kuşatıldım, o padişahın haberi yok mu?"

Darağacından bir davette (ezan) bulunulmaktadır. Sûr, nasıl insanları kıyamet günü ve haşr günü toplarsa, şairin kendi sesi veya nefesi de sur gibi insanları toplayacak kudrettedir.

3.102. SÛZNÂK

(Far.) Türk Musikisinin basit bir makamıdır.

Sûz-nâk olsa n'ola bülbülün âvâzeleri
İtdigi nağmede 'uşşâkdur âgâzeleri - (Nahifi Süleyman Efendi Divanı, g. 507/1.)
"Bülbülün icra ettiği nağmelerde suznak makamı olmasında şaşılacak bir durum yok, onun (icra ettiği nağmelerin) başlangıç perdelerinde uşşak makamı vardır."

Sûz-nâk makamı, mürekkep bir makamdır. Bu makamın başlangıcında uşşak makamının notaları vardır. Uşşak, daha oturaklı bir makamken suznak makamı, daha oynak ve şendir. Bülbülün nağmelerinin yakıcı olmasının sebebi olarak bülbülün âşıklığının gösterilmesi, yakıcılığın (suznak) temelinde âşıklığın (uşşak) olması dolayısıyladır.

Gûş-ı felekde nağmelerin **sûznâk** olur
Gâlib mahabbet âteşine yan hemân âmân - (Şeyh Gâlib Divanı, g. 266/6.)

"Nağmelerin, feleğin kulağında yakıcı olur. Aman Gâlib! Hemen muhabbet ateşine yan."

İçli, hüzünlü bir makamdır. Kelime manası da nağmelerinin hissettirdiklerine uygundur.

3.103. SÜNBÜLE

(Far.) Türk Musikisinde bir mürekkep makamdır.

İtme dildâra muhayyerde niyâz
Çıkmasun **sünbüle**ye çak âvâz - (Sami Divanı, mes. 3/50.)

"Kalbi hükmü altında tutan sevgiliye, muhayyerde yalvarıp yakarma, (tize çıkmasından dolayı) parçalanmış, çatlamış sesin sünbüleye çıkmasın."

Sünbüle, perde adı olup arıza almış tiz la'dır. Sevgiliye yalvarma, yakarma tiz seslerle olmaz. Daha yumuşak, daha yalvarıcı sesler kullanılmalıdır. Şair bu beyitte muhayyerde (bağırarak, tiz bir sesle) yalvarma, hele daha yukarılara (sünbüleye) sakın çıkma demektedir.

Beste kıldım saz-ı efkârı o zülf-i sünbüle
Oldu Gâlib perde-i âhım muhayyer **sünbüle**
Herçi bâd-â-bâd baglandım hevâ-yı kâküle
Gizlesem de âşikâr etsem de cânımsın benim - (Şeyh Gâlib Divanı, g. 60/8.)

"Siyah zülfüne, efkârın (kederli) sazını bağladım. Ey Gâlib! Ahımın perdesi, muhayyer sünbüle (makamı) oldu. Gerçi rüzgârdan rüzgâra kâkülün havasına bağlandım. Gizlesem de açığa vursam da sen benim canımsın."

Sünbüle, muhayyer sünbüle olarak kullanılmıştır. Sünbüle, ah ve inleyişlerin çok yukarıda olduğunu ifade etmektedir. Sünbüle, aynı zamanda kesreti ve henüz mecazî aşktan ilahî aşka geçilmediğini anlatır. Kesret dünyadır. Nitekim üçüncü mısradaki "heva-yı kâkül" ile bu durum, daha net ortaya konmuştur.

Beste-i kâkülü feryâd-ı bülend etdikçe

Nagme-i âhı muhayyerden alır **sünbüle** karz - (Şeyh Gâlib Divanı, g.146/2.)

"Kâküle tutsak olup yüksek feryatlar ettikçe, sünbüle, ah nağmesini muhayyerden borç alır."

Sünbüle, makam adıdır. Bu makamda muhayyer perdesinin kullanılması borç almak olarak ifade edilmiştir. Aynı zamanda kâküle bağlanarak tutsak olmak söz konusudur. Bu tutsaklık içerisinde feryat, figan çok tize çıkmıştır. Feryadın tizliği sünbüle makamı ile ifade edilmiştir.

Evc-i istignâdan etmez vermez 'uşşâka karâr

Sünbüle bir bestedir ammâ muhayyer perçemin - (Şeyh Gâlib Divanı, g. 178/4.)

"Yüksek istiğnadan (dolayı) uşşak (makamında) karar etmez. Müstağni olsa da sünbüle (makamı) bir tutamdır ama muhayyer (o tutamı da kapsayan) perçem (gibi)dir."

Bir bestede, sünbüle makamında muhayyer geçkisi yapılmıştır. Muhayyer makamı sünbüle makamını içine alan bir makamdır. Bu sebeple sünbüle makamı bir tutam, muhayyer makamıysa sünbüle makamını da kapsayan bir perçemdir.

3.104. ŞEHNÂZ

(Far.) Türk Musikisinde bir mürekkep makamdır.

Bâg-ı hicrinde senin ey gül-i gülzâr-ı hüsün

Yine mi mutrib-i dil eyledi **şehnâze** edâ - (İbrahim Hanif Divanı, g. 17/3.)

"Ey güzellik bahçesinin gülü, ayrılık bahçende gönül mutribi, yine mi şehnaze eda (icra) eyledi."

Şehnaz, taşıdığı tiz sesler itibarıyla ayrılık acısını ifade edebilecek güçte bir makamdır. Ayrılık olduğu için şehnaz makamı kullanılmıştır.

Kim görür ise zülfüne dil baglar ol mehin
'Uşşâk-ı zâra nağme-i **şehnâz** eder murâd - (İlhami/III. Selim Divanı, g. 74/4)

"O ay yüzlü güzeli kim görse zülfüne gönül bağlar. İnleyen âşıklara şehnaz makamının nağmeleri murad olur."

Şennaz makamı, ay yüzlü güzelin zülfüne gönül bağlayıp inleyen âşıkların isteği olmuştur.

Hayâlim pençgâhda sâlib-i kâlâ-yı vuslatdır
Muhayyerdir o **şehnâz** eylesin isterse bâzârı - (Priştineli Nuri Divanı, k. 2/6.)

"Beş vakitte de hayalim, kavuşmanın değerli kumaşına ulaşmaktır; o naz padişahı sevgili, (bu hayalimden vazgeçmem için) isterse pazarlık yapsın."

Pençgâh, eskiden neva perdesine verilen bir addır. Pençgâh (neva) ve muhayyer perdeleri, şehnaz makamında güçlü seslerdir. Şehnaz makamının icrası, çok zordur. Çünkü makam, normal insan sesinin kolaylıkla icra edemeyeceği çok geniş bir seyre sahiptir. Bu teknik bilgiden hareketle, vuslatın çok kolay bir şekilde elde edilebilir bir şey olmadığına işaret edilmiştir. Nitekim vuslat, bir hayaldir.

O **şehnâz** iderek yüz gösterir 'uşşâkına bir gün
Hisâr semtinde gülzâr-ı melâhat berg ü bâr olsun - (Priştineli Nuri Divanı, k. 3/4.)

"O sevgili, bir gün (elbette) âşıklarına naz ederek yüzünü gösterir; o güzelliğin gül bahçesi, hisar semtinde nağmeler etsin."

Şehnaz makamı ile uşşak makamı içerisinde geçki yapmakla uşşak makamını güzelleştiren bir durum ortaya çıkar. Şehnazın uşşaka yüz göstermesinin arkasında böyle teknik bir ilişki bulunmaktadır. Uşşakta şehnaz etmesinin yanında, hisar perdesinde gülzarı kullanması, sevgiliye daha da güzellik katacaktır. Yaprak ve meyve, nağmelerin daha güzel olması, daha güzel icra edilmesidir.

(Ayrıca bkz. BMED, rub. 21/1; İD, ş. 92/3; İHD, met. 5/15; ND, g. 139/3; PND, k. 3/31, g. 97/5, 100/1, 236/1, 341/1, 18; YND, tb. 32-1/7.)

3.105. ŞARKI

(Ar.) Türk Musikisinin bilinen beste şeklidir. Küçük bir söz eseri formudur.

İki meh-pâre birden eyleyip **şarkı**ya âgâze
Hele meşrebce zevk ettim bugün ben bâr-ı dünyâda (İlhami/III. Selim Divanı, ş. 81/2)
"İki ay yüzlü güzel, birlikte şarkıya başladılar. Ben ise (onları dinlemekle) şu cefa dünyasında gönlümce eğlendim."
Ay yüzlü iki güzel, birlikte şarkı söylemeye başlamış ve söyledikleri şarkılar, dinleyeni, gönlünce eğlendirmiştir.

Eyvah o üç çifte kayık aldı karârım
Şarkı okuyup geçdi bir âfet var içinde - (Nedim Divanı, g. 145/3.)
"Eyvah! İçerisinde şarkı okuyan bir güzel bulunan üç çifte kayık benim irademi alıp götürdü (ne yapacağımı bilemez hale koydu)."
Üç çifte kayık üç kişi tarafından çekilen bir kayıktır. Altı küreklidir. Güzel dilberlerin şarkı okuyup geçmeleri Nedim'in aklını başından alıyor.

Hele bir kerre dinle nağmesin şeş-târ-ı **şarkı**[nı]n
Muhayyerdir ana dil-bestekârân hissedâr olsun - (Priştineli Nuri Divanı, k. 3/18.)
"Bir kere şarkıdaki şeştârın nağmesini dinle, ona gönül bağlayanlar beğenilmiştir, ondan nasiplensinler."
Şeştar ile çalınan eserlerin nağmesi gönlü etkileyicidir. Ona gönül bağlayanlar, ondan nasiplenmektedir.

3.106. ŞED

(Far.) Bir diziyi, tabii aralıkların aynen muhafazası kaydıyla, bulunduğu mevkiden başka bir perdeye nakletmektir.

Reh-i 'ırâk u nihâvende **şedd**-i rahl itme
Ki tîh-i gerdiş-i bî-hûde itmesün mahsûr - (Sakıb Dede Divanı, k. 3/26)
"Irak ve nihavent yoluna gitme ki, çölde beyhude dolaşmaya kapılmayasın."

Irak, mürekkep makam ama nihavent şed makamdır. Irak ile nihavent makamının hiç müşterekliği yoktur. "Şedd-i rahl" itme ifadesi ile nihaventten ıraka ve ıraktan nihavende şed yapılmasının söz konusu olmadığı belirtilmiştir. Yapılması ise, çöllerde beyhude dolaşmaya benzetilmiştir.

Şedd-i miyânı cilveden etdi belî makâmına
Masraf-ı âha sînede kalmadı mâye n'eyleyim - (Şeyh Gâlib Divanı, g. 232/2)
"Mutlaka (belî) cilveden dolayı (aşk ile kendinden geçmeyle) miyanın şeddine (çok tiz seslerde söylenmesi) yükseldi. Ah etmek için gönülde takat kalmadı, elimden ne gelir?"

Tiz sesler kullanarak maharet gösterilen, eserin üçüncü mısraı olan meyanda, bir de şed yapabilmek, meyandaki tizden daha tiz bir sese geçmektir ki bu çok zor bir icradır. Ayrıca meyanın şeddi ile tasavvufi anlamda bir cezbe hâlinden bahsedilmektedir. Tiz olan melodilerin daha tiz icrası ile gönlün çok yüksek ve şiddetli inlemeler ve ah çekmeler ile yorulduğu ve artık ah etmeye dahi takat yetiremediği ifade edilmiştir. Ayrıca meyan, tasavvufta marifet hâlidir. Asıl olan da bu hâli elde etmektir.

3.107. ŞEŞ-TÂR

(Far.) Eskiden Türk Musikisinde kullanılan bir mızraplı saz olup tanbur onun yerine geçmiştir.

Vir müseddes-hâne-i kevne nevâ-yı zârumı

Nağme-rîz eyle ilâhi perde-i **şeş-târ**umı   -   (Müsellem Ebu'l-vefa Divanı, g. 170/1.)

"Ey Allah'ım! İnleyiş sadamı, kâinatın altı yönüne ulaştır; şeştarımın perdelerini de nağme saçan eyle."

Şeş-tarın perdeleri, altı yöne vasıl olması için dua edilen nağmeleri saçan bir çalgıdır.

Sînede bu elif ü dâg-ile nâlem işiden

Bâng-i **şeştâr** ile tanbûrdan olur âbî - (Esad Divanı, g.190/6)

"Sinemde bu elifi ve yara ile inlememi işiten şeştar ve tanburun nağmesini istemez."

Âşık sinesindeki yaradan dolayı öyle inlemektedir ki o inlemeyi işiten şeştar ve tanbur seslerini dinlemek istemezler.

Hele bir kerre dinle nağmesin **şeş-târ**-ı şarkı[nı]n

Muhayyerdir ana dil-bestekârân hissedâr olsun - (Priştineli Nuri Divanı, k. 3/18.)

"Bir kere şarkıdaki şeştarın nağmesini dinle, ona gönül bağlayanlar beğenilmiştir, ondan nasiplensinler."

Şeştar ile çalınan eserlerin nağmesinin etkili oluşu, beğenilmesi ve ona gönül bağlayanlarının olduğu belirtilmiştir.

Perde-i çeng ü rebâb u erganûnî ref ile

'Ûd u **şeş-târ**um çıkarmış ipligin bâzâra def - (Sakıb Dede Divanı, k. 26/6.)

"Çeng, rebab ve erganun, ud ve şeştar perdelerini ne kadar yükseltirlerse yükseltsinler def onları bastırır."

Defin sesi, birçok musiki âletinden olduğu gibi şeştardan da yüksek çıkmaktadır. Şair, defin onların sesini bastırmasını, "ipliğini pazara çıkarmak" deyişiyle ifade etmiştir.

Eger itdim ise cüz'i sevâbı

İşitdim hayli **şeştâr** u rebâbı - (İlhami/III. Selim Divanı, mün. 1/30)

"Eğer birazcık sevap işlediysem, o da çokça şeştar ve rebab din-lememden dolayıdır."

Sultan Selim, eğer azıcık bir sevabı varsa onu da şeştar ve rebab dinlemesiyle hâsıl olduğunu söylemektedir.

Gidelim zevk-i Bogaza nağme-i **şeş-târ** ile

Bir iki sâz ile mehtâb idelim dildâr ile - (İlhami/III. Selim Divanı, tmuk. 6)

"Boğaz zevkine şeştarın nağmesi ile (şeştar çalarak) gidelim. Sevgiliyle birlikte bir iki saz ile mehtap edelim (mehtab seyrine çıkalım)."

Şeştar, boğazın zevkli gezintisine münasip nağmeleri olan bir sazdır.

3.108. TABL/DAVUL

(Far.) Davul, büyük ve enlice bir kasnağın iki yanına deri geçirilerek yapılan, tokmak ve değnekle çalınan bir çalgıdır.

Cünbiş-i kâmet ile **tabl** kıyâmet koparur

Def döger sînesini celcele başlar zâra - (Beliğ Mehmed Emin Divanı, g. 211/5.)

"Sevgilinin raksıyla davul, kıyamet koparır(casına çalınır); def göğsünü döver ve çan ağlamaya başlar."

Davul, sesiyle kıyamet koparıyor gibidir. Davulun kopardığı kıyametin sebebi, sevgilinin işveli, nazlı hareketleridir. Çünkü sevgilinin bu hareketi, başkasına bir işve olabilir.

Tutsun cihânı debdebe-i **tabl**-ı haşmetin

Olsun felekde devlet ü câhın cihân cihân - (Nedim Divanı, k. 20/2.)

*"Haşmet davulunun gürültüsü dünyayı sarsın, senin de felek-
te makam ve mevkiin dünyalar kadar olsun."*

Tabl, mehter müziğinin vazgeçilmez çalgılarından biridir.
Hem şekil hem de çıkardığı ses itibarıyla dinleyende bir heybet
ve haşmet duygusu uyandırır. Şair cihanda devlet, itibar ve ma-
kam ile kurduğu anlam dairesinde davulu kullanmıştır.

Mersiyye-i Sikender ü Dârâyı şerh ider
Tut gûş-ı hûşı şahlarun **tabl** u kûsına   (Nahifi Süleyman
Efendi Divanı, g. 457/8.)

*"Dârâ ve İskender'in öldüklerini ilan eden davul ve köse, ku-
lak kesil, (onları) dinle!"*

Tabl ve kös, ilanlar için kullanılmaktadır. İskender ve
Dârâ'nın ölümleri ilan edilmekte, şair de buna kulak verilmesini
istemektedir.

3.109. TÂHİR

(Far.) Türk Musikisinde bir basit makamdır. Tam adı 'baba
tahir'dir ve sonraları kısaltılarak daha çok tahir denmiştir.

O yâr-i 'işvekâr zâtında **tâhir** bir güzel ammâ
Vefâ üzre degildir n'eyleyim bir lahza etvârı - (Priştineli
Nuri Divanı, k. 2/8.)

*"O işveli sevgili, aslında temiz ve ahlaklı bir güzeldir; ama
bana tavırları (davranışları) bir an bile vefalı değildir."*

Tahir makamı, bu beyitte kendisinden başka teknik bir terim
ve kavram ile desteklenmemiştir. Ancak makamları anlatan kasi-
de içinde geçtiği için buraya alınmıştır. Bu beyitte, sevgilinin ma-
sumiyet ve temiz ahlaklı oluşunu ifade etmek için kullanılmıştır.

Demlenüp feyz-i **baba tâhir**den
Nâyı itdi nefes oglı ney-zen - (Sami Divanı, mes. 3/24.)
"Baba tahirden feyz alıp demlenerek oğlu neyzen ney üfledi."

Hem baba tahir makamının seslerini çıkarmak hem de baba tahirin feyzinden yararlanmak olarak mana kazanmıştır. Onların evlatları da (yol evladı) aynı feyizden istifade etmişlerdir. Oglı ney-zen ifadesi baba tahir isminden mülhem kullanılmış olmalıdır.

3.110. TAKSÎM

(Ar.) Usulsüz ve tek kişi tarafından, genelde tek bir makamda yapılan doğaçlamadır.

Makâm-ı evc-i şâh-ı gülde **taksîm**-i neşât eyler
Ne nağme itse teklîf istemez bülbül muhayyerdür - (Sami Divanı, k. 11/14.)
"Bülbül, gülün dalının ucunda oturup neşeli taksimler yapar; yapacağı nağmelerde teklif istemez."
Bülbül, gül dalının ucunda oturup taksim yapmaktadır. Yaptığı taksimde muhayyer (serbest)tir.

Mutrib yeter nâz eyleme **taksîm**ini az eyleme
Âheng-i nâ-sâz eyleme bî-dillere verme elem - (Şeyh Gâlib Divanı, k.19/15.)
"Mutrib yeter artık naz eyleme, taksîmini az eyleme; uygun olmayan ahenk icra ederek âşıklara (bî-dil) elem verme."
Taksim, dinleyenleri musikinin atmosferine sokmak için yapıldığından taksimin az yapılması, dinleyenleri musiki havasına sokamaz. Bu sebepledir ki taksim, belirli bir uzunlukta olmalıdır. Mutrip, taksimi az yapınca dinleyenler, bundan rahatsız olmakta ve mutribin taksimi daha uzun tutmasını istemektedir.

3.111. TANBÛR

(Ar.) Türk Musikisinin en çok bilinen çalgılarındandır. Tanbur, yay ve mızrapla çalınan, uzun saplı ve telli tahta bir çalgıdır.

Emvâc-ı nağme kâse-i **tanbûr**dan taşup

Meclisde çıkdı dün gice mutrib miyâna dek - (Beliğ Mehmed Emin Divanı g.141/5)

"Dün gece mecliste tanburun kâsesinden nağme dalgarı taşınca mutrip miyana kadar çıktı."

Tanburdan çıkan nağmeler çok tizdir. Tanburun nağmeleri tizliğinden dolayı deniz dalgalarına benzetilmiştir. Mutrib de nağmenin tizliğine münasip olarak tize çıkmıştır.

Sadâsı nayzen-i aşk olur eger mutrib

İderse kellemi meclisde kâse-i **tanbûr** - (Beliğ Mehmed Emin Divanı, g. 65/5.)

"Eğer mutrib başımı mecliste tanbûr kâsesi ederse, başımın sadası, aşk neyzeni olur."

Tanburun gövdesi insan başına benzetilmiştir. Tanburun kâsesine benzeyen bu baştan çıkan nağmeler ise aşkın neyzenidir.

Sînede bu elif ü dâg-ile nâlem işiden

Bâng-ı şeştâr ile **tanbûr**dan olur âbî - (Esad Divanı, g.190/6)

"Sinemde bu elifi ve yara ile inlememi işiten şeştar ve tanburun nağmesini istemez."

Âşık sinesindeki yaradan dolayı öyle inlemektedir ki o inlemeyi işiten kimseler, şeştar ve tanbur seslerini dinlemek istemezler.

Olmasa nâleleri gûş-hırâş-ı zühre

Târ-ı **tanbûr** yemezdi bu kadar mızrâbı - (Esad Divanı, g. 190/2)

"Zührenin kulak yırtıcı (devamlı ve yüksek sesle) inlemeleri olmasaydı, tanburun teli bu kadar mızrab yemezdi (mızrab tanbûrun teline bu kadar çok vurmazdı.)"

Zührenin kulak yırtıcı, (heyecanlı ve tiz) sesleri sebebiyle, mızrap tanburun tellerine daha hızlı ve arka arkaya vurmaktadır. Çünkü çok duygu yüklü nağmeler söz konusudur. Mızrab, zühreden aldığı heyecanlı ve tehevvürlü hâli ile tanburun tellerine vurmuş ve aşınmıştır. Yani tanburun teli, mızrabı yemiştir.

Bir nefes dem-sâz olmaz nağme-i mestûr-ı çarh
Dut ki âgûşında olmış kâse-i **tanbûr**-ı çarh - (Müsellem Ebu'l-vefa Divanı, g. 23/1)
"Feleğin setredilmiş nağmesi bir lahza dost olmaz, tut ki felek tanburunun kâsesi kucağında olmuştur."
Nağme felek tanburundan çıkmakta ancak kimseyle aynı ahenkte çıkmamaktadır. Feleğin insanların işlerini ters tavırda oluşu gibi tanburun nağmesi de insanların nağmeleriyle ters ahenktedir.

Ney ü santûr ü rebâb ü def ü **tanbûr** ile çeng
Nağme-i bülbül ü kumrîya olup hem-âheng - (Nedim Divanı, ş. 28/4)
"Ney, santur, rebâb, def, tanbur ile çeng, bülbül ve kumru nağmeleriyle birlikte şarkı söylerler. (Bülbül ve kumru nağmeleriyle aynı ahenkte ses çıkarırlar.)"
Tanbur beyitte zikredilen diğer çalgılar gibi bülbül ve kumru nağmelerine münasip nağmeler söylemektedir.

Yoluyla keşf olunur perde-i makâmâtı
Terâne tekyesidir âsitâne-i **tanbûr** - (Şeyh Gâlib Divanı, g. 57/7)
"Tanburun eşiği, nağme tekkesidir; makamların pedelerin yerleri, onun vasıtasıyla belirlenir."
Tanbur, perdelerin yeri belirlenmiş olan bir saz olması hasebiyle perdelerin ve dolayısıyla makamların, üzerinde öğrenilmesi daha kolay olan bir sazdır. Çünkü makamları karakterize eden perdelerdir. Bundan dolayı tanbur, kendisi aracılığıyla makamların perdelerinin yolu keşfolunan bir saz olarak geçmektedir. Ayrıca tanbur, gerek yapısı (gövdesi camiye, uzun sapı ise minareye teşbih edilir) gerekse müzik öğretisindeki merkezi hâliyle, şeriatı temsil eder. Tanburun perdeleri de çok açık ve net olduğu için,

şeriat gibi anlaşılması kolaydır. Tarikatın temelini şeriattan alması gibi diğer sazlar da temelini tanburdan alır. Ve yine tanbur, asitane olarak gösterilmiştir. Nasıl tarikatlar asitanelerden neşv ü nema buluyorsa, tanbur da sazların asitanesidir ve diğer sazlar tanburdan neşv ü nema bulmuştur (tanburdan sonra gelir).

Açmış cemî'-i perdeyi mutlak yegâhdan
Tanbûra sor ki vahdeti merd-i yegânedir - (Şeyh Gâlib Divanı, g. 53/6)

"(Tanbur), perdelerin hepsini mutlak yegâhtan açmış. Vahdeti tanbura sor ki ilk insandır."

Tanburun en kalın sesi, kaba yegâhtır. Tanburun pestte çıkabileceği en kalın sesin yegâh olması, bütün perdeleri yegâhtan açması olarak yorumlanmıştır. Burada tasavvufi anlamlar da mevcuttur. Beyitte, vahdet-i vücud söz konusudur. İnsanların ilk atası Hz. Âdem'dir ancak Hz. Âdem'in bedeni yaratılmadan önce Hz. Peygamber'in nuru vardı. Yani her şeyden önce bir Cenab-ı Hakk bir de Hz. Peygamber'in nuru vardı. Bundan dolayı merd-i yegâne, Hz. Peygamber'dir. Tanbur da insanı temsil eder. Tanbur, şekil olarak şehadet parmağını kaldırmış bir ele benzemektedir. Tanbur, bu sebeple, şehâdet eden bir çalgıdır. Ona sor denmesi bu yüzdendir. Tanburun kaba yegâhına sorulması ise, kaba yegâhın bam teli olması ve o telin de tek (tevhit) olması dolayısıyladır. Beyitte geçen perde, hem musiki perdeleri olarak hem de tevhidin üstündeki perdeler olarak anlaşılabilir. Perde, beşeri mahremiyeti kapatan bir unsur olduğu gibi, tevhidin mahremiyetini de kapatan bir unsurdur. Yegâh, ilk perde olması münasebetiyle, diğer perdeleri kaldırınca kaşımıza çıkacak olan perdedir. O da tanburun bam telidir.

Tavâf edip ser-i sandûka-yı Felâtûnu
Hicâza vardı küleng-i terâne-i **tanbûr** - (Şeyh Gâlib Divanı, g. 57/5)

"Tanbur terânelerinin turna kuşu, Eflatun'un türbesinin başını tavaf edip Hicaz'a vardı."

Farabi'nin bizim musikimizin pirlerinden sayılması gibi, Eflatun da Yunan (Batı) müziğinin pirlerinden sayılmaktadır. Tanbur bizden önce, Yunan'da kullanılmış ve daha sonra bize mal olmuş bir sazdır. Şair, bu durumu, tanbur teranelerinin turna kuşunun Eflatun'un sandukasını tavaf edip Hicaz'a gitmesi şeklinde yorumlamıştır. Bu ise tanburun nağmelerinin Hicaz'da icra ediliyor olmasıdır. Hicaz ise İslam âleminin merkezi olduğu için İslam medeniyetini sembolize eder.

Baglandı târ-ı kâkülüne nağme-i cünûn
Zencîrler terâne-i **tanbûr**dur bana - (Şeyh Gâlib Divanı, g. 1/10)
"Tanburda zencir usulünde eser çalıyor, bu sesi duyan mecnunlar kâkülünün tellerine eseri olmuştur."

Zencir, yuvarlak, kıvrıktır. Dünyalık ihtiyaçlarından kendini azad eden delinin saçları da birbirine girmiş, kıvrılmıştır. Yani zencir gibi olmuştur. Zencirle saç teli arasında bir benzerlik vardır. Tanburda, zencir usulünde çalınan nağmeler vardır. Çünkü mecnunların nağmeleri, kâkülün teline bağlanmıştır.

(Ayrıca bkz. BMED, k. 2/23, 2/82, tar. 27/13, g. 212/8; İD, g. 209/4, İHD, g. 86/4, 145/4; MED, g.118/6; ND, k. 14/3, tar. 11/10, tm. 10/14, g. 47/3, 60/3, 101/3, 107/2, ş. PND, k. 3/27, g. 199/3, müf. 16; SD, k.8/11, mus. 9/VIII-6, g. 94/6; SDD, k. 3/30; ŞGD, k. 21/17, g. 51/3)

3.112. TÂR (Tel)

(Far.) Türk Musikisinde çalgıların telidir.

Eyleyen mûy-ı dilin **târ**-ı rebâb-ı bezm-i 'aşk
Dâg-ı gamla cism-i zerdi ney gibi nâlân olur - (Esad Divanı, g. 67/4)
"Aşk meclisinin telini gönül teli eylenenin sarı cismi gam yaralarıyla ney gibi inler."

Aşk meclisinin rebabının teli, gönül teline benzetilmiştir. Gönül, aşk meclisinin nağmelerini hisseder, onlar gibi terennüm eder.

Zühre-i çarh idemez anlara âheng-i sâz

Nağme-i yek-**târ**dur zîr ü bem-i evliyâ - (Sakıb Dede Divanı, k. 9/3.)

"Feleğin güzelleri bir araya gelse onların saz ahenkleri ile başka şey söyletmek isteseler de evliyaların en ince (telinden) en kalınına (teline) kadar hepsinin nağmesi, aynı telden çıkar."

Tel, mecazî olarak "aynı telden çalmak" deyişini çağrıştıracak şekilde, aynı şeyi söylemek anlamında kullanılmıştır. "Yektar", geçmişten bugüne gelmiş, geçmiş evliyaların hepsinin, hangi zamanda gelmiş olursa olsun, aynı hakikatten bahsettiklerine işaret etmektedir.

Dâm u dâne eyleyüp **târ** u nevâ-yı dil-keşin

Âlemi itmiş şikâr-ı lutf sayyâd-ı rebâb - (Sakıb Dede Divanı, k. 24/2)

"Gönül çeken sevgilinin sesini (neva) ve saç telini tuzak tanesi eyleyip âlemi avcı rebabın lütuf avı yapmış."

Rebabın nağmeleri gönül çelmektedir. Gönül çelmesi için rebabın teli tuzağa benzetilmiştir.

Târ-ı kemânı perde-i mansûra çekmişim

Âheng-i sâz u nâle-i pür-hûna uymuşum - (Şeyh Gâlib Divanı, g. 206/3)

"Kemanın telini, mansur perdesine çekmiş, kan revan içinde inleyen sazın ahengine tabi olmuşum."

Sazın çaldığı eser, hüzünlü, kederli olduğu için mansur perdesine vurulmaktadır ve saz kan revan içindedir. Hallac-ı Mansur isminden de mülhem bir ima söz konusudur.

Gülzâr olup âteş-neva kıldı ser-âgâz-ı safâ

Etdikçe mızrâb-ı sabâ tahrîk-i **târ**-ı zîr ü bem - (Şeyh Gâlib Divanı, k. 19/8)

"Sabanın mızrabı sazların en tiz en pes tellerini yakınca (yakıcı nağmeler icra edince) gülzar, yakıcı nağmeler (ateş-neva) söyleyerek eğlenceyi başlattı."

Saba mızrabı kalın ve ince telleri hareketlendirdikçe, tahrik ettikçe, gülzar yakıcı nağmeler icra etmektedir.

Nesîc-i kâkülünden eyleyenler nağme-perdâzî
Şu'â'-ı âfitâbı **târ**-ı kânûn eylemişlerdir - (Şeyh Gâlib Divanı, g. 45/11)

"Taranmış kâkülünden nağme düzenleyenler, güneşin huzmelerinden de kanuna tel yapmışlardır."

Kanun tellerinin, hem güneş hüzmelerinden hem de sevgilinin kâkülünden yapıldığı belirtilmek suretiyle kanun telleri, güneş hüzmelerine ve sevgilinin saçına benzetilmiştir.

Cismümi pür-sûziş-i nâle ney-i bezm-i cünûn
Cânumı mızrâb-ı saz-ı mihnete **târ** eyledi - (Yahya Nazim Divanı, k. 30/19)

"Mecnunlar meclisinin neyi, bedenimi baştan aşağı yakıcı bir inleyiş hâline getirdi, canımı ise keder sazının mızrabına tel eyledi."

Mecnunlar meclisinin neyi, canı keder sazına tel eylemiştir. Keder sazının mızrabı da çıkardığı nağmeler açısından kederli ve mihnetlidir.

(Ayrıca bkz. BMED, k. 2/23, g. 57/4, 147/3; ED, n. 3/7; ND, k. 15/27, g. 29/1, 47/3; PND, k. 3/27; SD, g. 60/3; ŞGD, g. 37/3, 55/6, 276/4; YND, k. 30/19)

3.113. TERÂNE

(Far.) Nağme, ahenk.

Şeb-tâ-sabah nâlelerüm nâya meşk ider
Âhum **terâne**-i tenedür nâya meşk ider - (İzzet Ali Paşa Divanı, g. 46/1.)

"Bedenin teranesi olan ahım, geceden sabaha kadar neye (terennümü meşk eder) öğretir."

Terane, bedenin inleme sesleri olarak karşımıza çıkmaktadır. Bu ah teraneleri sabaha kadar sürmüş ve neye inleme nağmelerini öğretmişlerdir.

Kûyın **terâne**-i 'arabân ile it tavaf
Ya'nî katâr-ı nağmeyi semt-i hicâza çek - (İzzet Ali Paşa Divanı, g. 87/3.)
"(Onun) mahallini, yakınını araban terânesi ile tavaf et, yani nağme katarını hicaz semtine çek."

Araban makamının teranesi ile hicaz semtine gidilmesi ile, araban makamının seslerinin içerisinde hicaz makamının perdelerinin (seslerinin) oluşuna işaret edilmiştir. Araban makamının karar sesleri, hicaz makamının perdeleriyle aynıdır. Dolayısıyla arabân makamının bitişi, hicaz sesleri ile yapılmaktadır. Araban makamının perdeleri nağme katarına benzetilmiştir. Nağme katarının hicaz semtine çekilmesi demek, makamın seyrinin hicazın perdelerinde son bulmasıdır.

Feryâd-ı andelîb iledir revnak-ı çemen
Sâz u **terâne**dir şeref-i meclis-i tarâb - (İbrahim Hanif Divanı, g. 24/2)
"Bahçenin alıcılığı, güzelliği bülbülün feryadı iledir; eğlence meclisinin itibarı da saz ve terennüm sayesindedir."

Terane, saz eşliğinde söylenen nağmelerdir. Meclisin itibarı, şerefi burada söylenen, icra edilen saz ve sözlere bağlıdır.

Vecd ü semâ'a nâle-i cân-sûza başlaram
Eyvây olunca sahn-ı çemende **terâne**-gûş - (Nahifi Süleyman Efendi Divanı, g. 239/7)
"Bahçenin ortasında işitilen terâneler "Eyvay!" (eyvah, üzüntülü, kederli) olunca ben de vecd ve sema ile can yakan inlemelere başlarım."

Bahçenin ortasında işitilen teraneler üzüntülü ve kederli olduğu için can yakmakta, dinleyeni vecde getirmekte ve onları inletmektedir.

Besler büzürg ü kûçegin etfâl-i nağmesin
Güyâ ki çeng pîr-i gürûh-ı **terâne**dir - (Şeyh Gâlib Divanı, g. 53/2.)

"Bütün teranelerin üstadı gibi olan çeng, büzürg ve kuçek makamlarının çocuk nağmelerini besler."

Sesini eskilerden almış, eski bir saz olduğu için çeng çalgısı, bütün teranelerin üstadıdır.

Eyle hûnîn **terâne**ler şeb ü rûz
Dil-figârun büzürg ü kûçek hem - (Yahya Nazim Divanı, tb. 32/1-12.)

"Gece gündüz, iç kanatan teraneler söyle. Gönlü yaralayan (makamların) büzürg ve kuçektir."

Gönlü yaralayan büzürg ve kuçek makamlarıyla gece gündüz iç kanatan teraneler söylenmesi istenmektedir. Aynı zamanda kuçek makamının hüzünlü, ağır, gözyaşı döktüren bir makam oluşuna işaret edilmektedir. Büzürgte hüseyni, kuçekte de saba sesleri hâkimdir. Hüseyni ve saba hüzün hissettiren seslerdir.

Yâ Rab ne sazdur bu ki sâzende-i felek
Her perdede **terâne**-i cevr ü cefâ bilür - (Yahya Nazim Divanı, k. 11/24.)

"Ya Rabbi, bu öyle bir sazdır ki feleğin sazendesi her perdesinde cefa ve eziyet nağmesini bilir (icra eder)."

Felek sazendesinin çaldığı eserlerin her perdesinde cefa hissettiren teraneler vardır.

(Ayrıca bkz. İAPD, k. 3/73; İHD, g. 349/4; MED, k. 2/6, k. 2/27, g. 87/2; ND, k. 7/16, k. 7/28, g. 125/3, g. 148/3; SD, k. 1/11; ŞGD, g. 1/10, YND, k. 2/6, k. 2/27, tb. 32-1/16.)

3.114. TERENNÜM

(Ar.) Kâr, Beste, Semai gibi güfteli eserlere mahsus Türk Musikisinde klasik ve büyük formlarda, mülazime veya nakarata tekabül eden kısmıdır. "Ten nen ni, tir tir ya la, ya lelli, terelel, ta ni" gibi bir takım hecelerden, kelimelerden veya mısra parçalarından ibaret olur. Ayrıca terennüm, yavaş ve güzel sesle şarkı söylemektir.

Câm-ı tehî nevâna kulak tutdu sâkiyâ
Kul kul **terennümât**ını tekrâr vaktidir - (Nedim Divanı, g. 37/5.)
"Ey saki boş kadeh senin nağmelerine (nevâna) kulak verdi. Kul kul nağmelerini tekrarlamak zamanıdır."
Terennüm, şarabın kadehe dökülürken çıkardığı sestir. Boş kadeh sakinin "kul kul" terennümlerine, yani şarap dökmesine kulak vermiştir, şarabın dökülmesini beklemektedir.

Aldukça ele sâzın o reşk-i Nâhid
Işk ehli ider kesb-i sâfâ-yı câvid
Tûtî gibi oldukça **terennüm**-pîrâ
Her nağmesi eyler dile bir feyz-i cedîd - (Nahifi Süleyman Efendi Divanı, r. 139.)
"Kıskanılan Zühre, eline sazını aldıkça aşk ehli sonsuz safa elde eder. Papağan gibi süslü terennümler icra ettikçe, onun her nağmesi gönle yeni feyizler, duygular hissettirir."
Terennüm, Zühre'nin çaldığı sazdan peyda olmaktadır. Zühre, papağan gibi terennüm eyledikçe, terennümden doğan nağmeler, gönle yeni feyizler ve duygular hissettirir.

Nefha-yı sûr degil nağme-i mansûr degil
Sâz-ı uşşâkda âgâz-ı **terennüm**dür bu - (Şeyh Gâlib Divanı, g. 270/4.)
"Bu, ne surun nefesi ne de mansurun nağmeleridir, âşıkların sazından çıkan terennüm sadasıdır."
Terennüm, âşıkların sazından çıkan öyle bir nağmedir ki, ne surun nefesine ne de mansurun nağmelerine benzer.

Açıl ey gonca-leb nûr eylesin bezmi tekellümler
Safâdan hande deryâsında mevc ursun tebessümler

İzârın gül gül etsin tâb-ı sahbâ-yı neşât olsun
Bu âteş güfte rengîn besteler hûnîn **terennümler** - (Şeyh
Gâlib Divanı, kt. 32.)

"Açıl ey gonca dudaklı (sevgili), konuşmalar meclisi aydınlansın. Herkes o kadar zevklensin ki hande deryasında tebessümler dalgalansın. Bu ateş gibi güfte, renkli besteler, kanlı (insanı duygularından gözyaşı döktüren) terennümler ki neşe kadehinin parlaklığını, yanağını gül gibi (al) etsin."

Terennümler, kanlı (insanı duygularından, insana gözyaşı döktüren) özelliklere sahiptir.

(Ayrıca bkz. BMED, k. 10/5; ED, n. 3/8; İAPD, k. 4/9; İHD, mn. 7/9, g. 93/8, 196/3; ND, k. 15/4, g. 10/5; NSED, g. 74/9, 182/7, 188/5; SD, k. 3/11; ŞGD, g. 304/1, 57/9.)

3.115. TÜRKÎ-DARB

(Ar.) On sekiz zamanlı bir usuldür.

Türkî-dâb ile makam-ı 'arabân
Beste olsa urılur bu dil ü cân - (Sami Divanı, mes. 3/39.)

"Türkî-darb usulü ve araban makamı ile bir eser bestelense bu gönül ve can o besteye vurulur."

Türkî-darb usulü ve araban makamı kullanılarak yapılan bestenin güzelliği vurgulanmıştır. Türkî-darb usulü ve araban makamı kullanılarak yapılan bir beste, can alıcı güzellikte bir eser olur.

3.116. ÛD

(Ar.) Türk Musikisinde bir mızraplı çalgıdır.

Eser-i germî-i 'aşk ile sezâdır Es'ad
'Ûd-veş yansa yakılsa nagâmât erbâbı - (Esad Divanı, g. 187/7.)
"Esad, aşk ateşinin bir eseridir ki nağmelerin erbabı (olan) ud gibi (nağmelerle) yansa yakılsa (bu hal ona) lâyıktır."

Nağmelerin ustası olan udun icra ettiği eserin nağmeleri, yanıp yakılma hissi uyandırmaktadır. Ayrıca şair, udun yanma, yakılmalarını kendi yanma yakılmalarına benzetmektedir.

Mutrib itdükçe nihâvendi sürûd
Bûy-ı te'sîri virür nağme-i **'ûd** - (Sami Divanı, mes. 3/16.)
"Sazende, nihavendi terennüm ettikçe, udun nağmesi, sevgilinin kokusunu verir."
Ud, nihavent makamında bir eser çalmaktadır. Nihavendin karakteristik özelliğinden dolayı ortaya çıkan nağmeler muhabbet ve ümit tesiri verir.

Perde-i çeng ü rebâb u erganûnî ref' ile
'Ûd u şeş-târun çıkarmış ipligin bâzâra def - (Sakıb Dede Divanı, k. 26/6.)
"Çeng, rebab, erganun, ud, şeştar (çalgıları) perdelerini ne kadar yükseltirlerse yükseltsinler def onları bastırır."
Udun, deften daha sakin sesli oluşuna işaret edilmiştir. Defin udun ve diğer çalgıların sesini bastırması, defin udun ve diğer çalgıların ipliklerini pazara çıkarması olarak yorumlanmıştır.

Harmân ile **'ûd** eyledi hep âh u nigâhım
Verdim eline nâveki sînem siper etdim - (Şeyh Gâlib Divanı, g. 212/3.)
"Udun eline mızrap (naveki) verdim ve gönlümü siper ettim. Benim âhlarım ve bakışlarım harman oldu, ud eyledi."
Ud ile hüzünlü bir eser icra edilmektedir. Udun mızrabı oka benzetilmiş, gönül mızrap okuna siper olmuştur. Mızrap, udun tellerine vurdukça çıkan nağmeler ok gibi gönle saplanmaktadır. Yani nağmeler gönle hitap etmekte ve gönlü yaralamaktadır.

Olur evtâr-ı **ûd** üzre mürtesim
Mesânî vü mesâlis zîr ile bemm - (Şeyh Gâlib Divanı, mes. 4/32.)

"Udun telleri üzerinde, ikili ve üçlü tellerin en pes ve en tiz (zir ü bemm) olduğu görülür."

Udun telleri üzerinde ikili ve üçlü tellerin en pes ve en tiz (zir ü bemm) olduğu görülmektedir.

(Ayrıca bkz. BMED, g. 57/4; SDD, g. 160/4; ŞGD, mes. 10/2, lgz. 1/3.)

3.117. USÛL

(Ar.) Türk Musikisinde ritim anlamındadır.

Mutriplerin her rûz u şeb kılsınlar âheng-i tarâb
Ammâ **usûl-i** feth ü darb olsun makâmı hem 'acem - (Nedim Divanı, k. 12/5)

"Sazendelerin ve hanendelerin gece ve gündüz çalıp söylesinler ama çaldıkları eserlerin usulü, feth ü darb; makamı ise acem makamı olsun."

Feth ü darp usulüyle basit şarkılar, besteler yapılmaz. Dolayısıyla şair, söylenecek nağmelerin basit eserler olmamasını istemektedir.

Devr **usûl**iyle ser-âgâz ideli mutrib-i çerh
Gelmedi hoş-nefes böyle muganni-yi be-nâm - (Sami Divanı, tar. 11/8)

"Feleğin sazendesi, devr usulüyle nağmeye başladıktan beri böyle güzel sesli ve şöhretli bir muganni gelmedi."

Feleğin sazendesi, aynı usulle aynı hânede tekraren (devr usulüyle) terennüm etmektedir. (Devr, sadece lenkfahte, devr-i kebir gibi büyük usullerin aynı hanede sayıca tekrarına denir.) Bu usulle söyleyen feleğin sazendesi söylemeye başladıktan beri kendisi gibi güzel sesli, şöhretli bir muganni gelmemiştir.

Def' eyle meded çûbek-i santûr ile dilden
Darb idüp **usûl**iyle ser-i şahs-ı melâli - (Sami Divanı, mus. 9/VIII-3)

"Santurun çubuğu ile usulüyle vurarak (santuru çalarak) gönülden kederi def et."

Darb, hem musikideki usul hem de vurma anlamında kullanılmıştır. Darp usulüyle, bir eseri, santur ile çal ki gönüldeki gam, keder gitsin derken; hem vurarak çalmayı hem darp usulünü kullanmayı kast etmiştir. Ayrıca darp usulünün nağmeleri gam ve kederi dağıtıcı olması yönüyle de ortaya konulmaktadır.

Karârgâhı makâm-ı rehâvîdür şimdi
Firenkçîn **usûl**ine bestedür devlet - (Sami Divanı, kıt. 1/2)
"Saadet (devlet), rehavi makamında frenkçin usulünde yapılmış bir eserdir/bestedir."

Makam, rehavi; usul, firenkçin olursa işte saadet (devlet), budur diyerek bu makam ve usul ile yapılacak eserin çok iyi olacağını vurgulamaktadır.

Kanda olursa bulur dest-res-i hoş-makâm
Mahrem-i râz-ı semâ oldu **usûl**iyle def - (Sakıb Dede Divanı, g.103/6)
"Nerede olursa olsun, o hoş makamı ele geçirir. (Yani makam geçkilerini çok güzel yapar.) Defin usulüyle gizli olan sırlar duyuldu."

Def, bir usul çalgısıdır. Defin çaldığı usulle bütün gizli sırlar açığa çıkar, duyulur.

Def gibi uyma hazer **usûl**üne devrin
Kadrüni rakkâs-ı çarh ider senün alçak - (Yahya Nazim Divanı, k. 22/13)
"Sakın zamanın usulüne (gidişatına) def gibi uyma, dönen felek, senin kıymetini düşürür."

Def, icra edilen eserlerin usulüne uymak zorundadır. Defin her usule uyması gidişata ve zamanın şartlarına uyması, dalkavukluk etmesi olarak yorumlanmıştır.

(Ayrıca bkz. BMED, g. 145/1, g. 147/3; ED, g.168/2; İAPD, mus. 2/9; İD, ş. 53/3; İHD, mn. 7/9, g. 91/2, 107/1, 236/3, 170/4, 349/4, rub. 19; ND, k. 35/5, g. 11/4, g. 20/4; PND, k. 2/7, k. 3/14, g. 25/5; SDD, k.26/3, 25/2, 3/25.)

3.118. UŞŞÂK

(Ar.) Türk Musikisinin basit makamlarından biridir.

Hisar-ı gamda murabba'-nişîn olan 'uşşâk
O çargâh-ı safâda nevâ bulunmaz mı - (Feyzi Divanı, g. 123/3)
"Ey keder kalesinin dört yanına (dörtlüsünde) oturan uşşak, o safanın dört yanında (çargâh) neva (ses) bulunmaz mı?"
Uşşak makamının (dörtlüsü) güçlüsü, neva perdesiyken; çargâhın güçlüsü, rasttır. Neva perdesi uşşakta bulunurken çargâh makamının karakteristik özelliğinde neva perdesinin bulunmadığı ifade edilmektedir.

Râstdur evc-i muhâlifde nevâ 'uşşâk idüp
Gülistân-ı 'âlemi medhünle eyler pür-sadâ - (Feyzi Divanı, k. 5/24)
"Rast, uşşaka evcin muhalefetiyle seslenerek, âlemin gül bahçesini övgünün sadasıyla doldurur."
Rast ile uşşak arasındaki teknik münasebetten bahsedilmektedir ki o, şudur: Makamın seyri sırasında güçlü ses önemlidir. Rastın güçlüsü nevadır. Uşşakın da güçlüsü nevadır. Uşşak ile rastın segâh perdesi müşterektir. Rast, ayrıca burada evc sesini alır. Arızi ses olarak rastta, segâh ve evc vardır. Uşşakta sadece segâh vardır. Her ikisinin de güçlüsü neva (re) perdesidir. Rast ile uşşak arasındaki fark evc perdesidir.

Mutrib itdükçe ser-âgâz-ı makâm-ı 'uşşâk
Rişte-i cânumı pîçîde-kemânında bulur - (İzzet Ali Paşa Divanı, g. 51/7)

"Mutrib uşşak makamını yeniden ve baştan okumaya başladıkça can ipliğimi kıvrılmış kemanında bulur."

Mutrib, kemanıyla uşşak makamını tekraren ve baştan okumaya başladıkça dinleyenler kendilerini kemanın tellerinde bulurlar. Uşşak makamı kendi duygularına çok yakın bir makamdır.

Muhayyerdir niyâzım nağmesi şehnâz-ı meh her dem
Hanîfâ dogrusu biz rast makâmında ne 'uşşâkız - (İbrahim Hanif Divanı, g. 174/5)

"Nazlıların şahı olan sevgiliye olan niyazımın nağmesi, her zaman muhayyerdir (değişkendir). Ey Hanîfî doğrusu biz rast makamında nasıl da uşşak makamını kullanıyoruz."

Uşşak ile rast arasındaki birçok ses benzerliği işlenmiştir. Uşşak ve rastın güçlüsü nevadır. Uşşak ile rastın segâh perdesi müşterektir. Arızi ses olarak rastta segâh ve evc vardır. Uşşakta sadece segâh vardır. Rast ile uşşak arasındaki fark evc perdesidir.

'Uşşâk usûlüyle nühüft etdi nevâsın
Gördü ki çıkış vermedi zîr ü bem-i hasret - (Nedim Divanı, g. 11/4)

"Uşşak makamında, nühüft sesini kullanmak istedi ama hasretin ince ve kalın telleri bunun için çıkış vermedi (buna müsaade etmedi)."

Zîr ü bem ince ve kalın tel manasındadır. Nühüft ise perdedir. Uşşak usulüyle uşşak makamında bir eser icra edilirken nühüft perdesine basılmaz. Çünkü nühüft yani mahur arızalı sestir. Oysa uşşak makamı, arıza almaz. Uşşak makamında acem ve gerdaniye vardır. Bunlar, tiz seslerdir. Acem ile gerdaniye arasındaki perdeler, uşşak makamında kullanılmaz. Hasretin ince ve kalın tellerinin çıkış vermemesi bu kullanamayışı ifade etmektedir.

Sûz-nâk olsa n'ola bülbülün âvâzeleri
İtdigi nağmede 'uşşâkdur âgâzeleri - (Nahifi Süleyman Efendi Divanı, g. 507/1)

"Bülbülün icra ettiği nağmelerde suznak makamı olmasında şaşılacak bir durum yok, onun (icra ettiği nağmelerin) başlangıç nağmelerinde uşşak makamı perdeleri vardır."

Suznak makamının başlangıcında, uşşak makamının notaları vardır. Uşşak daha oturaklı bir makam iken suznak makamı, daha oynak ve şendir. Bülbülün nağmelerinin yakıcı olmasının sebebi olarak bülbülün âşıklığının gösterilmesi, yakıcılığın (suznak makamının) temelinde âşıklığın (uşşak makamının) olması dolayısıyladır.

O şeh nâz iderek yüz gösterir 'uşşâkına bir gün
Hisâr semtinde gülzâr-ı melâhat berg ü bâr olsun - (Prişti-neli Nuri Divanı, k. 3/4)
"O sevgili, bir gün elbette âşıklarına naz ederek yüzünü göste-rir; o güzelliğin gül bahçesi, hisar semtinde yaprak ve meyvelensin."
Uşşak makamı içerisinde şehnaz makamı ile geçki yapmak, uşşak makamını güzelleştiren bir durumdur. Yüz göstermek, bundan dolayıdır. Hem uşşakta şehnaz etmesi hem de hisar per-desinde gülzarı kullanması, ona daha da bir güzellik katmaktadır.

Ger muhayyerde idersen cânâ
Bûselikden gelür 'uşşâka sadâ - (Sami Divanı, mes. 3/47)
"Eğer muhayyere kadar çıkacak olursan uşşaka ancak buse-likten ses gelir."
Muhayyerden aşağı, buselik sesleri ile inecek olursan uşşak makamı olur, yani buselikten uşşaka sada gelir.

Nevâ-yı nâle-i 'uşşâka râst pey-rev olup
Sabâ-yı seyrini eyle muhayyer ü mâhûr - (Sakıb Dede Di-vanı, k. 3/23)
"Rast, âşıkların inleme seslerine tabi olup izinden gitmiştir. Saba seyrini, muhayyer ve mahur eyle."
Neva ve uşşak makamları, la'dan başlarken rast makamı sol'den başlar. Sol, la'dan daha alt notadır. Bu durum rastın neva

ve uşşak makamlarına tabi olup onların izinden gitmesi olarak yorumlanmıştır.

(Ayrıca bkz. BMED, g. 145/1, 147/3, 180/3, rub. 21/2; ED, g. 40/3; İAPD, ş. 2/1, b. 7; İD, g. 74/4; İHD, g. 230/2; PND, k. 2/3, k. 2/9, g. 25/5, g. 245/6; SD, mes. 3/12, 3/46, mat.100; SDD, g. 120/9; ŞGD, g. 45/5, g. 137/2, g. 178/4, g. 270/4.)

3.119. VELVELE

(Ar.) Türk Musikisinde, usulün darb parçacıklarına ayrılarak vurulma şeklidir. Usulün daha yüksek sesli ve daha hızlı çalınmasıdır.

Çarh üzre dırahşan sanırım pençe-i mihri
Engüştlerin **velvele** etdükçe def üzre - (Nedim Divanı, kıt. 69/2)
"Parmakların def üstünde vurup şamata ettikçe, güneşin pençesini felek üzerinde parlıyor sanırım."
Güneşin hüzmeleri, def üzerinde velvele koparan parmaklardır.

Sipihr-erîke şeh-i Cem-cenâb kim tutdı
Cihânı **velvele**-i kûs-ı şevket ü şânı - (Sami Divanı, k. 4/10)
"Feleğin taht(ına oturmuş) şah Cem'in şevketli ve şöhretli kösünün velvelesi, dünyaya yayıldı."
III. Ahmed'in şevketli ve şöhretli kösünün velvelesi, cihanı tutmuştur. Kösün velvelesinin cihanı tutması, padişahın hükümdarlığının her yana yayılması manasındadır.

Dergâh-ı Mevlevî ki aceb aşk-hânedir
Nây u kudûm-ı **velvele**-sâzı şehânedir - (Şeyh Gâlib Divanı, g. 53/1)
"Mevlevi dergâhının aşk evi olmasında şaşılacak bir şey yok. Velveleli ney ve kudüm, çok güzeldir (padişaha yakışır.)."
Velvele yapmak, ney ve kudümü daha da renklendirmekte, onları padişahlara yaraşır bir hale getirmektedir.

3.120. YEGÂH

(Far.) Türk Musikisinde bir mürekkep makamdır.

Nühüftdür ğamzesinde hâb-ı nâz îmâ ider dilber
Yegâh 'arz-ı cemâl eylerse çok mu 'âşıka bâri - (Priştineli Nuri Divanı, k. 2/4.)

"Sevgili bakışlarında uyku gizlidir. O, bu hâliyle naz yapar. Onun aşığa güzelliğini göstermesi çok mudur?"

Nühüft ile yegâh makamları çok benzer. Neredeyse aynı arızaları alırlar. "hâb-ı nâz" ifadesinin kullanımı, yegâhın ağırbaşlı bir makam olması sebebiyledir. Tasavvufta cezbe hâli, arzu edilen bir hal değildir. Yegâh da ağırbaşlı olması dolayısıyla cezbe hâline kapılmaz. Yegâh ile nühüft makamlarının adeta birbiri içinde olmaları söz konusu edilmiştir. Nühüft, kısa zamanda olup biten bir bakış iken, yegâh ise daha geniş bir zaman yayılmış olan cemâlin (güzelliğin) teşhiridir ve bu daha makbuldür. Nühüft, âdeta yegâhtan bir parça gibidir. Nühüft bir parçayı, yegâh ise bütünü ifade ediyor. Teknik olarak da nühüft, yegâh makamı içinde oluşturulan bir makamdır. Bu durum, aynı zamanda yegâh makamının, nühüft makamından daha çok kullanılıyor olmasını da gösterir.

Felek hiç erganûn saz ile zevk-i **yegâh** virmez
Anın kasdı hemân ehl-i diledir hâksâr olsun - (Priştineli Nuri Divanı, k. 3/28.)

"Felek erganun sazı ile yegâh makamının zevkini hiç vermez, onun kastı hep gönül sahiplerinedir; o, hep onların hâlinin perişan olmasını ister."

Feleğin çaldığı erganundan gönül sahipleri zevk almazlar. Çünkü erganun batı müziğinde dinî bir çalgıdır ve teslis inancını tebliğ eder. Dolayısıyla ondan yegâh (tevhit)in sadası ve tadı çıkmaz. Bu da, gönül sahibi tevhit ehlini rahatsız eder.

Açmış cemî'-i perdeyi mutlak **yegâh**dan
Tanbûra sor ki vahdeti merd-i yegânedir - (Şeyh Gâlib Divanı, g. 53/6)

"Tanbur perdelerin hepsini mutlak yegâhtan açmıştır; vahdeti tanbura sor çünkü o, ilk insandır."

Tanburun en kalın sesi, kaba yegâhtır. Tanburun pestte çıkabileceği en kalın sesin yegâh olması, bütün perdeleri yegâhdan açması olarak yorumlanmıştır. Burada tasavvufi anlamlar da mevcuttur. Beyitte, vahdet-i vücud söz konusudur. İnsanların ilk atası Hz. Âdem'dir ancak Hz. Âdem'in bedeni yaratılmadan önce Hz. Peygamber'in nuru yaratılmıştır. Yani her şeyden önce bir Cenab-ı Hakk'ın zatı ondan sonra da Hz. Peygamber'in nuru mevcuttur. Bundan dolayı merd-i yegâne, Hz. Peygamber'dir. Tanbur da insanı temsil eder. Tanbur, şekil olarak şehadet parmağını kaldırmış bir ele benzemektedir. Tanbur, bu sebeple, şehâdet eden bir çalgıdır. Ona sor denmesi bu yüzdendir. Tanburun kaba yegâhına sorulması ise, kaba yegâhın bam teli olması ve o telin de tek (tevhit) olması dolayısıyladır. Beyitte geçen perde, hem musiki perdeleri olarak hem de tevhidin üstündeki perdeler olarak anlaşılabilir. Perde, beşeri mahremiyeti kapatan bir unsur olduğu gibi, tevhidin mahremiyetini de kapatan bir unsurdur. Yegâh, ilk perde olması münasebetiyle, diğer perdeleri kaldırınca kaşımıza çıkacak olan perdedir. O da tanburun bam telidir.

Bulup karârını mutlak nevâ-yı tevhîdin
Yegâha vardı sürâg-ı yegâne-i tanbûr - (Şeyh Gâlib Divanı, g. 57/2)

"Neva makamı (tevhidin sadası), mutlak bir şekilde karar (gâh)ını bulunca tanburun benzersiz, yegâne eseri yegâh makamına ulaştı."

Kelime-i tevhit, neva makamında söylenir. Türk Musikisinde perdeli tevhitler vardır ki bazen pestten tize, bazen de tizden pese gider. Burada perdeli tevhit söz konusudur. Perdeli tevhitler pestte bitmez, tizde biter. Tiz sesler ise heyecanın dorukta olduğu anları, duyguları ifade eder. Önce pest sesle başlanır, tize çıkılır sonra yine pest sesle bitirilir. Beyitte geçtiği şekliyle, tanbur, la (neva) perdesinde karar ettikten sonra bir oktav aşağıya, yani yegâh perdesine inmektedir. La hem agaze hem de karar sesidir.

3.121. ZÂVİL

(Ar.) Türk Musikisinde bir mürekkep makamdır.

İder ısgâ-yı sadâ-yı **zâvil**
Hüzn ü endûhı gönülden zâ'il - (Sami Divanı, mes.3/8)
"Zavil nağmesini dinlemek, hüznü ve kederi gönülden giderir."
Zavil makamı, dinleyenin gönlünden hüznü ve kederi gideren bir makam olarak kabuk edilmiştir.

3.122. ZEMZEME (NAĞME)

(Ar.) Nağme, ahenk.

Sâkiyâ huşum alan **zemzeme**-i çeng midir
Yoksa destindeki peymâne-i gül-reng midir - (Nedim Divanı, g. 30/1)
"Ey saki, aklımı (başımdan) alan çengin nağmesi midir yoksa elindeki gül renkli kadeh midir?"
Çengin nağmeleri, aklı baştan alacak güzelliktedir.

Sakıb-ı şûh-lehceyüz ney gibi her makâmda
Midhat-ı Mevlevîledür **zemzeme**-i karârımız - (Sakıb Dede Divanı, g. 67/19)
"Ney gibi her makamda serbest olan (her makamın seslerini çıkarabilen) Sakıbız ki kararımızın nağmeleri, Mevleviliği övmektedir."
Ney, nasıl her makamı icra edebiliyorsa, Sakıb da her makamı icra eder, her dili konuşur. Yani Sakıb, bütün tarikatlardan bahseder, bütün tarikatların dilinden anlar, onları da tanımıştır ama son geldiği nokta Mevveliliktir. Artık bulunduğu noktadaki zemzemesi (sadası) Mevleviliği över.

Beni bir câmla mest it ki olam girye-künân
Na't-ı mahbûb-ı ilâhîde yine **zemzeme** gû - (Yahya Nazim Divanı, k. 27/18)

"Beni bir kadehle sarhoş et ki ağlayayım, ilahî sevgilinin (Hz. Peygamber'in) methinde, yine nağmeler söyleyeyim."

Zemzeme, Hz. Peygamber'in methi için söylenen na'tın nağmeleridir. Bu nağmeler, kadehin sarhoş ediciliği gibi, insanı kendinden geçirici nağmelerdir.

3.123. ZEMZEME (MAKAM)

(Ar.) Türk Musikisinde mürekkep bir makamdır. Saba-zemzeme makamının kullanılışıdır.

Bi't-tab'ı **zemzeme**-i kürdîden
Hazz ider nerm karârın işiden - (Sami Divanı, mes. 3/19)
"Elbette, yumuşak kararını işiten zemzeme-i kürdiden hoşlanır."
Yumuşak karar dediği la perdesidir. Yumuşaklık, kolaylıkla çıkartılabilen bir ses oluşundan dolayıdır. Zemzeme makamının nağmeleri, kolay çıkartılabilen seslerdir.

Yâ Rab nevâsın eyle ney-i kilk-i hâtırun
Râh-ı usûl-i **zemzeme**-i perde âşinâ - (Sakıb Dede Divanı, g. 2/14)
"Yarabbi, gönül kamışından (yapılan) neyin sesini, zemzeme makamının nağmelerine âşinâ eyle."
Şair, zemzeme makamının nağmelerinin, gönül kamışından yapılan neyin seslerine aşina kılınması için dua etmektedir.

Revha olup bi-aynihî Ka'beye nâvdân-ı zer
Zemzem-i feyz-i giryedir **zemzeme**-i nevâ-yı ney - (Şeyh Gâlib Divanı, g. 305/3)
"Altınoluğun tıpkı Kâbe'ye rahmet olması gibi, neyin zemzeme terennümü, gözyaşının bereketli zemzemidir."

Zemzeme makamı, ney ile icra edilince, dinleyeni hüzünlendiren ve gözyaşı döktüren bir makam olup terennümü ile dökülen gözyaşı altınoluktan dökülen rahmet yağmurları gibidir.

3.124. ZENCÎR

(Far.) Türk Musikisinde yüz yirmi zamanlı, altmış üç darplı büyük bir usuldür.

Birûna za'fından reh-yâb olur bu meclis-i 'aşkun
Sarılsa dâmen-i âvâze-i **zencîr**e mahbûsı - (Beliğ Mehmed Emin Divanı, k. 3/9)
"Bu aşk meclisinin dışarıya çıkmaya meyilli mahpusu, zencir nağmesinin eteğine sarılsa yol bulur."
Zincir nağmesi aşk meclisinin mahpusuna dışarıya çıkması için yol göstermektedir. Meclisin mahpusu zencir nağmesinin eteğine tutunursa tutsaklıktan kurtulacaktır.

Kıl temâşâ zülf ile çâr-ebruvân-ı dilberi
Bir rubâîdür ki gûyâ bestedür **zencîr**de - (İzzet Ali Paşa Divanı, g. 124/4)
"Genç sevgilinin zülüflerini seyret. Öyle bir rubaidir ki sanki zencirle bestelenmiştir."
Sevgilinin zülfü o kadar güzeldir ki zencir usulüyle bestelenmiş bir rubai gibidir.

Perişân oldu gitti nağmeler gördükçe gîsûsun
Meger mutrib de ol **zencîr**e der-çenber midir bilmem - (Nedim Divanı, g. 84/2)
"Nağmeler, omzuna dökülen saçlarını gördükçe kederli/dağınık oldu, gitti. Yoksa sazende de o zencire bağlı mıdır, nedir?"
Sazende, zencir usulünde eser icra etmektedir. Bu durum, zencire bağlı olmak olarak yorumlanmıştır.

İkitelli gibi gel bağlama **zencîr** misâl çenber
Duyulsun nağme-i sentûr râzı âşikâr olsun - (Priştineli
Nuri Divanı, k. 3/16)

"İkitelli ve çenber gibi zencir bağlama da, sır santurunun nağmesi ortaya çıksın."

Zencir usulü, içinde çenber usulünü barındıran bir usuldür. Bağlama, bir halk müziği sazıdır. İkitelli de halk müziğinden olan çift telli bağlamadır. Bunlarda zencir, çenber gibi usuller kullanılmaz. Santurun sır nağmeleri, zencir ile bağlanmış olarak gösterilmiştir. Zencir bağlama ki santurunun nağmeleri ortaya çıksın.

Bağlandı târ-ı kâkülüne nağme-i cünûn
Zencîrler terâne-i tanbûrdur bana - (Şeyh Gâlib Divanı, g. 1/10)

"Tanburda zencir usulünde eser çalıyor, bu sesi duyan mecnunlar kâkülünün tellerine esir olmuştur."

Zencir yuvarlak ve kıvrıktır. Dünyalık ihtiyaçlarından kendini azad eden delinin saçları da birbirine girmiş, kıvrılmıştır. Yani zencir gibi olmuştur. Zencirle saç teli arasında bir benzerlik vardır. Tanburda, zencir usulünde çalınan nağmeler vardır. Çünkü mecnunların nağmeleri, kâkülün teline bağlanmıştır.

(Ayrıca bkz. ND, k. 5/12, g. 20/4; ŞGD, g. 276/4.)

3.125. ZÎR Ü BAM/ZÎR Ü BEM

(Far.) Sazın en ince ve en kalın telidir.

Üft ü hîz iledür ikbâl makâmında karâr
Lagzîş-i nağmeyi seyr eyle **bem ü zîr** üzre - (İzzet Ali Paşa
Divanı, g. 117/4)

"İkbal makamında karar etmek (yer tutmak) coşkunluk ve tutkunluk iledir. İnce ve kalın tel üzerinde nağmenin kayışını seyret."

Nağmenin ince ve kalın teller üzerindeki hareketler neticesinde ortaya çıkması, nağmenin ince ve kalın teller üzerinde kayması olarak tahayyül edilmiştir.

Pestten reftâr iden âhir ider kârın bülend
Nagmenün âhengini gûş eyle **bemmle zîr**de - (İzzet Ali Paşa Divanı, g. 124/8)

"Pestten (alçak nağmelerden) yürüyen en sonunda işini yükseltir (üst nağmelere çıkar). Nağmenin ince ve kalın tel arasındaki ahengini dinle."

Nağmenin çalgıların ince ve kalın telleri arasında aşağıdan yukarıya doğru çıkışıyla ahenk oluşturmasını söylemektedir.

Uşşâk usûlüyle nühüft etdi nevâsın
Gördü ki çıkış vermedi **zîr ü bem**-i hasret - (Nedim Divanı, g. 11/4)

"(Mutrib) uşşak makamında nühüft sesini kullanmak istedi ama hasretin ince ve kalın telleri bunun için çıkış vermedi (buna müsaade etmedi)."

Zîr ü bem ince ve kalın tel manasındadır. Nühüft ise perdedir. Uşşak usulüyle uşşak makamında bir eser icra edilirken nühüft perdesine basılmaz. Çünkü nühüft yani mahur arızalı sestir. Oysa uşşak makamı, arıza almaz. Uşşak makamında acem ve gerdaniye vardır. Bunlar, tiz seslerdir. Acem ile gerdaniye arasındaki perdeler, uşşak makamında kullanılmaz. Hasretin ince ve kalın tellerinin çıkış vermemesi bu kullanamayışı ifade etmektedir.

Sîr-âb-ı feyz der dil-i erbâb-ı hâleti
Sâz-ı gamun o nağme ki **zîr ü bem**indedür   (Nahifi Süleyman Efendi Divanı, g. 111/5)

"Hal erbabının gönlünü suya kandıran o nağmedir ki gamlı sazın ince ve kalın telindedir (ince ve kalın tellerinden çıkar)."

Kederli sazın ince ve kalın tellerinden çıkan nağme ve hal ehli olanların gönüllerini suya kandırmakta, yani mutmain etmektedir.

Yek âheng-i sadâ-yı şeşcihetdür perde-i 'ârif
Nevâziş-pîşe hemt-i gûş-mâl-i **zîr ü bem** bilmez - (Sakıb Dede Divanı, g. 69/9)

"Okşayıcı âdeti olan arifin perdesi (sesi) altı cihetin sadasının yekahengidir. Okşamayı âdet edinen (halim tabiatlı olan arif), ince ve kalın telleri karıştırarak eğip bükmez (yekahengi bozmaz)."

Arif, yumuşak huyludur, ince ve kalın telleri usulünün dışında eğip bükmez, yani bozuk nağme veya bozuk ahenk çıkarmaz.

Gülzâr olup âteş-nevâ kıldı ser-âgâz-ı safâ
Etdikçe mızrâb-ı sabâ tahrîk-i târ-ı **zîr ü bem** - (Şeyh Gâlib Divanı, k. 19/8)

"Saba mızrabı, ince ve kalın (zir ü bem) tellerini hareketlendirdikçe, gül bahçesi eğlenceyi başlattı ve ateş gibi nağme çıkardı."

Telli çalgılarda nağme, mızrabın tellere vurmasıyla çıkar. Teller, bu hareketlilikle makamına göre neşeli veya hüzünlü nağmeler çıkarır. Burada zîr ü bem tellerinin nağmeleri neşeli ve ateşli (gönül yakıcı) hisler uyandırmaktadır.

Olur evtâr-ı ʿûd üzre mürtesim
Mesânî vü mesâlis **zîr ile bem** - (Şeyh Gâlib Divanı, mes. 4/32)

"Udun telleri üzerinde, ikili ve üçlü tellerin en pes ve en tiz (zir ü bemm) olduğu görülür."

(Ayrıca bkz. ND, g. 11/4; SDD, k. 24/4, k. 9/3, g. 47/8.)

3.126. ZÎREFKEND

(Far.) Türk Musikisinde mürekkep bir makamdır.

Beni tebʿîd iderse n'ola dilber bezm-i vaslından
Bu **zîr-efkendelik** taʿbîri başka iftihâr olsun - (Priştineli Nuri Divanı, k. 3/19.)

"Sevgili, beni kavuşma meclisinden uzaklaştırsa bundan ne çıkar; bu düşkünlük tabiri, başka bir övünç olsun."

Hüzün verici bir makamdır. Nitekim âşık, sevgili tarafından meclisten uzaklaştırmış ve ayrılık ile baş başa kalmıştır. Ancak bu hüzün verici durum aşığa övünç kaynağı olmuştur.

Fikri **zîr-efken** olup kasd itmez
Aşagı toğrı miyândan gitmez - (Sami Divanı, mes. 3/48)
"Zîrefkend makamını düşündüğü için meyanda pes sesleri kullanmayı düşünmüyor."
Bu makam çok kullanılan bir makam değildir. Çok geçkili bir makamdır. Çok tiz sesleri kullanır. Tiz muhayyerde başlayıp hüseyni aşirana kadar iner. O kadar tiz sesleri kullanır ki aşağı seslere inmez. Özellikle meyanda hiç inmez.

3.127. ZÎRGÛLE

(Far.) Türk Musikisinde bir mürekkep makamdır.

Zîr-gû olsa da mutrib meselâ
Zîrgûle eder anı bâlâ - (Sami Divanı, mes. 3/40)
"Mutrib okumaya aşağıdan başlasa da zirgüle makamı, onu yukarı çıkarır."
Zirgüle makamı, la, bakıyye bemollü si, bakiyye diyezli do, re, mi, fazla diyezli fa, bakiyye diyezli sol notalarıyla, porte üzerinde yukarı doğru bir seyir izlemektedir. Bu makam okunurken makamın notaları takip edileceğinden, aşağıdan başlanıp yukarı oktav sol'e kadar devam edilir.

IV. BÖLÜM

4. SÖZLÜ MUSİKİ ESERİNİ OLUŞTURAN UNSURLAR VE BİR SÖZLÜ MUSİKİ ESERİN TAHLİLİ

4.1. SÖZLÜ MUSİKİ ESERİNİ OLUŞTURAN UNSURLAR

Tahlil çalışmasında, ayrıntıya girmeden, makam, beste, güfte, usul ve vezin gibi temel kavramları kısaca açıklayıp, onlar üzerinden iyi bir eserin özelliklerini ortaya koymaya çalışacağız. Ancak iyi bir eserin, bizim kültürümüz için ne ifade edeceği üzerinde bazı noktalara değinecek, söz (metin) ve saz (nağme/musiki) arasındaki ilişki ve etkileşimleri üzerinde duracağız.

Güfte: Türk Musikisinde sözlü musikinin manzum sözleridir. Güfte kelimesi ayrıca bestelenmek üzere yazılmış şiir anlamına da gelir. Ancak tekbir, tesbih, sala gibi dinî formların sözlerine denilmektedir.

Beste: Farsça "bağlanmış, bağlı" anlamlarına gelen beste kelimesi, Türk Musikisinde şu manalarda kullanılmıştır:

a) Kompozisyon: Küçük veya büyük formdaki her türlü saz eseri yahut sözlü eser, yani her musiki parçası bir bestedir.

b) Kelime bestenigâr, beste-hisar ve beste-ısfahan makamları gibi bazı birleşik makamların adlandırılmasında makam isminin bir parçası olarak kullanılmıştır.

c) Türk Musikisinde bir form adı olarak beste, din dışı sözlü eserlerin büyük formdaki en önemli tertiplerinden birinin özel adıdır.

Makam: "Bir durak ile bir güçlünün etrafında onlara bağlı olarak bir araya gelmiş seslerin umumi heyetidir."[79] "Makamların girişi, gelişmesi ve bitişi belirli bir düzene göre olur. Ezginin dolaşımını düzenleyen bu kurallara seyir denir. Makama rengini veren de bu seyirdir."[80]

Usul: "Belirli ritimlerden yapılan kalıp hâlinde tespit edilmiş ölçüdür."[81] "Vuruşların kıymetleri birbirine eşit veya eşit olmayan fakat mutlaka muhtelif kuvvetli, yarı kuvvetli ve zayıf zamanların belli bir şekilde sıralanmasıyla meydana gelen belli kalıplar hâlindeki sayı veya vuruş gruplarına usul denir."[82] "Kalbin ve saatin tik-tak'ları, gece-gündüz ve mevsimlerin birbirini kovalaması, lastiği bozulmuş bir musluğun şıp şıp damlaması, atın sürekli dörtnala gitmesi gibi, zaman ve mekândaki düzgün ve kesintisiz akıp giden düzene müzikte ritm (düzüm veya tartım) denir."[83] "Bu düzen notalarla gösterilir ve toplamı eşit değerlerden meydana gelen düşey çizgilerle sınırlandırılırsa 'ölçü'ler ortaya çıkar: iki dörtlük, üç dörtlük, dört dörtlük diye. İşte usul kavramı bu noktadan sonra söz konusu olur ki "ölçülerin belli amaçlarla kalıplaştırılmış şekli" demektir."[84]

Aruz: "Aruz, nazımda uzun veya kısa, kapalı veya açık hecelerin ahenkli dizilerine dayanan bir vezin sistemidir. Aruzun lügat ve ıstılah mânaları arasında görülen yakınlıkların en akla yatkınlarından biri çadır (beytü'ş-şa'r) ile ilgili olanıdır. Beytü'ş-şa'rın (kıl çadır) kuruluşunda ve ayakta durmasında aruzunun (orta direğinin) ehemmiyeti, beytü'ş-şi'rin (şiir beyti) yapısında da nazımdaki aruzun ehemmiyetinin aynıdır. Kısaca aruz, önceleri bir kasidenin başlangıç beytinin ilk mısraını ifade ediyordu. Sonra

---

79 Öztuna, **Türk Musikisi Kavram ve Terimleri Ansiklopedisi**, s.228.

80 Tanrıkorur, **Müzik Kültür Dil**, Dergâh Yayınları, İstanbul, 2009, s 132.

81 Öztuna, **Türk Musikisi: Akademik Klasik Türk Sanat Musikisinin Ansiklopedik Sözlüğü**, c.1, İstanbul, Orient Yayınları, 2006, s. 246.

82 Özkan, **a.g.e**, s. 606.

83 Tanrıkorur, **Müzik Kültür Dil**, s. 144-145.

84 Tanrıkorur, **Türk Müzik Kimliği**, Dergâh Yayınları, İstanbul, 2004, s.31-32.

herhangi bir beytin ilk yarısına aruz denildi. Zamanla vezin değişmelerinin şatrların sonlarında vaki olduğu anlaşıldı ve ten'îm ile bir dereceye kadar fark edilen hududu nihayet el-Halîl tarafından kati olarak çizildi. Böylece II. (VIII.) yüzyılın ortalarından sonra el-Halîl tarafından bu ıstılahın manası, 'bir beytin ilk yarısının son tef'ilesi' ve 'vezin bilgisi' olarak tayin ve tesbit edildi."[85]

Prozodi(Müzik Prozodisi): Müziğin sözlere, sözlerin nağmelere, çeşitli vasıtalarla uygulanmasına ve her ikisinin de beste diksiyonu, mânâ ve âhenk bakımından başarılı bir şekilde kaynaşmasıdır. "Şiir, musiki, hatta alelâde kıraat ve mükâlemede, bir dilin hecelerinin nasıl vurgulanıp telaffuz edileceği meselesi"[86]dir. Bir eserde sözle müzik arasında uyum ve denge sağlanması, onun iyi bir eser sayılabilmesi için en önemli vasıtadır.

Bir eserdeki tabii akışı ve teknik dengeyi sağlayan prozodi şu noktalarda olmalıdır:

a) Uzun-kısa, açık-kapalı hecelerle bunlara karşılık gelen ezgi uzunlukları arasındaki uyum.

b) Söz, küme ve duraklarıyla ezgi, küme ve durakları arasındaki uyum.

c) Güftenin vezniyle bestenin usulü arasındaki uyum."[87]dur.

Öncelikle güfte ile beste münasebetini ele alalım. Bu münasebetin keyfiyeti ile ilgili olarak, bildiğimiz bir eser olması açısından da, Tanrıkorur'un İstiklal Marşı örneğine bakalım: Tanrıkorur, İstiklâl Marşımızın 'Carmen Silva' valsinden etkilenmiş olduğunu belirterek şöyle devam eder: 'Türkler 'buuşafaak; lardaaa-yüüze-e-naalsancaaaak; sönmedenyuur- dumu-nüüstündeetü-teenen-so-ono-cakobe!'[88] diye konuşmazlar. Konuşmadıkları için şarkı da söyleyemezler. Sözlü müzik besteciliğinde sözün besteye zamanda

---

85 Nihad M. Çetin, Aruz, **DİA**, c. 3, İstanbul 1991, s. 424-425.

86 Öztuna, **Türk Musikisi Kavram ve Terimleri Ansiklopedisi**, s. 362-363.

87 Tanrıkorur, **Osmanlı Dönemi Türk Musikisi**, Dergah Yay., İstanbul, 2005, s. 209.

88 Tanrıkorur, İstikal Marşını prozodi açısından incelerken bazı prozodi hatalarını gözden kaçırmıştır. Doğrusu şu şekildedir: "Koorkmaa söönmeeez buuşafaaaak laardaaa yüüzee nalsancaaaak sönmeden yuuurduumunüüüstündee tüteeenen soono caaaakobe nimmilleeetiimiiiin yıldızıdıırpar laaaayacaakobe niim diiiirobee- niimmiilletiiimindiiir ancaaak."

önceliği olduğu, yani bestenin 'söze göre' yapılması gerektiği, başka amaçla önceden yapılmış bir müziğe konfeksiyon elbise usulü söz giydirilemeyeceği gibi çok basit bir bestecilik kuralının bilinmemesinden doğan yukarıdaki garip parçalanmalara, müzikte prozodi hatası denir ve dilin ses yapısını iyi bilmemekten kaynaklanır. Dilimizde emir kipinde kullanılan fiillerin, iki heceliyse ilk, üç heceliyse ikinci hecesi belirgin vurguyla söylenir. "Korkma!" sözünün ilk hecesi vurgulu (tiz), ikincisi hecesi zayıf (pest) tonludur."[89]

Aslında Tanrıkorur, "Türkler 'buuşafaaaak; lardaaa-yüüzee-naalsancaaaak; sönmeden yurduuumu-nüüsün-deetü-teeenen-soono-caakobe!" diye konuşmazlar, konuşmadıkları için şarkı da söyleyemezler." derken haksız değildir. Çünkü "Her dilin telaffuzu, kendi zevk ve ahenk kuralları çerçevesinde özelliklere sahiptir. Her dilin prozodik özellikleri arasında entonasyon, ritim, şiddet, hız, yükseklik, hece süreleri, vurgu vb kriterler yer alır."[90] Dil, bu özellikleriyle, kendine mahsus bir yapıya bürünür. Nitekim "prozodi (beste diksiyonu), sözün telaffuz edildiği gibi, aynı ölçüler-nüanslarla notalandırılması şeklinde kabul edilmektedir. Bir prozodi eleştirmeni olan Woollet, mükemmel bestekârlığı "Beste diliyle konuşma dilinin birleştirilmesi" şeklinde görmekte ve bu hasretini şöyle dile getirmektedir: "Kompozitörlerin (bestekârların) konuşulduğu gibi besteleyecekleri gün geldiğinde, şarkıcılardan da sadece doğru ve arı bir telaffuz isteyeceğiz. Sonunda seyirciler de, sahnede şarkı söylenirken, kelimeleri anlayacaklar."[91] Yahya Kemal'in şu sözleri bu hususu daha açık ve net bir şekilde ifade etmektedir: "Musikide teganni eden ve çalan notadan ayrılmaz, yani eserin asıl hüviyetinden bir milimetre ayrılmaz. Böyleyken teganni edenler ve çalanlar arasında bu farklar nereden geliyor? Bunun cevabı basittir. Çünkü *beste* bir sanat eseri ise onu okumak yahut da çalmak da ayrı

---

89 Tanrıkorur, **Müzik Kültür Dil**, s. 24.
90 Saadet Güldaş, **Türkçe'de Vurgu ve Musıkîmizin Sözlü Eserlerinde Prozodik Uygulamalar,** İstanbul Üniversitesi, SBE, Doktora tezi, İstanbul, 1990, a.g.e, s. 363.
91 Güldaş, **a.g.e**, s. 363.

bir sanat eseridir. Ancak bu ikinci sanat eserinde mükemmeliyetin yegâne şartı bestenin hüviyetinin eksiksiz ve fazlasız ifadesidir. İşte musikide kati olan bu kaidenin şiirde de bu derece kati olması lazım gelir. Şair manzumeyi ve manzumeyi teşkil eden mısralardaki kelimeleri milletin lisanından almıştır. O kelimelerin ölçüsünü millet tayin etmiştir. Herhangi bir kelimenin ölçüsünü şair mısra içinde nasıl bozmuyorsa inşad eden, daha doğru bir tabirle okuyan da bozamaz."[92]

Teknik olarak, prozodi hususunda tartışma yaşanmazken, söz (metin) ve saz (nağme/musiki) arasında bir tartışma yaşanmaktadır. İyi bir eseri ortaya koyan ana etken veya iyi bir eserin ortaya çıkmasında ana rolün hangisinde olduğu tartışılmaktadır. Felsefeci ve müzikolog Aaron Ridley, biçimci düşünenlere göre "Müziğin değerinin özellikle 'tonlarından ve onların sanatsal kombinasyonlarından' kaynaklandığını"[93] söylemektedir. Dolayısıyla metin ile müzik arasındaki uyumun temel kaidelerinden biri dilin tonlamalarına uygun kombinasyonlardır.

Söz ile saz (güfte ile beste) arasındaki uyumun ortaya çıkardığı güzel bir eserden bahsedebilmek için, sadece teknik açıdan, makamın güfteye uygun seçilmesi; usulün vezne uydurulması yetmez. Şiirin de, kendi içinde bir ritminin olması gerekmektedir. Nitekim aruz veznini kullanan divan şiirimizin en önemli özelliklerinden birisi, bu ritmi sağlamış olmasıdır. Şiirin sözcükleri, "Sadece anlamlarına göre göze hitap etmek için değil aynı zamanda ritmine göre, kulağa hitap etmek için düzenlenmelidir."[94] Nitekim "Bir şiirin şiir olarak addedilebilmesi için 'aslında', şiirin zaten bestelenmeden önce de derinlemesine müzikle ilgili niteliklerle dolu olması gerektiğidir."[95] "Şiir, rythme yani nazım sanatı olduğu için güfteden önce bir bestedir. Mısralarında nağme hissedilmeyen bir manzume sadece bir güftedir

---

92 Beyatlı, **a.g.e**, s.7-8.
93 Aaron Ridley, **Müzik Felsefesi Tema ve Varyasyonlar**, Ankara, Dost Kitabevi Yayınları, 2004, s.88.
94 Ridley, **a.e**, s.103.
95 Ridley, **a.e**, s. 105.

ki onu nesir sahasına atarız. Mısra mısra bir beste olan manzume ise asıl şiirdir. İşte musikide kati olan bu kaidenin şiirde de bu derece kati olması lazım gelir."[96]

Bir dilin sahip olduğu vurgu, musiki eseri içerisinde neden bu kadar önemli olabilir? Neden sözle melodinin birleşmesinden ortaya çıkan musiki eserinin değeri, dilin tonlamalarına bağlı olarak artabilir ya da eksilebilir? Çünkü bir sözlü musiki eseri, temel olarak söz ve nağmeden oluşmaktadır. Hatta bazıları, "Bir şarkının gerçek değerinin, onun müziğinin sahip olduğu değerle biçilmesi gerektiğini"[97] düşünmüşlerdir. Yukarıdaki "hece-tını" vurgusu yine aynı yazarın şu ifadeleri açısından çok önemlidir: "Belirtilmiş hecelerin bütünüyle iyi söylenmesi bir şarkının sesi ile ilgili bir meseledir. Fakat bu, doğru bile olsa, çok fazla bir şey ifade etmez. Buna rağmen, bir heceler dizisi sadece bir sesler dizisidir ve eğer kaygı duyulan bir şarkının sesi ise, bunların sözcükler olarak düşünülmesi gerekmez. Emin olun, bir bariton 'Cy', 'na', 'ra'[98] hecelerini seslendirdiğinde, bunlar aslında bir insanın ismi anlamına gelir -fakat sadece dilbilimsel bakış açısına göre- müzikal olarak, bunlar sadece belli türde tını üretmek için kullanılan araçlardır ve müzikal olarak da bu şekilde dinlenmeli ve kavranmalıdır."[99] Hatta yazara göre, eserin anlamı her bir hecenin vurgusuna, yeterli kıymeti vermekle kavranabilir: "İçerdiği hecelerin tınılarına yeterli ilgiyi göstermeksizin Delius'un şarkısını söyleyen birisi de, bazı yorumlayıcı kanıtların olmaması durumunun aksine, yanlışlığa sebep olur."[100]

Ancak bir dilin, eser içerisinde bizzat 'tını' olarak yer alması ve eserin güzelliğine mana açısıyla, bir katkıda bulunamaması ne kadar doğrudur? Aaron Ridley, her ne kadar bir

---

96   Beyatlı, **a.e**, s.7-8..

97   Ridley, **a.e**, s.106.

98   Cynara, yazarın tahlil ettiği eserin adıdır. Ernest Christopher Dawson (1867-1900)'un şiiridir. Frederick Delius (1862-1934) tarafından yineleme biçimindeki şarkıların bir parçası olması niyetiyle yazılmış, 1920'nin sonlarında tamamlanmıştır.

99   Ridley, a.g.e, s. 107.

100   Ridley, a.g.e, s.109.

eserin ana parçasının ses (melodi) olduğunu söylese ve şarkının değerini müzikten aldığını belirtse de (ki bu, iyi bir eserin esasları demektir), bizim kültürümüze ait olan divan şiiri için, bu, geçerli bir yaklaşım değildir. Bir eserin bestesinin güzel olduğu kadar, güftesinin de iyi olması gerekmektedir. Nitekim "Şiirde musiki, tek tek satırlarda değil, şiirin bütünündedir. Bu musiki, şiirin bütünü içinde manaya eşlik eder. Bu da bize, musikinin sadece seslerle örülmeyip, seslerin içindeki imajlarla da birlikte meydana getirilmiş olduğunu gösterir. Eğer şiirde anlamdan kopuk bir şekilde sadece seslerin yarattığı musiki olduğunu söylersek, şiirde anlamsız sesin de, sesten yoksun olan anlam gibi tek başına var olmayacağını hesaba katmalıyız."[101] Şiirdeki imaj ve mazmun, diğer bütün kültürlerden ayrı olarak bizim için çok daha geçerli ve uygun bir özelliktir. Çünkü bizim gerek dini, gerek ilmi gerekse örfi bütün değerlerimiz şiir kanalıyla akmış ve bize kadar gelmiştir. Burada bizim için iyi bir eserin sadece saz ile değil, sazın ve sözün insicamıyla ortaya çıkacağı açıktır. Bizim şiirimizde kendi maceramız aktığı gibi, musikimizde de kendi maceramız akar. Nitekim Yahya Kemal'in Rıfkı Melûl Meriç'e ithafen yazdığı "Itrî" şiirindeki mısraları bunu gösteren en güzel ifadelerdir. Onun musikisinde akan şey, sadece melodi değil, aynı zamanda, onun bestelerine mazhar olmuş sözlerdir.

Sözün, müziğin etkisini artırdığını ifadeden başka, doğrudan sözün müzikten daha üstün olduğunu, bestenin güzelliğini, güftesinden aldığını söyleyenler de vardır. Bunlardan biri Nedim'dir:

"Söz Nedîmindir 'aceb tarz-ı hasendir bestesi

Güftesi ammâ ki bilmem besteden a'lâ mıdır" (Nedim Divanı, muh. 19/IV.)

Burada Nedim'in kendisini, bir şair olarak övmesi dolayısıyla, böyle söylediği düşünülebilir. Ancak yine Nedim'e ait bir beyitte bunun sadece bir şair gururu olmadığı görülmektedir:

---

101 Güldaş, a.g.e, s. 227.

Böyle âteş-lehçe lâzımdır sühan tâ kim Nedîm

Germ-sâz-ı nağme-i tahsîn ola **hânendeye** (Nedim Divanı, g. 125/5.)[102]

Nedim, güzel okuyan hanendeye, yakıcı sözleri olan şiirler vermiştir. Çünkü hanende, ancak kendisine ateş gibi yakıcı şiirler verilirse yakıcı nağmeler okuyabilir.

Ayrıca "Osmanlı toplum mozaiğinde yer alan bütün sosyal katmanları buluşturan ortak düşünce haritası (*paradigma*) olarak 'tasavvuf'un ve ortak bir üst-dil olarak da tasavvufi dilin"[103] olduğunu göz önünde bulundurduğumuzda bizim şiirimiz için sözün (en azından) sazdan daha geri olmadığını görürüz. "Osmanlı Edebiyatı, dünya görüşü olarak İslam dininden ve bu dinin içinden çıkmış olan tasavvuf felsefesinden kaynaklanmış bir edebiyattır."[104] Yabancı araştırmacılardan bazıları da aynı görüşte ittifak etmişlerdir: "Osmanlı gazellerinin ve Osmanlı Divan Şiirinin diğer örneklerinin tasavvufi-dini boyutu, çok anlaşılır nedenlerle, bu geleneğe ilişkin hemen hemen her yorumlayıcı için çıkış noktası olmuştur. Din, Osmanlıların hayatının ve kültürünün çoğu cephesinde değişmez ve hep görülen bir unsurdur ve tasavvuf da Osmanlıların din görüşünün ayrılmaz bir parçasıdır.... Osmanlı gazeli üzerine yorumlayıcı hiçbir çalışmada gazelin dini-tasavvufi boyutu göz ardı edilemez."[105]

Makamların ve usullerin insanda uyandırdığı duygular ve bestelenen eserlerin sözleriyle olan uygunluğu, eserin kalıcı olmasında ve toplum tarafından benimsenmesinde mühim rol oynamaktadır. Bir şiir, hüzünlü manalar taşıyorsa, onun, o duyguları ifade edebilecek bir usul ve makamda bestelenmesini gerektirir. Böylece her yönüyle insicamını sağlamış bir eser ortaya çıkar. Terimleri incelediğimiz bölümde gördük ki makamların

---

102 "Ey Nedim! Sözlerin insanı heyecanlandıran duygulara sahip olması lazımdır ki hanende de yakıcı nağmeler söyleyebilsin."

103 Mahmut Erol Kılıç, **Sûfî ve Şiir Osmanlı Tasavvuf Şiirinin Poetikası,** İstanbul, İnsan Yayınları, 2006, s.36.

104 Kılıç, **a.g.e**, s.40.

105 Walter G. Andrews, **Şiirin Sesi, Toplumun Şarkısı**, İstanbul, İletişim Yayınları, 2000, s. 81.

ve usullerin hangi duyguları yansıttığı, hatta hangisiyle nasıl eserler bestelenmesi gerektiği gibi hususlar mısralara da yansımıştır. Örneğin, "hicaz makamı", genel olarak hüzünlü olması, acındırmayı ve yalvarmayı çağrıştırması yönüyle ön plana çıkmaktadır. Nitekim bir şey istemenin usulü biraz yalvarmak, biraz acındırmaktır. Bundan dolayı, merhameti, acındırmayı bu makamın üzerinden yapmak daha münasiptir. Esad Efendi'ye ait olan aşağıdaki beyitte bunu görmekteyiz:

Ne dem o şûh-ı siyeh-çerdeye niyâz ideriz

Sadâ-yı minneti hem-nağme-i **hicâz** ideriz (Esad Divanı, g. 93/1.)[106]

Hicaz makamının tam aksine, neşeli duygular uyandıran makamlar olarak karşımıza, ırak, nihavent ve ısfahan makamları gibi neşeli ve şen makamlar çıkmaktadır. Nedim'e ait olan bir beyitte, zikredilen makamların nasıl hisler uyandırdıklarını görmekteyiz:

Nihâvend ü **ırak** âhengi oldu bâ'is-i şâdî

Bu günden sonra nevbet geldi fasl-ı sıfâhâna (Nedim Divanı, k. 17/32.)[107]

Makamların sahip olduğu melodiler sayesinde uyandırdığı hisleri yukarıda ifade ettik. Ancak makamların tarihi süreçte üstlendikleri vazifeler, sahip oldukları anlamlar da vardır. Bu makamların, ancak ne anlama geldiğine vakıf olmakla, onlarla şaheser yapılması mümkündür. Mesela, *"Uşşak, Neva, Buselik* makamları insan nefsinde kahramanlığı artırdığı için, doğuştan kahraman olan Türklerin besteleri ekseriyâ bu makamlarda vâkî' olurmuş."[108]

Bazı temel makamlarımızın ana karakterleri, onları dinleyende uyandırdığı hisler hakkında şu satırlar, makamların arka

---

106 "Ne zaman o esmer işveli (güzele) niyâz etsek minnet sadâsını hicaz nağmesi ile icra ederiz."

107 "Irak ve nihavent makamlarının ahengi, sevincimin sebebi oldu. Bundan sonra, sıra sıfahan makamına geldi."

108 Köprülü, **a.g.e**, s. 112-113.

planını aralamaktadır: "Eski musikimizin ana makamı olan rast makamı; tedbîr, temkin ve tevazu içinde sergilenen bir ihtişamı temsil eder. Vakûr, heybetli ve muktedir bir ifade tarzına sahiptir. Bu aklın ve ihtiyarın yoludur. ... Mahur, yücelerden esen bir coşkunluk rüzgârı ve zirvelerdeki ürpermeyi hissettiren bir feryattır. Ve bu sebepledir ki;

- "Yine zevrak-ı derûnum kırılıp kenâre düştü
- Dayanır mı şîşedir bu reh-i sengsâra düştü"

gazeli ancak mahur makamında bestelenebilirdi.

Eski musikimizin diğer bir temel makamı olan uşşak makamı, ifade itibarı ile rasttan biraz farklıdır. Bu makam, aşk hâlini, aşk hâline olan hasreti ve bu hal karşısındaki çaresizliği mestur ve müeddeb bir tarzda ifade eder.

"Neler çeker bu gönül söylesem şikâyet olur"

diyen uşşak makamının tersine muhayyer makamı uşşak ile söylenemeyen coşkunlukların, duyurulamayan feryatların makamıdır. Ve bundan dolayıdır ki

- "Bir elif çekdi yine sineme canan bu gece"

güftesi ancak muhayyer makamında bestelenebilirdi.

Rast ve uşşak, kadim musikimizin bu iki temel makamı bizim insanımızı ifade eder, o insanlar gibi vakur, müeddeb, tevazu içinde muhteşemdir ve setredilmiş aşk hâli ile daima ülfettedir. Mahur ve muhayyer makamları ise bu temel makamların içindeki gizli hazinelerdir, bu makamlara hürmetkâr ve riayetkâr hudutlar içinde kalarak yeni ve coşkun fezaların sözcüleridir. Vakar ve tedbiri, sabır ve temkini rast ve uşşak makamları ifade ederse, aşk hâlinin esrikliği ve bu halden dûr olmanın feryad ü nalesi de mahur ve muhayyer makamları ile terennüm edilebilir."[109]

Bir güfte ile bir makamın buluşması, tesadüfî algılanmamalıdır. Söz ve nağme geçmişten getirdikleri, süreç içinde yoğruldukları halleriyle birlikte ustaca bir araya gelir ve içinden çıktığı topluma bir duygu ve duyuş atmosferi yaşatırlar. Öyle eserler

---

109 Ökten, **a.g.e**, s. 205-207.

vardır ki toplum, onların tekniğinden anlamasa bile nağmelerinin ve sözlerinin ustaca yana yana gelerek oluşturdukları tesir ile hangi tabakasında olursa olsun, toplumun tüm bireylerine ortak bir heyecan yaşatır. Bunun en iyi örnekleri, küçük bir ses alanı içerisindeki büyük ifade gücünün çarpıcı örneklerinden olan İtrî'ye ait eserlerin ilk sırasında gelen, Tekbîr ve Salât-ı ümmiye'dir. Bu eserlerin "Besteleri, musiki yönünden bakıldığında fevkalade kısa ve basittir, toplumun her ferdi tarafından kolaylıkla icra edilebilir, ancak bu eserler İslam Medeniyetine ait duyarlık ve duygusallık yönünden değerlendirildiğinde ise son derece etkileyici ve birleştiricidir. Gerek Tekbîrin gerek Salât u selamların ilk perdeleri cumhur tarafından okunmaya başlanınca bir anda ruhlar irkilir, bedenler toplanır ve ihtiram biçimine girer, ruhların ilahî haberi alması ve bu haber ile meşbu olması bir an meselesidir. Tekrar alınan Tekbîr ve devrî biçimde okunan Salât-ı ümmiye bir an için cemaati aguşuna alır, dünyevi gaile ve hailelerin arasından sıyırarak aşk ve muhabbet iklimine vasıl eyler. Bakışlar yumuşar, yüz çizgileri gevşer, hal ve tavırlar hilm ve vakar ile zenginleşir ve göz pınarları bir huzur ve sükûn âlemine girmenin şükrü içinde nemlenir."[110]

Musikinin insanlara böylesine ortak bir duygu atmosferi yaşatmasının temelinde, ait oldukları toplumun "Beşerî imgelerini, tipik insan edinimlerini ve ilişkilerini özlerinde taşımaları"[111] yatmaktadır. Anadolu'da hüseyni, Rumeli'de hüzzam makamının çok kullanılması ve bunun "Anadolu'nun hüseynisi, Rumeli'nin hüzzamıdır." diye formüle edilmesi bu sebepledir.

Musikideki "Gelişme her zaman toplumsaldır, çünkü geçmişte her biri bir insan topluluğu için taşıdıkları anlam bakımından sınamadan geçmiş sayısız edimin ve buluşun ürünüdür."[112] Bu açıdan bakıldığında, sözüyle ve nağmesiyle iyi bir eserin ne demek olduğu ve kötü eserle arasındaki ayrımın netleştiği görülür. İyi eser, "İçinde yaşayan, düşünen ve hisseden,

---

110 Ökten, **a.g.e**, s.241.
111 Finkelstein, **Müzik Neyi Anlatır**, s. 10
112 Finkelstein, **Müzik Neyi Anlatır**, s. 10

çevresindeki dünyayı keşfededuran çalışan bir beşeri varlığı ortaya koyar." Kötü eser ise "Şu anın gereksinimlerini, geçmişteki formülleri bulup çıkararak karşılamaya yeltenir. Yüzeysel bir yenilik görünümü kazandırmak için geçmişin müziğini sulandırır ve karıştırır. Bu ayrımdan yola çıkarak altbölümler bulabiliriz. İyi müziğin içinde, öbürlerinden daha karmaşık beşerî ve duygusal sorunları işleyen bazı yapıtlar vardır. Kötü müziğin içinde, ustalık bakımından başkalarından daha yetkin olan ve bu yüzden yeniden kazanacakları umudunu veren bazı besteciler bulunur. Ama temel olan ayrım, iyi ile kötü, canlı ile mekanik arasındadır. ... Yaratıcı olan müzikle, mekanik olarak pişirilip kotarılan müzik..."[113]

Tekbîr ve Salât-ı Ümmiye'nin bu açıklamalardan sonra bizdeki yeri daha da belirgin olmuştur. Bu iki eser, sadece prozodi hatası taşımadıkları için değil, ait olduğu toplumun değerleri, kendinde söz ve nağme hâlinde yerli yerine oturan eserler oldukları için değerli ve kalıcıdır.

Bazı temel noktaları zikrederek, güfte-beste, usul-vezin, güftekâr-bestekâr arasındaki uyumun, iyi bir eser ortaya koymaktaki rolünü, incelemeye çalışalım.

"Şiir vasfından mahrum bir nazım ile bir musiki eseri yaratmağa çalışmak, sanatı takdir edilen üstad bestekârları bile tenkitten kurtaramaz. Sanatına mutlaka gölge düşürür. Bu tasarrufu, onun hem kültür hem zevk noksanlığına, musikiye olan saygısının çeşitli sebeplerle azalmasına yorumlanır."[114]

Görüleceği üzere, sanat değeri olmayan bir güfte ile üstat kabul edilen bestekâr bile iyi bir beste yapamamaktadır. Dolayısıyla iyi bir eserde güfte, son derece mühimdir. Bestekâr şunu bilmelidir ki "Ne manayı şiirin ses unsurlarından ne de sesi manadan ayırmak mümkün görülebilir. Bu itibarla manasız bir şiir, güfte olarak seçilemez. Bugün için güftede, ne kadar zengin ri-

---

113 Finkelstein, **Bir Halkın Müziği** Caz", çev: M. Halim Spatar, Bilim ve Gelecek Kitaplığı, İstanbul, 1999, s. 37-38.
114 Güldaş, **a.g.e**, s. 228-229.

tim ve musiki unsurları olursa olsun, manası hissedilemeyen bir eser bestelenmemelidir. Güftenin nasıl olursa olsun, açık veya gizli, anlaşılan veya yorumlanan fakat mutlaka hissedilen, etkileyici bir manası olmalıdır."[115]

Güftenin ve güftekârın sahip olması gereken temel vasıflarından sonra, onlar kadar ehemmiyetli bir durum da bestekârdır. Aslında güfte-beste; güftekâr-bestekâr arasında bir ehem-mühim sırası koymak bile yanlıştır. İyi bir eser ancak bunların tümünün aynı kıvamda bir araya gelmesiyle ortaya çıkabilir. Bestekâr için şunu söyleyebiliriz: "Bestekârın, edebî sanatların esprisini, vurgulamak istediği manasını çok iyi bilmesi lazımdır. Şarkıdaki durak yerlerinde, kelime veya kelime grubu hâlinde bulunan mecazi ifadeler, (mana sanatları) birbirinden ayrılmadan, parçalanmadan seslendirilmeli, prozodisi özenle uygulanmalıdır. Zira en çok durgu ve durak yerlerinde, en etkili olan mana sanatları, mecazlar birbirinden koparılmaktadır."[116]

Gerek güftekâr gerekse bestekâr için geçerli olan bir husus da şudur: "Musikinin yüksek gayeleri için müzikçilerin, hiç olmazsa musiki üstatlarının, ilimle ilgili olmaları icap eder. Ses ilminin ortaya koyduğu matematik ve fiziki araştırmalar, musikinin sonsuz, engin ve acîn (hamur) hâlindeki malzemesini hazırladığı gibi bunların analitik yoldan tetkîki için icab eden usuller ve cihazları bulup çıkarabilir."[117] Ve yine, "Bir müzikçi, musiki tekniği bakımından mahir olmalı ve her şeyin fevkinde bir artist olmalı. Bu müktesebata bir de ilham eklenirse müzikçinin büyük bir sanatkâr olması şartları tahakkuk etmiş demektir."[118]

El-Kindi'nin "Musikiyi mantık, felsefe, hesap, hendese ve hey'et ilimleriyle birlikte değerlendirdiğini, riyazî ilimlerden mahrum olanların ömür boyu felsefe okusalar dahi bunu anla-

---

115 Güldaş, **a.g.e**, s. 234-235.
116 Güldaş, **a.g.e**, s.238.
117 Uzdilek, **a.g.e**, s. 64.
118 Uzdilek, **a.g.e**, s. 65-66.

yamayacaklarını, sadece yazılanları tekrarlamış olacaklarını"[119] ifade etmesi, önceki zikrettiğimiz görüşü desteklemektedir.

İyi bir eser için vezin de göz ardı edilmemelidir. "Vezin, her dilin kendi öz musikisinden doğan bir ahenk ölçüsüdür. Şiirin ölçüsü, dilin ses unsurlarını düzene sokar. Ritmi düzenler, kelimelerin söylenişlerinde, bir zaman kavramı yaratır. Hece uzunlukları arasındaki ilişkiyi kolaylaştırır. Seslileri uzatmak veya kısaltmak suretiyle, değişik tonlar yaratmak için, mısraların okuyuşunu hızlandırır yahut yavaşlatır. Söze bir musiki ahengi, bir ritim düzeni kazandırır. Vezinler, kafiye ve nazım şekilleri gibi, dillerin müzikal tekâmülünde, nota vazifesi görecek ve dillerdeki seslerin notası olacak kadar, esere tesir ederler.[120]

Musikinin, şiir/şair, güfte/güftekâr, beste/bestekârla ses ve saz sanatkârı beraberliğinin bir mahsulü olduğuna göre, iyi bir eseri oluşturan ögelerin hepsinin, uzaktan ve yakından diksiyon sanatıyla ilgisi vardır. "Diksiyon, fonetikle birlikte, musikimizin hem teknik hem de Türk dilinin estetik kurallarını içine alan bir konudur. Şuurlu bir dil ve edebî bir kültür gerektirir."[121] Tüm teknik bilgiyi haiz şuurlu bir dil ve edebî bir kültür ile yoğrulmuş güfte-beste; güftekâr-bestekâr; usul-vezin münasebetinden iyi bir eser, hâsıl olacaktır.

Rauf Yektâ'nın Dede Efendi'nin Saba Buselik ayini üzerinde yaptığı yorum, bize, beste ile güfte arasındaki uyumun ne derece mühim olduğunu, hatta iyi bir bestenin, güftenin sınırlarını nasıl genişlettiğini göstermektedir. İsmail Dede Efendi, bestelediği Saba Buselik ayinin birinci selamının sonunda kullandığı dörtlüğün ilk mısraında Hz. Mevlana "Resîdem ber-leb-i deryâ bedîdem hû vü yâ men hû"[122] demektedir. Bu, pek yüce duyguları barındıran kıtanın, dinleyicilerin gözü önünde bir tablo canlandıracak kudrete sahip olduğunu söyler. Rauf Yektâ'ya göre bu manzaranın özelliği şudur: "Vâsi bir deniz; nazar ufka kadar

---

119 Özcan-Çetinkaya, **a.g.e**, s. 258.
120 Güldaş, **a.g.e**, s. 289.
121 Güldaş, **a.g.e**, s. 359.
122 "Deniz kıyısına ulaştım, onu gördüm veya ben oyum."

uzandığı halde, muazzam mehib dalgalardan başka hiçbir hâile tesadüf etmiyor. Sahilde hakâyık-ı eşyâyı gören gözlere sahip bir merd-i dil-i âgâh, bu ulvî manzara karşısında bâlig-i samedânîyenin tecelliyatından daha doğrusu bizzat 'hû yâ men hû' olan başka bir şey görmediği cihetle vecde gelerek bu vakfegîr-i istiğrak olmuş düşünüyor..."[123] Rauf Yektâ, bu manevi ve hayali tabloyu musiki ile ifade için Dede'nin bayati-araban makamını uygun görmüş olduğunu söyler. Ancak bunda da bir zorluk vardır: "Muhayyer perdesi üzerinde yapılacak medid nağmeler, o fesahat-serâ emvacı bütün enginliğiyle tasvire muktedir olacak, makamın kararındaki karcığar nağmeleri de 'Hû veya men hû' mazmununu niyaz-mendâne ve ubûdiyet-kârâne ifade eyleyecek idi. Lakin işin müşkil bir ciheti kalıyordu ki o da evvelki rübâinin bestelendiği hicâzkâr ile onu takip edecek beyâtî-arabân makamları arasında gerek çargâh gerek tavır ve seyir itibarıyla mevcut olan muhâlefât ve mübâyenet idi; binâenaleyh birden bire bu makamların birincisinden ikincisine geçmek hâli güç bir mesele-i musikiye idi."[124] Yazar, işte burada Dede'nin dâhiyane kudretinin yüksek bir örneğini göstererek:

- "Dost dost maksûdum Allah ah pirim destgîrim
- Mahbûb men ah pirim destgîrim Mahbûb men"

terennümleri arasında yüce pirin ruhaniyetine sığındığını ve bir hamle ile bu zorluğu da kolayca halledip beyati-arabana uygun bir zemin hazırlamış olduğunu söyler.[125]

Bütün bu teknik bilgiler ışığında ortaya çıkacağını düşündüğümüz iyi bir eserin teşekkülünde, bunlardan başka sebepler/vasıtalar da bulunmaktadır. Bunlardan biri, "tabî'at-ı musikiyye"dir. Bir bestekâr, kendi tabiatına en uygun makam ve usulleri bilmek durumundadır. Rauf Yekta Bey, Hacı Arif Bey'in bir eserinin tahlilini yaparken, bestekârın tabî'at-ı musikiyyesinin

---

123 Aslan, **a.g.e**, s. 281.

124 Emine Aslan, **II. Meşrutiyet Dönemi Dergilerinde Musiki (1908-1923)**, Marmara Üniversitesi, Türkiyat Aaraştırmaları Enstitüsü, Yüksek lisans tezi, İstanbul, 1999, s. 280-281.

125 Aslan, **a.g.e**, s. 281.

eserin güzelliği üzerindeki rolüne işaret etmektedir: "Âsârının tetkikinden anlaşıldığına göre Arif Beg'ün tab'ı, ale'l-ekser hüzne meyyaldir. Hazîn güfteleri bestelemekde daha ziyade muvaffak olur. Tazallum-kârâne şarkılardaki muvaffakiyeti bundan aşağı değildir. Âşıkâne ve niyaz-mendâne şarkılara gelince üstâd bunları sehl-i mümteni tabirine mâ-sıdk bir üslûbu nev-edâ ile besteler."[126]

Tabî'at-ı musikiyye meselesi Ahmet Rasim Bey'de de dile getirilen bir konudur. Hacı Arif Bey'i değerlendirirken şunları söyler: "Hazret-i üstâdın tabî'at-ı musikiyyesi bizce nevâdırdan madud olacak derecede zengin, revnâkdâr, ruh-perver, hüzn-â-verdir….tabî'at-ı musikiyyesi ekseriyâ hüzne meyyal oldugı içün meselâ uşşak'da ki;

Meyhânemi bu bezm-i tarabhâne-i cem mi?

şarkı-ı meşhurunun birinci, ikinci meyanhanelerinde kullandığı edâ-yı hazîn şarkının zemin evvelindeki nagamât, dil-sûz uşşakı peşinde sürükleyüp getirmek gibi bir hüner-i üstâdâne göstermiştir."[127]

Hülasa iyi bir eseri ortaya koymak çok kolay bir iş değildir. Bunun için öncelikle şiirin (güftenin) ait olduğu toplumun tabiatına uygun olması, bestekârın tüm teknik bilgilere vakıf ve ayrıca toplumunun kültür ve medeniyet değerlerine karşı hassas duygu ve düşüncelere sahip olması gerekmektedir.

---

126 Türkan Uymaz, **Şehbal'de Mûsikî Yazıları Transkripsiyon ve Yorum (51-100. Sayılar)**, Dokuz Eylül Üniversitesi, SBE, Yüksek lisans tezi, İzmir, 2005, s.16.
127 Uymaz, **a.g.e**, s. 17.

4.2. BİR SÖZLÜ MUSİKİ ESERİN TAHLİLİ

Bestesi ve güftesi Yahya Nazim'e ait şehnaz makamında, sengin semai usulünde bir eser incelenecektir. Eser, "Dîdem yüzüne nâzır nâzır yüzüne dîdem" mısraıyla başlayan, akis sanatının müstesna örneklerinden olan bir gazeldir. Bestede, gazelin birinci beytiyle üçüncü beyti kullanılmıştır.

Mef'ûlü Mefâîlün Mef'ûlü Mefâîlün

Dîdem yüzüne nâzır nâzır yüzüne dîdem[128]
Kıblem olalı kâşın kâşın olalı kıblem

Cennet gibidir rûyin rûyin gibidir cennet
Âdem doyamaz sana sana doyamaz âdem

Gamzen ciğerim deldi deldi ciğerim gamzen
Bilmem nicolur hâlim hâlim nicolur bilmem

Vuslat bileli hicrin hicrin bileli vuslat
Mâtem görünür şâdî şâdî görünür mâtem

Zahmım göricek cânâ cânâ göricek zahmım
Merhem koyasın bir gün bir gün merhem koyasın

Sende nazarı dâim dâim nazarı sende
Âlem yüzüne meftûn meftûn yüzüne âlem

Olsun ko Nazîm ey gül ey gül ko Nazîm olsun
Herdem gülüne bülbül bülbül gülüne herdem "

---

128 Kam, a.g.e, s. 21: Yazma ve basma divanlarda "Dîdem ruhunu gözler gözler ruhunu dîdem" şeklinde geçmektedir.

Şehnaz Makamı

Durak perdesi: Dügâh perdesidir.

Güçlü perdeleri: Birinci derece güçlü muhayyer, ikinci derece güçlü hüseyni perdesidir.

Genişlemesi: Makam dizisi itibarı ile geniş bir bölgeye sahiptir bu yüzden herhangi bir genişleme kullanmaz.

Seyir karakteri: İnici

Yeden perdesi: Makam hem rast (sol) perdesini, hem de nim zirgüle (sol için bakiye yani 4 koma değerinde diyez) perdesini kullanabilir.

Dizisi:[129]

Şehnaz, Farsça "Hükümdar nazı, nazların şahanesi" manasına gelmektedir.[130] Yılmaz Öztuna'ya göre şehnaz makamı, en eski makamlar arasında gösterilmektedir. Kendi tespitine göre bu makamda

---

129 İsmail Hakkı Özkan, *Türk Musıkisi Nazariyatı ve Usulleri Kudüm Velveleleri*, İstanbul, Ötüken Yayınları-2000, s. 333.

130 Yaşar Çağbayır, Ötüken Osmanlı Türkçesi Sözlüğü, İstanbul 2017, s. 1519.

iki yüz yetmiş altı eser vardır.[131] "Şehnaz makamı, dügâh perdesinde karar eden mürekkep makamlardan biridir. Seyri inicidir. Dizisi hüseyni perdesindeki hümayun dizisine yerinde hicaz ailesini meydana getiren dizilerin yani inici hümayun, hicaz, uzzal, zirguleli hicazın katılmasıyla meydana gelmiştir. Bu makamın birinci derecede güçlüsü, muhayyer perdesidir. Buselik çeşnisiyle yarım karar yapılırken nim şehnaz perdesi yeden olarak kullanılır. İkinci derece güçlüsü ise hüseyni perdesidir. Bu perde hüseyni üzerindeki hümayun dizisinin karar perdesidir. Üzerinde hicaz çeşnisiyle asma karar yapılır. Donanımı yerindeki hicaz dizilerinin donanımı esas olarak alınır. "Si" için bakiye bemol, "do" için bakiye diyez donanıma yazılır. Giriş seyrinde hüseyni perdesindeki hümayun dizisi kullanılacaktır. Bunun için ve diğer gerekli, değişiklikler eser içinde gösterilir."[132] Büyük bir zerafet, hayal gücü, hasret ifadesi ve nezaket manası taşır. Masal edasına çok müsait, çok güzel ve karakteristik bir makamdır.

Eserin formu, Öztuna'da Nakış Ağır Sengin Semai[133], Ruşen Ferit Kam'da Ağır Semai[134] olarak gösterilir. Fakat bu tip eserlerde kullanılan veznin mefûlü mefâîlü mefâîlü feûlün olması, usulün 6/2'lik olması eserde terennüm ve ara nağmenin kullanılma şartı bulunmaktadır. Hâlbuki eserimizde vezin Mef'ûlü Mefâîlün Mef'ûlü Mefâîlün, usul 6/4'tür ve terennümle ara nağme yoktur. Biz bu sebeple şarkı formunda inceledik.

Şarkı, küçük bir söz eseri formudur. Ekseriya küçük usullerle ölçülürler. Dört mısralı bir şarkıda ilk mısra zemin, ikinci ve dördüncü mısralar nakarat, üçüncüsü meyan adını alır. Nakarat mısraları, güfteleri ayrı olsa da aynı beste ile okundukları için bu adı alırlar. Şarkılarda ara nağme denilen bir saz parçası vardır. Fakat mısraın ansızın işitilmesindeki tesiri kaybetmemek için bazı eserlerde bu saz parçacığı yoktur.

---

131 Yılmaz Öztuna, *Türk Musikisi: Akademik Klasik Türk Sanat Musikisinin Ansiklopedik Sözlüğü*, (İstanbul: Orient Yayınları, 2006), 2: 337.

132 İsmail Hakkı Özkan, *Türk Musikisi Nazariyatı ve Usulleri Kudüm Velveleleri*, (İstanbul: Ötüken Neşriyat, 2010), 358-360.

133 Öztuna, *Türk Musikisi*, 99.

134 Kam, *Bestegâr-Şâir Nazim*, 34.

Eserin usulü, sengin semaidir. Usul, birleşik (mürekkep) usullerden biri ve aynı zamanda küçük bir usuldür. Altı zamanlıdır. İki semai usulünün birbirine eklenmesinden meydana gelmiştir (3/4 + 3/4 = Düm tek tek, düm teek). Portede 6/4 olarak gösterilmiştir. Görüldüğü gibi bestekâr-şairimiz, bestelediği eserinde akis sanatını usulde de kullanmıştır.

Bestenin notası aşağıda olup aşağıdaki nota üzerinden eserin tahlili yapılmıştır.

Didem yüzüne nazır, nazır yüzüne didem
Kıblem olalı kaşın, kaşın olalı kıblem
Gamzen ciğerim deldi, deldi ciğerim gamzen
Bilmem nic'olur halim, halim nic'olur bilmem

Bestesi ve güftesi Yahya Nazim'e ait olan bu eser, gerek sözleri gerekse musikisi açısından baştan sona akis sanatıyla tezyin edilmiş bir eserdir. Eserin taşıdığı mana ve duygu, sözleriyle olduğu kadar melodisi ile de işlenmiştir. Söz ve nağmeler prozodi açısından da son derece uyumludur.

Akis sanatını şiirin vezninde de görmekteyiz. Birinci mısrada "yüzüne" kelimelerinde "-ne" hecelerinde ikinci mısrada "olalı" kelimelerinin "-lı" hecelerinde üçüncü mısrada "deldi" kelimelerinin "-di" hecelerinde imale yaparak akis sanatını uygulamaktadır.

Akis sanatını melodik yapıda da görmekteyiz. Eserimiz dokuz satır ve on sekiz ölçüden oluşmuştur. Birinci satırda her iki ölçü, ikinci satırın birinci ölçüsü, beşinci satırda her iki ölçü, yedinci satırda her iki ölçü hemen hemen aynı değerde notalardan oluşmuştur. Üç + dört ile sekiz + dokuzuncu satırlar birbirinin aynen tekrarıdır. (Bu satırlar ikinci ve dördüncü mısralara tekabül ettiği için nakarattır.) İlk dörtlükler hariç bir ve yedinci satırlar aynı, beş ve yedinci satırlarda her iki ölçüde de hemen hemen aynı değerde notalar kullanılmıştır.

Yahya Nazim'in şiirini bestelemek için seçtiği makam da akis sanatı için son derece elverişli bir makamdır. Birinci satırda eserin girişindeki ilk iki dörtlükte (dügâh-muhayyer) simetri kullanarak besteye çarpıcı bir giriş yapmıştır. Daha eserin başındayken ortaya koyduğu melodik cümleyle okuyucuya/dinleyiciye bestenin ana noktalarını ve temasını hissettirmiştir. Şehnaz makamındaki eserler genelde muhayyer (tiz la) perdesi civarından seyre başlar. Hâlbuki bestekârımız, karar sesi olan dügâh (la) ile seyre başlayıp sonra oktavı muhayyer (tiz la) perdesine çıkmıştır. Bu, şehnaz makamının klasik giriş tercihlerinin dışında orijinal bir giriştir. Daha sonra gelen melodik yapı, girişe münasip olarak makamın seyrine uygun muhayyer perdesi üzerindeki buselikli ilk asma kararı göstermektedir. İkinci satırda yaptığı nağme, makamın ikinci asma kararı olan hüseyni perdesinde hicazlı kalış yaparak makamın hüviyetini şaşmaz bir açıklıkla göstermiş olmaktadır. Bu da hüseynide inici hümayun dizisini gösterir.

Üçüncü satırda nevada buselik ve hüseynide uşşak (şehnaz makamında çok az kullanılmıştır.) böylece şehnaz makamının aynı perde üzerinde bir başka şeklini de göstermiştir. Dördüncü satırda yerinde inici zirguleli hicaz yaparak karara varmıştır. Üçüncü ve dördüncü satırlarda birinci ve ikinci satırda simetrik bir melodi vardır. Bununla beraber başladığı melodik cümleyi makamın seyri itibarıyla varması gereken karar noktası olan dügâha ulaştırmıştır. Buraya kadar olan kısım kendi içinde iki bölüm gibi simetriktir. Eserin bundan sonraki kısmı da (son iki satır hariç) bu bahsi geçen bölümle simetriktir.

Beş, altı ve yedinci satırlar meyandır. Beşinci satırda nevada nikriz, altıncı satırda yerinde inici hicaz dizisini, yedinci satırda muhayyerde buselik kullanmıştır. Beşinci satırda meyanın giriş kısmında kullanılan hicaz motifi ile üçüncü satırın ilk ölçüsünde kullanılan neva perdesindeki buselikli kalış, tam bir simetridir. Bundan sonra meyanda yedinci satır itibarıyla kendi içinde akis kullanarak devam ederken şehnaz makamının bir başka klasik aralığı olan neva ve muhayyer perdelerini kullanarak eseri yine birinci satırla simetrik hale getirmiştir. Üç ve dörtteki melodiler, sekiz ve dokuzuncu satırlar, aynen tekrarlanmıştır. Yani nevada buselik ve hüseynide uşşak kullanılmıştır. Böylece şehnaz makamının aynı perde üzerinde bir başka şeklini de göstermiştir. Dördüncü satırda yerinde inici zirguleli hicaz yaparak karara varmıştır.

Eser, söz ve ses uyumu (prozodi) açısından bazı hususiyetlere sahiptir. Mısraların porte üzerindeki dağılımları şöyledir:

İlk iki satır: Dîdem yüzüne nâzır nâzır yüzüne dîdem (Zemin)

Üç ve dördüncü satırlar: Kıblem olalı kâşın kâşın olalı kıblem (Nakarat)

Beş, altı ve yedinci satırlar: Gamzen ciğerim deldi deldi ciğerim gamzen (Meyan)

Sekiz ve dokuzuncu satırlar: Bilmem nicolur hâlim hâlim nicolur bilmem (Nakarat)

Beste ve güfte mana açısından bir akis hâlindedir. Bir nevi melodik cümlelerle güftedeki manalar şerh edilmiştir.

"Dîdem yüzüne nâzır nâzır yüzüne dîdem"

Birinci satırda "dîdem" kelimesi ile dügâh (la)-muhayyer (tiz la) aralığını kullanarak gözün ani bir bakışını, ani bir yakalayışını "yüzüne" kelimesini kullanışta ise muhayyer perdesi etrafında yârin yüceliğini ifade etmektedir. Aşağıdan yukarıya ani bir çıkış, sevgilinin yüzünü görmüş olmanın heyecanıyla saadetini, muhayyer perdesi etrafında nim şehnaz ve tiz çargâh sesleri arasında ifade etmektedir. Sevgili yücelerdedir. Kullanılan notalar da bu sebeple tiz perdelerdir. Bu satırda yârdan bahsederken muhayyer üstünde buselikle tiz perdelerle yaptığını kendinden bahsettiği beşinci satırda neva üstünde buselikle yapmıştır. Yârın yüceliğine karşın kendisi daha alçakta -pestte- tevazu ile yerini almaktadır. Buselik ve uşşak makamlarının melodileri ciddi, vakur, asil ve hürmet uyandıran seslerdir. Bestekâr, yârinin ulaşılmaz bir mevkide olduğunu bilmekte sevgiliye cismen değil ancak nazarla, bakışla ulaşılabileceğini ve bunun da bir lütuf olduğunu ifade etmektedir.

Bu lütuf ve sarhoşlukla başlangıç noktasına (dügâh 'la') değil, daha yücelerde (hüseyni 'fa') karar etmektedir.

İkinci satırda, hafif nağmelerle niyaz ve yalvarma hâlini ifade etmektedir. Bu ifadeyi, en duygulu biçimde göstermek için hicaz makamını kullanmaktadır. Sanki "nâzır" olan "dîde" muhakkak surette görmek istemektedir. Ayrıca dîde, sadece sevgilinin yüzüne nazırdır ve ondan başka bir yöne ve yüze bakışı yoktur. Küçük değerde (on altılık) notaları ilk iki satırda çokça kullanması bu saadet, şaşkınlık ve huşu hâlinin bir belirtisidir.

"Kıblem olalı kâşın kâşın olalı kıblem"

Notalarlarla tasvir devam etmektedir. Daha önce tiz seslerle başlayan bir kıyam hâli (ayakta olma), sonra orta tiz seslerle eğilmiş, secde etmeye hazır bir konum ve en sonunda daha hafif nağmelerle yere kapanmış bir secde hâli görünmektedir. Secde, kulun Allah'a en yakın olduğu andır. Ötesi yoktur. Bu mısraın sonunda bestekâr, bu duygularını karar notası olan dügâhı (la) kullanarak ifade eder. Divan edebiyatında kaş mihrap (nefsle harp edilen yer), kıble; göz, imamdır.

Üçüncü ve dördüncü satırlarda birinci ve ikinci satırlardaki şaşkınlık ve sürprizle karşılaşma hâli geçmiştir. Sevgilisinin kaşı, onun kıblesidir. Nasıl namazda bir başka yöne dönülmezse âşık da maşuğundan başka yön bilmez. Âşık kararlıdır. Sakin, vakur, asil duygular uyandıran buselik ve uşşak nağmeleriyle, daha büyük değerdeki seslerle bunu ifade eder, bu arada hicaz nağmeleriyle niyaz ve ricayı da unutmaz ve karara (dügâh) varır.

"Gamzen ciğerim deldi deldi ciğerim gamzen"

Beş, altı ve yedinci satırlarda geçen gamze (ani bir bakış), divan edebiyatında oka benzetilir. Ok da bir vücuda saplandığında o yaradan kan akar. Kan, fiziki âleme ait bir unsurdur. Kanın vücuttan tamamen çıkmasıyla insanın dünyevi âleme ait bir bağlantısı kalmaz, ölüdür. Bu ölüm, fiziki âlemde bildiğimiz ölüm değil, "gassal elinde meyyit" olma hâlidir. Maşuk âşıkına teveccüh etmiştir. Birinci satırdaki "nâzır" ile beşinci satırdaki "deldi" kelimelerinin nota değerleri simetriktir. Sanki sevgili, aynı anda bakmış ve oku atarak delmiştir. "Nâzır" kelimesini ifade eden melodiler üst perdelerdir, muhteşemdir. O ihtişamla daha alt perdedeki ciğeri delmiştir.

Bestekâr-şairimiz, "Gamzen ciğerim deldi" sözlerini hicazın melodileri ile ifade etmiştir. Bu sayede ciğerin delinmesi ile oluşan acıyı ve hüznü daha iyi hissettirmiştir. Altıncı satırda "deldi ciğerimi" derken feryadını bildirmek için muhayyere çıkmış ve daha aşağıda bulunan hicaz makamının perdelerini kullanmış, bu sayede yine hicaz makamının yakıcı nağmelerinden istifade etmiş ve kendi hâlindeki yakıcı duyguları hissettirmekteki tesirini artırmıştır.

Akis sanatı yaptığı zaman melodiler yer değiştirmektedir. Bu değişiklikte yâri işaret ederken melodiler üst perdelere çıkmış, "ciğerim deldi" gibi bir ifadeyle kendi hâline işaret ederken daha alt perdeleri kullanmıştır. Akis sanatıyla melodileri ters çevirdiğinde yâr ile kendisi yer değiştirmekte; bir nevi kendisi yârin yerini, yâr ise kendisinin yerini almaktadır.

"Bilmem nic'olur hâlim hâlim nic'olur bilmem"

Sekizinci ve dokuzuncu satırlarda âşık kendisini toparlar, üçüncü ve dördüncü satırlardaki nevada buselik, hüseynide uşşak, yerinde zirguleli hicaz melodilerini aynı tekrarlayarak divan edebiyatındaki tecahül-i arif sanatını melodilerle konuşturur. Sevgilinin kaşı aşığın kıblesi olmuştur ama yine de "bilmem nic'olur hâlim" demektedir. Burada artık bir yalvarma, niyaz yoktur. Gayet vakur, kendinden emin duygular içerisindedir. Bunun için nevada buselik, hüseynide uşşakı kullanırken tekrar sevgiliye yalvarmanın bir şeref olduğunu düşünerek zirguleli hicazla eseri bitirir.

Görüleceği üzere eser boyunca gerek güfte gerekse beste, birbiriyle son derece uyumlu, söz-ses uyumu (prozodi) açısından tam bir bütün hâlinde porte üzerinde yerlerini almıştır. Şair Yahya Nazim'in harflerle ifade ettiği duygu ve düşünceleri bestekâr Yahya Nazim, nağmelerle ifade etmiştir. Hem girişte hem de musiki eserini oluşturan unsurlar hususunda yazdığımız ne kadar mühim nokta varsa bu eser onların hepsini bünyesinde toplamıştır. Bu eserle, çalışma boyunca vurguladığımız noktalar bir beden hâlinde karşımıza çıkmış bulunmaktadır. Bu sayede mücessem olarak şiirin ve musikinin yek-vücut olduğunu görmüş bulunmaktayız.

Çalışmamızın konusu olması hasebiyle güzel sanatların edebiyat ve musiki dallarından klasik eserler, şaheserler; başta ilhamla, sonra büyük bir bilgi birikimiyle ancak ortaya çıkabilirler. Özellikle musiki, dünden yarına insanlığın evrensel dilidir. Dilin ve musikinin teknik bilgilerini bilip kullanmak kâfi değildir. Dil ve musikinin arka plandaki mana ve duygularını her çağda insanlara sunmak ve onların hayranlığını kazanmak ancak büyük sanatkârların kârıdır.

SON SÖZ

18.yüzyıl divanlarından hareketle ortaya koymaya çalıştığımız şiir-musiki ilişkisi, hem nazari olarak hem de bizzat metinler üzerinden incelenmeye çalışılmıştır. Daha önce yapılan şiir ile musiki ilişkisini ele alan çalışmalardan farklı olarak, musiki terimlerinin sadece ne manaya geldikleri belirtilip geçilmemiş, gerekli teknik bilgiler de sunulmuştur.

Şiiri -edebiyatı-, musikiyi ve tarihi, karşılaştırmalı olarak ele alan bazı eserlerden destekle şiirin tek başına değil, en azından en yakın temel disiplinlerle birlikte ele alınması gerektiği ortaya konmuştur.

Şiirin ve musikinin bizim kültür ve medeniyetimizdeki yerlerine işaret edilmeye çalışılmış ve bu iki alanın medeniyetimiz için ehemmiyeti, bizim için ne ifade ettiği vurgulanmıştır. Bu çerçevede 18. yüzyıl şair ve bestekârlarından örnekler verilmiştir. Onların şeyh, şeyhülislam, kadı unvanlarının şairlik ve bestekârlıkla yan yana gelmesindeki anlam irdelenmiştir.

Bu saydıklarımız sayesinde şiir ve musikinin hem teknik bakımdan nasıl benzerlik gösterdikleri hem de kültür-medeniyet bakımından nasıl müşterek paydalara sahip oldukları, mümkün olduğu kadar verilmeye çalışılmıştır.

KAYNAKÇA

AÇIKGÖZ, Namık, "Klasik Türk Şiiri İmajinasyonunda Gerçek-Mecaz İlişkisi", **I. Uluslararası Klâsik Türk Edebiyatı Sempozyumu**, İstanbul, İstanbul Büyükşehir Belediyesi, 2007, s. 229-232.

AK, Ahmet Şahin, **Avrupa ve Türk-İslâm Medeniyetinde Müzikle Tedavi Tarihî Gelişimi ve Uygulamaları**, İstanbul, Ötüken Neşriyat, 2006.

AKDENİZ, İlhan, **III. Selim ve Dönemindeki Türk Müziği Üzerine Bir İnceleme**, Atatürk Üniversitesi, Müzik Bilimleri Anasanat Dalı, Yüksek lisans tezi, Erzurum, 2000.

AKSOY, Hasan, "Mustafa Efendi, Karaoğlan", **DİA**, c. 31, İstanbul, 2006, s. 299.

AKSOY, Ömer Asım, **Atasözleri ve Deyimler Sözlüğü**, İstanbul, İnkılâp Kitabevi, 1993.

AKSU, Cemal, **İbrahim Hanîf Divanı**, Türk Dili ve Edebiyatı Anabilim Dalı, http://ekitap.yek.gov.tr/urun/hanif-divani_709.aspx?CatId=271.

AKSU, Sema, **Türk Müziğinde 'Rebab' Üzerine Bir Araştırma**, İstanbul Teknik Üniversitesi, SBE, Yüksek lisans tezi, İstanbul, 1990.

AKSU, Fatma Adile, **Abdulbâki Nâsır Dede ve Tedkîk ü Tahkîk**, Marmara Üniversitesi, SBE, İslam Tarihi ve Sanatları Anabilim Dalı, Yüksek lisans tezi, İstanbul, 1988.

AKSÜT, Sadun, **Türk Musikisinin 100 Bestekârı**, İstanbul, İnkılâp Kitabevi, 1992.

AKTAŞ, Hasan, **Türk Şiirinde Din ve Tasavvuf**, Konya, Çizgi Kitabevi, 2001.

AKTEPE, Münir, "Ahmed III", **DİA**, c. 2, İstanbul, 1989, s. 34-38.

ALTINOĞLU, Ayşegül, **Hafif Usulünün Divan Edebiyatındaki Aruz Vezinleriyle İlgisi ve Usul-Güfte Uyuşumu**, İstanbul Teknik Üniversitesi, SBE, Yüksek lisans tezi, İstanbul, 1993.

ANDREWS, Walter G., **Şiirin Sesi, Toplumun Şarkısı**, İstanbul, İletişim Yayınları, 2000.

ARI, Ahmet, "Sakıb Dede Dîvânı'nda Musiki", **Türklük Bilimi Araştırmaları**, sy. IX, Sivas, 2000, s. 289-304.

ARI, Ahmet, **Mevlevîlikte Bir Hanedanlık Kurucusu Sakıb Dede ve Dîvânı**, Ankara, Akçağ Yayınları, 2003.

ASLAN, Emine, **II. Meşrutiyet Dönemi Dergilerinde Musiki (1908-1923)**, Marmara Üniversitesi, Türkiyat Araştırmaları Enstitüsü, Yüksek lisans tezi, İstanbul, 1999.

ATAMAN, Sadi Yaver, "Folklor Kaynaşmaları ve Müzikoloji Tarihi Bakımından İstanbul", **Türk İstanbul**, İstanbul, İstanbul Büyük Şehir Belediyesi Kültür Müdürlüğü, 2006, s. 28-31.

ATAMAN, Sadi Yaver, "Mehter ve Mehterhaneyi Yaşatmak", **Türk İstanbul**, İstanbul, İstanbul Büyük Şehir Belediyesi Kültür Müdürlüğü, 2006, s. 421-431.

AYDEMİR, Yaşar, "Edebiyat-Medeniyet İlişkisi ve Bu İlişkinin Divan Şairinin Sevgili Tipine Yansıması", **I. Uluslararası Klâsik Türk Edebiyatı Sempozyumu**, İstanbul, İstanbul Büyükşehir Belediyesi, 2007, s. 73-88.

AYPAY, A. İrfan, **Nahîfî Süleyman Efendi (Hayatı, Eserleri, Edebî Kişiliği, Divanı'nın Tenkitli Metni)**, Selçuk Üniversitesi, SBE, Doktora tezi, Konya, 1992.

AYPAY, A. İrfan, **Lâle Devri Şairi İzzet Ali Paşa Hayatı-Eserleri-Edebî Kişiliği Divan Tenkitli Metni**, İstanbul, 1998.

AYVERDİ, İlhan, **Misalli Büyük Türkçe Sözlük**, İstanbul, Kubbealtı Neşriyâtı, 2006.

BANARLI, Nihat Sami, **Resimli Türk Edebiyatı Tarihi-II**, İstanbul, MEB, 1998, s. 744-803.

BAŞER, Fatma Adile, **Türk Mûsıkîsinde Abdülbâki Nâsır Dede (1765-1821)**, Marmara Üniversitesi, İslam Tarihi ve Sanatları Anabilim Dalı, Doktora tezi, İstanbul, 1996.

BAYKARA, Ruhi, **Türk Din Musikisinde Formlar**, Ankara Ünversitesi, SBE, İslam Tarihi ve Sanatları Anabilim Dalı, Yüksek lisans tezi, Ankara, 1999.

BAYRAM, Yavuz, "Divan Şiiri Metinlerinin Ontolojik Tahlili", **Abdülkadir Karahan'ın Anısına Uluslararası Divan Edebiyatı Sempozyumu**, İstanbul, Beykoz Belediyesi, 2008, s. 167-182.

BEHAR, Cem, **Zaman, Mekân, Müzik: Klasik Türk Musikisinde Eğitim (Meşk), İcra ve Aktarım**, İstanbul, Afa Yayınları, 1992.

BEKTAŞ, Ekrem, **Muvakkit-zâde Pertev Divanı**, Malatya, Öz Serhat Yayıncılık, 2007.

BEYATLI, Yahya Kemal, **Edebiyata Dair**, İstanbul, İstanbul Fetih Cemiyeti, 1997, s. 3-48.

BEYDİLLİ, Kemal, Mustafa III (ö.1774), **DİA**, c. 31, İstanbul, 2006, s. 280-283.

BİLGİN, A. Azmi, "Osmanlılar Tekke Şiiri", **DİA**, c. 33, İstanbul, 2007, s. 559-562.

CAN, Neşe, **Türk Mûsikîsi'nde Çeng**, Marmara Üniversitesi, SBE, İslam Tarihi ve Sanatları Bilim Dalı, Doktora tezi, İsanbul, 2002.

ÇETİN, Nihad M, "Aruz", **DİA**, c. 3, İstanbul, 1991, s. 424-435.

ÇETİNKAYA, Yalçın, **İhvân-ı Safâ'da Müzik Düşüncesi**, İstanbul, İnsan Yayınları, 2001.

ÇIPAN, Mustafa, "Musiki ve Şiir İklimimizde 'Derd, Derman, Tabib' Olgusu", Atatürk Üniversitesi, **Türkiyat Araştırmaları Enstitüsü Dergisi**, sy. 29, Erzurum, 2006, s. 609-628.

DEMİREL, H. Gamze, **18. Yüzyıl Şairlerinden Belîğ Mehmed Emîn Divânı**, Fırat Üniversitesi, SBE, Doktora tezi, Elazığ, 2005.

DEMİRTAŞ, Yavuz, "XIX. Yüzyıl İstanbul'undaki Sanat ve Musiki Hayatına Genel Bir Bakış", **Fırat Üniversitesi İlahiyat Fakültesi Dergisi**, 14:2, 2009, s. 139-156.

DEVELLİOĞLU, Ferit, **Osmanlıca Türkçe Ansiklopedik Lügat**, 15. bsk., Ankara, Aydın Kitabevi Yayınları, 1998.

DOĞAN, Muhammed Nur, **Şeyhülislâm Es'ad Efendi ve Divanının Tenkitli Metni**, İstanbul, MEB, 1997.

DOĞAN, Muhammed Nur, "Esad Efendi, Ebûishakzâde", **DİA**, c. 11, İstanbul, 1995, s. 338-340.

DOĞAN, Muhammet Nur, **Eski Şiirin Bahçesinde**, İstanbul, Ötüken Neşriyat, 2002.

DOĞAN, Muhammet Nur, **Fuzûlî'nin Poetikası**, İstanbul, Kitabevi, 1997.

DURMAZ, Canan, **Türk Müziğinde Terminoloji**, İstanbul Teknik Üniversitesi, SBE, Güzel Sanatlar Anasanat Dalı, Yüksek lisans tezi, İstanbul, 1995.

EGÜZ, Esra, **Priştineli Nûrî Divanı ve İncelemesi**, İstanbul Üniversitesi, SBE, Türk Dili ve Edebiyatı Anabilim Dalı, Yüksek lisans tezi, İstanbul, 2009.

EMECEN, Feridun, "Osmanlılar, Siyasi Tarih, Klasik Dönem (1300-1774)", **DİA**, c. 33, İstanbul, 2007, s. 495-498.

DEMİRHAN ERDEMİR, Ayşegül-ÖZCAN, Nuri, "Abdülaziz Efendi, Hekimbaşı", **DİA**, c. 1, İstanbul, 1988, 190-191.

ERGUN, Sadettin Nüzhet, **Türk Musikisi Antolojisi**, c. 1, İstanbul, Rıza Koşkun Matbaası, 1942, s.119-170.

ERGUNER, Süleyman, "Osman Dede, Nâyî", **DİA**, c. 33, İstanbul, 2007, s. 461-462.

HARÎRÎ, Fares, Haz: Onur Akdoğu, **Nâyî Osman Dede ve Rabt-ı Tâbirât-ı Musiki**, İzmir, 1991.

FEYZİOĞLU, Nesrin, "Muradnâme'de Geleneksel Türk Sanat Müziği Makamları, Darblar ve Sâzendelik Adabı", **Atatürk Üniversitesi, Türkiyat Araştırmaları Enstitüsü Dergisi**, sy. 38, Erzurum, 2008, s. 139-150.

FINKELSTEIN, Sidney, **Bir Halkın Müziği Caz**, Çev: M. Halim Spatar, İstanbul, Bilim ve Gelecek Kitaplığı, 1999.

FINKELSTEIN, Sidney, **Müzik Neyi Anlatır**, Çev: M. Halim Spatar, İstanbul, Kaynak Yayınları, 2000.

GENÇ, İlhan, "Metin Şerhinde 'Bilimsellik ve Yorumsallık' Boyutu", **Abdülkadir Karahan'ın Anısına Uluslararası Divan Edebiyatı Sempozyumu**, İstanbul, Beykoz Belediyesi, 2008, s. 99-118.

GENÇOĞLU, Sabri Enis, **III. Selim'in Türk Musikisi Hakkındaki Görüşleri ve Terkib Etmiş Olduğu Makamlar**, İstanbul Teknik Üniversitesi, SBE, Yüksek lisans tezi, İstanbul, 1994.

GIBB, E. J Wilkinson, **Osmanlı Şiir Tarihi**, Çev: Ali Çavuşoğlu, Ankara, Akçağ Yayınları, c. III-V, 1997.

GİRGİN TOHUMCU, Z. Gonca, **Müziği Yazmak: Müzik Notasyonunun Tarih İçinde Yolculuğu**, İstanbul, Nota Yayıncılık, 2006.

Nedîm Divanı, Haz: Abdülbâkî Gölpınarlı, İstanbul, İnkılâp Kitabevi, 2004.

GÜLDAŞ, Saadet, **Türkçede Vurgu ve Musıkîmizin Sözlü Eserlerinde Prozodik Uygulamalar**, İstanbul Üniversitesi, SBE, Doktora tezi, İstanbul, 1990.

GÜNGÖRDÜ, Bahri, **Nâyî Osman Dede'nin Miraciyesinin Türk Mûsikîsindeki Yeri (Mûsikîmizde Miraç ve Kutb-i Nâyî Osman Dede)**, İstanbul Teknik Üniversitesi, SBE, Yüksek lisans tezi, İstanbul, 2003.

GÜRPINAR, Mehmet Haldun, **Buhûrizâde Mustafa Itrî Efendi Hayatı, Nevâkârın Makam Olarak İncelenmesi ve Elimdeki Notası Mevcut Eserleri**, İstanbul Teknik Üniversitesi, SBE, Yüksek lisans tezi, İstanbul, 1991.

GROLMAN, Adolf Von, **Musiki ve İnsan Ruhu**, Çev: Selâhattin Batu, İstanbul, Remzi Kitabevi, 1965.

İHSANOĞLU Ekmeleddin vd, **Osmanlı Musiki Literatürü Tarihi (History of Music Literature During The Ottoman Period)**, İstanbul, IRCICA, 2003.

İPEKTEN, Halûk, Mustafa İsen, Turgut Karabey, Metin Akkus, **XVIII. Yüzyıl Dîvân Edebiyatına Toplu Bakış**, İstanbul, Ötüken Nesriyat, 1987.

İSEN, Mustafa vdg, **Eski Türk Edebiyatı El Kitabı**, 3. bs., Ankara, Grafiker Yayınları, s.137-75.

İSPİRLİ, Serhan, **Subhizâde Feyzî'nin Hayatı, Edebî Kişiliği ve Hamsesi (İnceleme-Tenkitli-Metin)**, Atatürk Üniversitesi, SBE, doktora tezi, Erzurum, 1997.

JDANOV, A. A., **Edebiyat Müzik ve Felsefe Üzerine**, Çev: Fatmagül Berktay (Baltalı), İstanbul, Kaynak Yayınları, 1996.

JORGA, Nicolae, **Osmanlı İmparatorluğu Tarihi-V**, İstanbul, Yeditepe Yayınları, 2005, s. 75-97.

KALENDER, Necdet, "Müzik Dinlemenin Eğitsel Temelleri", **Uludağ Üniversitesi Eğitim Fakültesi Dergisi**, c. XIV, sy.1, Bursa, 2001, s. 151-156.

Şeyh Gâlib Divanı, Haz: Muhsin Kalkışım, Ankara, Akçağ Yayınları, 1994.

KAM, Rûşen Ferit, **Bestegâr-Şâir Nazim**, İstanbul, Hilâl Matbaası, 1933.

KANAR, Mehmet, **Farsça Türkçe Sözlük**, İstanbul, SaY, 2008.

KAPLAN, Mehmet, "Türk Musikisi", **Kültür ve Dil**, İstanbul, Dergâh Yayınları, 2000, s. 53-57.

KAPLAN, Mehmet, "Rejim ve Sanat", **Büyük Türkiye Rüyası**, İstanbul, Dergâh Yayınları, 1998, s. 275-277.

KARA, Mustafa, **Türk Tasavvuf Tarihi Araştırmaları: Tarikatlar, Tekkeler, Şeyhler**, İstanbul, Dergâh Yayınları, 2005, s. 201-215.

KARABAŞOĞLU, Cemal, **Sâlim ve Safâyî Tezkireleriyle Vakâyiü'l-Fuzalâ'daki Musikişinaslara Dair Bilgiler,** Marmara Üniversitesi, SBE, yüksek lisans tezi, İstanbul, 2003.

KARAİSMAİLOĞLU, Adnan, "Klasik Şiirde Aşk Söyleminin Dayanakları", **I. Uluslararası Klâsik Türk Edebiyatı Sempozyumu**, İstanbul, İstanbul Büyükşehir Belediyesi, 2007, s. 269-275.

KAYA, Güven, "Divan Edebiyatı ve Toplum", **I. Uluslararası Klâsik Türk Edebiyatı Sempozyumu**, İstanbul, İstanbul Büyükşehir Belediyesi, 2007, s. 315-328.

KÖPRÜLÜ, Fuad, **Edebiyat Araştırmaları**, Ankara, TTK, 1999.

KÖSEMİHAL, Mahmut Ragıp, **Türkiye-Avrupa Musiki Münasebetleri**, c. 1, İstanbul, Nümune Matbaası, 1939.

Sâmî (Arpaemîni-zâde Mustafa) Divanı, Haz: Fatma Sabiha Kutlar, Ankara, 2004.

KURUMEHMET, **Meryem, XVIII. yüzyıl Şairlerinden Müsellem (Şeyh Ebu'l-vefâ Edirnevî) Hayatı, Sanatı, Dîvânı'nın Tenkitli Metni**, Marmara Üniverstesi, SBE, Yüksek lisans tezi, Türkiyat Araştırmaları Enstitüsü, İstanbul, 2006.

KÜÇÜK, Sabahattin, "Edebî Metinleri 'Şair/Yazar Niyetli' Okuma Sorunu" **Abdülkadir Karahan'ın Anısına Uluslararası Divan Edebiyatı Sempozyumu**, İstanbul, Beykoz Belediyesi, 2008, s. 89-98.

LIVINGSTON, Ray, **Geleneksel Edebiyat Teorisi**, Çev: Necat Özdemiroğlu, İstanbul, İnsan Yayınları, 1998.

Nedîm Dîvânı, Haz: Muhsin Macit, Ankara, Akçag Yayınları, 1997.

MENGİ, Mine, **Eski Türk Edebiyatı Tarihi**, Ankara, Akçağ Yayınları, 2000, s.206-230.

MÜTERCİM ASIM Efendi, Haz. Mürsel Öztürk-Derya Örs, **Burhân-ı Katı**, Ankara, TDK, 2000.

ONAY, Ahmet Talat, **Eski Türk Edebiyatında Mazmunlar**, İstanbul, MEB, 1996.

ÖKTEN, Sadettin, **Yahya Kemal'in Rüzgârıyla Düşünceler ve Duyuşlar**, İstanbul, Ötüken Yayınları, 2008, s. 162-287.

ÖZALP, M. Nazmi, **Türk Musikisi Tarihi -Derleme-**, c.1, TRT, s.157-190.

ÖZCAN, Nuri, "Osmanlılar, Musiki", **DİA**, c. 33, İstanbul, 2007, s. 574-580

ÖZCAN, Nuri, "Abdulbâki Nâsır Dede", **DİA**, c. 1, İstanbul, 1988, s. 199.

ÖZCAN, Nuri, "Abdullah Efendi, Hastazâde", **DİA**, c. 1, İstanbul, 1988, s. 98.

ÖZCAN, Nuri, "Abdullah Efendi, Tosunzâde", **DİA**, c. 1, İstanbul, 1988, s. 100.

ÖZCAN, Nuri, "Abdurrahim Künhî Dede", **DİA**, c. 1, İstanbul, 1988, s. 291.

ÖZCAN, Nuri, "Ahmed Ağa, Vardakosta", **DİA**, c. 2, İstanbul, 1989, s. 41-42.

ÖZCAN, Nuri, "Ali Nutkî Dede", **DİA**, c. 2, İstanbul, 1989, s. 423-424.

ÖZCAN, Nuri, "Ali Şîruganî", **DİA**, c. 2, İstanbul, 1989, s. 454.

ÖZCAN, Nuri, "Hasan Ağa, Enfî", **DİA**, c. 16, İstanbul, 1997, s. 285-286.

ÖZCAN, Nuri, "Itrî Efendi, Buhûrîzâde", **DİA**, c. 19, İstanbul, 1999, s. 220-221.

ÖZCAN, Nuri, "Mehmed Efendi, Küçük Müezzin", **DİA**, c. 28, Ankara, 2003, s. 456.

ÖZCAN, Nuri, "Mustafa Efendi, Çalakzâde", **DİA**, c. 31, İstanbul, 2006, s. 296-297.

ÖZCAN, Nuri-ÇETİNKAYA, Yalçın, "Musiki", **DİA**, c. 31, İstanbul, 2006, s. 257-261.

ÖZKAN, İsmail Hakkı, "Güfte", **DİA**, c. 14, İstanbul 1996, s. 217-218.

ÖZKAN, İsmail Hakkı, **Türk Musikisi Nazariyatı ve Usulleri Kudüm Velveleleri**, İstanbul, Ötüken Neşriyat, 2006.

ÖZMEL, İsmail, **Türk Musikisi ve Kültürümüz**, Ankara, Salkımsöğüt Yayınları, 2007.

ÖZTUNA, Yılmaz, **Türk Musikisi Kavram ve Terimleri Ansiklopedisi**, Ankara, Atatürk Kültür Merkezi Başkanlığı, 2000.

ÖZTUNA, Yılmaz, **Türk Musikisi: Teknik ve Tarih**, İstanbul, Türk Petrol Vakfı Lale Mecmuası Neşriyatı, 1987.

ÖZTUNA, Yılmaz, **Türk Musikisi: Akademik Klasik Türk Sanat Musikisinin Ansiklopedik Sözlüğü**, c. 1-2, İstanbul, Orient Yayınları, 2010.

PEKYILMAZ, Dilek, **Dünyadan Türk Müziğine Bakışlar ve Görüşler**, İstanbul Teknik Üniversitesi, SBE, Yüksek lisans tezi, İstanbul, 1990.

POPESCU-JUDETZ, Eugenia, **Türk Musiki Kültürünün Anlamları**, Çev: Bülent Aksoy, İstanbul, Pan Yayınları, 1996.

Rauf Yektâ, **Türk Musikisi**, İstanbul, Pan Yayınları, 1986.

RIDLEY, Aaron, **Müzik Felsefesi Tema ve Varyasyonlar**, Ankara, Dost Kitabevi Yayınları, 2004.

SARAÇ, M. A. Yekta, **Klasik Edebiyat Bilgisi Belagat**, İstanbul, 3F Yayınevi, 2007.

SARI, Mehmet, "Divan Şiiri Şerhlerinde Gözlem ve Dönemine Göre Düşünme", **Abdülkadir Karahan'ın Anısına Uluslararası Divan Edebiyatı Sempozyumu**, İstanbul, Beykoz Belediyesi, 2008, s. 157-166.

SEFERCİOĞLU, Nejat, "Dîvan Şiirinde Mûsikî İle İlgili Unsurların Kullanılışı", **Osmanlı Ansiklopedisi**, C.9, Ankara, 1999, s.661.

SOLMAZ, Süleyman, "Klasik Şiirde Nesre Çevirme Meselesi", **I. Uluslararası Klâsik Türk Edebiyatı Sempozyumu**, İstanbul, İstanbul Büyükşehir Belediyesi, 2007, s. 129-136.

ŞEN, Hasan Oral, **Alâeddin Yavaşca**, Ankara, TRT, 1998.

ŞENTÜRK, Ahmet Atillâ, **Osmanlı Şiiri Antolojisi**, İstanbul, YKY, 1999.

ŞENOĞLU, Sevtap, **XVIII. Yüzyıl Bestekârı Vardakosta Ahmed Ağa'nın Türk Musikisinde Yeri ve Önemi**, İstanbul Teknik Ünverstesi, Güzel Sanatlar Anasanat Dalı, Yüksek lisans tezi, İstanbul, 1994.

ŞİMŞEK, Mehmet, **Yahyâ Nazim Dîvânı (III. Dîvân)**, Erciyes Üniversitesi, SBE, Yüksek lisans tezi, Kayseri, 2007.

ŞİMŞEK, Tacettin, "Türk Şiirinde Ses ve Ritm Konusuna Yeni Bir Yaklaşım", **Atatürk Üniversitesi, Türkiyat Araştırmaları Enstitüsü Dergisi**, sy. 29, Erzurum, 2006, s. 145-168.

TANPINAR, A. Hamdi, "Musiki", **Yaşadığım Gibi**, İstanbul, Dergâh Yayınları, 1996, s. 357-382.

TANRIKORUR Cinuçen, **Müzik Kültür Dil**, İstanbul, Dergâh Yayınları, 2009.

TANRIKORUR, Cinuçen, "Osmanlı Musikisi", **Osmanlı Devleti ve Medeniyeti Tarihi**, c. 2, İstanbul, IRCICA, 1998, s.493.

TANRIKORUR, Cinuçen, **Osmanlı Dönemi Türk Musikisi**, İstanbul, Dergâh Yayınları, 2005.

TANRIKORUR, Çinuçen, **Türk Müzik Kimliği**, İstanbul, Dergâh Yayınları, 2004.

TOKER, Halil, "Sebk-i Hindî (Hind Üslûbu)", **İlmî Araştırmalar**, sy. 2, İstanbul, 1996, s. 141-150.

TURA, Yalçın, **Türk Musikisinin Meseleleri**, İstanbul, Pan Yayınları, 1998.

TURABİ, Ahmet Hakkı, **İbn Sînâ'nın Kitâbü'ş-şifâsı'nda Musiki**, Marmara Üniversitesi, SBE, doktora tezi, İstanbul, 2002.

ULUDAĞ, Süleyman, **Tasavvuf Terimleri Sözlüğü**, İstanbul, Kabalcı Yayınevi, 2001.

ULUOCAK, Derya Özlem, **Osmanlı Hanedanında Müzik**, İstanbul Teknik Üniversitesi, SBE, Yüksek lisans tezi, İstanbul, 1995.

UYMAZ, Bora, **Şehbal'de Musiki Yazıları Transkripsiyon ve Yorum (1-50 Sayılar)**, Dokuz Eylül Üniversitesi, SBE, İslam Tarihi ve Sanatları Anabilim Dalı, Yüksek lisans tezi, İzmir, 2005.

UYMAZ, Türkan, **Şehbal'de Musiki Yazıları Transkripsiyon ve Yorum (51-100 Sayılar)**, Dokuz Eylül Üniversitesi, SBE, İslam Tarihi ve Sanatları Anabilim Dalı, Yüksek lisans tezi, İzmir, 2005.

UZDİLEK, Salih Murad, **İlim ve Musiki**, İstanbul, Kültür Bakanlığı Yayınları, 1977.

VAROL, Ş. Pınar, **Kâr-ı Nâtıklar**, Ege Üniversitesi SBE Temel Bilimler Anabilim Dalı, yüksek lisans tezi, İzmir, 1993.

YAĞIZ Nazire, **Dinî Musikide Değişik Bestekârlara Ait 8 Âyin-i Şerif'in İncelenmesi**, İstanbul Teknik Üniversitesi, SBE, Yüksek lisans tezi, İstanbul, 1995.

YAVAŞÇA, Alâeddin, "Beste", **DİA**, c. 5, İstanbul, 1992.

YAZAR, İlyas, **Kânî Dîvânı**, Erciyes Üniversitesi, SBE, Doktora tezi, Kayseri, 2006.

YEŞİLÇAY, Tunisa, **Klasik Türk Musikîsi'nde Zaharya ve Eserleri**, Afyon Kocatepe Üniversitesi, SBE, yüksek lisans tezi, Afyonkarahisar, 2005.

YILMAZ, Kâşif, **III. Selîm (İlhâmî) Hayatı, Edebî Kişiliği ve Dîvânının Tenkitli Metni**, Trakya Üniv. Rektörlüğü Yayınları, Edirne, 2001.

YORULMAZ, Hüseyin, **Koca Ragıb Paşa**, Ankara, Kültür Bakanlığı Yayınları, 1998.

YÜCEIŞIK, Zeynep Sema, **Şeyhülislâm Esat Efendi Atrabü'l-Âsâr fî Tezkiret-i Urefâi'l-edvâr**, İstanbul Üniversitesi, SBE, Türk Dili ve Edebiyatı Anabilim Dalı, doktora tezi, İstanbul, 1990.